1 fr. 25 le volume

ŒUVRES COMPLÈTES D'HECTOR MALOT

UNE
BELLE-MÈRE

PARIS
LIBRAIRIE MARPON & FLAMMARION
E. FLAMMARION, SUCC^r
26, RUE RACINE, PRÈS L'ODÉON

EN VENTE A LA MÊME LIBRAIRIE

ŒUVRES COMPLÈTES D'HECTOR MALOT

à 1 fr. 25 le volume

POUR PARAITRE SUCCESSIVEMENT DANS CETTE COLLECTION

Le Lieutenant Bonnet............................	1 vol.
Suzanne..	1 vol.
Miss Clifton.....................................	1 vol.
Clotilde Martory.................................	1 vol.
Pompon...	1 vol.
Marichette.......................................	2 vol.
Un Curé de Province..............................	1 vol.
Un Miracle.......................................	1 vol.
Romain Kalbris...................................	1 vol.
La Fille de la Comédienne........................	1 vol.
L'Héritage d'Arthur..............................	1 vol.
Le Colonel Chamberlain...........................	1 vol.
La Marquise de Lucillière........................	1 vol.
Ida et Carmelita.................................	1 vol.
Thérèse..	1 vol.
Le Mariage de Juliette...........................	1 vol.
Une Belle-Mère...................................	1 vol.
Séduction..	1 vol.

PARIS. — IMP. C. MARPON ET E. FLAMMARION, RUE RACINE, 26.

UNE BELLE-MÈRE

OUVRAGES DE HECTOR MALOT

COLLECTION GRAND IN-18 JÉSUS

LES VICTIMES D'AMOUR : LES AMANTS, LES ÉPOUX, LES ENFANTS...	2 vol.
LES AMOURS DE JACQUES.................................	1 —
ROMAIN KALBRIS..	1 —
UN BEAU-FRÈRE...	1 —
MADAME OBERNIN...	1 —
UNE BONNE AFFAIRE......................................	1 —
UN CURÉ DE PROVINCE...................................	1 —
UN MIRACLE..	1 —
SOUVENIRS D'UN BLESSÉ. — SUZANNE................	1 —
— — MISS CLIFTON............	1 —
LA BELLE MADAME DONIS................................	1 —
CLOTILDE MARTORY.......................................	1 —
UNE BELLE-MÈRE...	1 —
LE MARI DE CHARLOTTE.................................	1 —
L'HÉRITAGE D'ARTHUR...................................	1 —
L'AUBERGE DU MONDE : LE COLONEL CHAMBERLAIN, LA MARQUISE DE LUCILLIÈRE....	1 —
— — IDA ET CARMELITA, THÉRÈSE.	1 —
MADAME PRÉTAVOINE.....................................	2 —
CARA...	1 —
SANS FAMILLE...	2 —
LE DOCTEUR CLAUDE....................................	1 —
LA BOHÈME TAPAGEUSE.................................	2 —
UNE FEMME D'ARGENT...................................	1 —
POMPON..	1 —
SÉDUCTION..	1 —
LES MILLIONS HONTEUX..................................	1 —
LA PETITE SŒUR...	2 —
PAULETTE..	1 —
LES BESOIGNEUX..	2 —
MARICHETTE..	2 —
MICHELINE...	1 —
LE SANG BLEU..	1 —
LE LIEUTENANT BONNET.................................	1 —
BACCARA..	1 —
ZYTE...	1 —
VICES FRANÇAIS..	1 —
GHISLAINE...	1 —
CONSCIENCE..	1 —
JUSTICE...	1 —
MARIAGE RICHE..	1 —
MONDAINE...	1 —
MÈRE...	1 —
ANIE,..	1 —
COMPLICES..	1 —

Mme HECTOR MALOT

FOLIE D'AMOUR..	1 —

ÉMILE COLIN. — IMPRIMERIE DE LAGNY.

UNE
BELLE-MÈRE

PAR

HECTOR MALOT

PARIS
LIBRAIRIE MARPON ET FLAMMARION
E. FLAMMARION, SUCC.
26, RUE RACINE, PRÈS L'ODÉON

Tous droits réservés.

UNE BELLE-MÈRE [1]

I

La mode exige qu'on parte en voyage le jour où l'on se marie.

Ceux qui les premiers ont adopté cet usage avaient probablement pour but d'échapper aux plaisanteries gauloises de quelques parents peu discrets ; mais, la bégueulerie du siècle aidant, ce qui était tout d'abord l'exception est devenu la règle : aujourd'hui il n'y a que les gens du commun qui osent être heureux chez eux.

En mariant leurs enfants, madame Dalphare et madame Nélis s'étaient donc rencontrées sur ce point que Juliette et Adolphe devaient partir en voyage. Il n'y avait point eu discussion à ce sujet, tant la chose paraissait naturelle aux deux mères ; les plaisanteries des amis ou des parents n'étaient pas à craindre, mais les convenances étaient à respecter.

De leur côté, Adolphe et Juliette n'avaient mis aucune opposition à cet arrangement.

Adolphe, parce qu'il était impatient d'avoir tout à lui celle qu'il aimait et que le voyage devait lui assurer un long tête-à-tête.

Juliette, parce qu'elle ne résistait à rien depuis qu'elle

[1] L'épisode qui précède *Une Belle-Mère* a pour titre : *Le Mariage de Juliette*.

avait consenti à se marier. Elle considérait, en effet, qu'on donnant son consentement elle s'était engagée d'avance à accepter tout ce qu'on exigeait d'elle, et, bien que ce voyage ne fût pas pour lui plaire par toutes sortes de raisons, elle n'avait pas voulu le repousser. Il convenait à sa mère, à sa belle-mère, à son mari : il devait lui convenir aussi. Les explications qu'elle aurait pu apporter à l'appui de son refus étaient si vagues et même si bizarres, qu'elle n'eût pas voulu les formuler devant tout le monde : on l'aurait accusée d'originalité, on ne l'aurait sans doute pas comprise. Elle avait donc accueilli sans aucune résistance l'idée d'un voyage en Suisse. Après tout, pourquoi pas ? elle ne connaissait point la Suisse. Autant voyager que rester à Paris ; autant aller en Suisse qu'ailleurs.

Cependant, lorsqu'en attendant le départ du train de Genève elle se promena sur le quai au bras de son mari, elle éprouva une impression qui la troubla et la gêna. Pourquoi tous ces yeux se fixaient-ils sur elle ? pourquoi les hommes la regardaient-ils en souriant et les femmes avec curiosité ? qu'avait-elle qui la désignât à l'attention ? comment devinait-on qu'elle avait été mariée le matin même ? et en quoi d'ailleurs une jeune mariée est-elle plus curieuse à voir qu'une jeune fille ?

Si elle avait osé, elle aurait prié Adolphe de montrer moins de joie et de ne point crier son bonheur à toutes ces oreilles. Elle ne savait point que l'amour est celle de toutes nos passions qui échappe le plus difficilement à la curiosité, et que deux amants, comme deux jeunes mariés, sont devinés par les gens les moins observateurs : alors on s'attache à eux, on les suit et on les épie.

Enfin elle put monter en voiture, et la portière fut fermée par un employé à l'air vainqueur, qui resta appuyé un peu plus longtemps qu'il ne fallait sur la poignée ; lui aussi était souriant et disait : « Je ne m'y trompe pas, je vous devine : vous êtes une mariée. Bon voyage ! Aimez-vous bien ! »

On partit.

Ils étaient seuls.

Adolphe alors se mit à tout arranger dans le coupé, à faire ce qu'on peut appeler le ménage du voyage, et cela prit un certain temps. Mais bientôt tout fut organisé et il s'assit près d'elle. Le train déjà filait à toute vitesse et les coteaux de Villeneuve-Saint-Georges disparaissaient dans le lointain sombre.

Il lui prit doucement la main et la garda dans les siennes.

Qu'allait-il dire?

Son cœur se serra; elle eut peur d'entendre le premier mot qu'il allait prononcer, comme si c'était celui qui devait décider de sa vie.

Et de fait le moment pour eux était solennel, et l'émotion était bien permise. Pour la première fois ils étaient seuls, en tête-à-tête, et maintenant ils étaient mariés.

Quelle serait la première parole du mari?

Quel serait le premier regard de la femme?

Instinctivement elle détourna la tête et regarda à travers la glace fermée.

Il la tenait toujours par la main; elle sentit qu'il l'attirait doucement, mais elle continua à regarder le paysage sans le voir.

— Qu'avez-vous? dit-il; souffrez-vous de la chaleur? voulez-vous que j'ouvre la glace?

— Je veux bien.

Et pendant assez longtemps elle resta la tête appuyée sur la portière.

Il avait repris sa main.

Ils ne pouvaient pas voyager ainsi pendant toute la nuit; cette attitude était ridicule.

Elle se retourna et le regarda en face.

Il l'entoura de ses bras et voulut l'attirer contre lui, mais elle le repoussa doucement.

— Ne sommes-nous pas seuls? dit-il : nous n'avons pas de regards curieux à craindre.

— Les vôtres, dit-elle.

— Ne suis-je pas votre mari, chère Juliette? car maintenant nous sommes bien l'un à l'autre.

Et se mettant à genoux devant elle, il lui prit les deux mains et la contempla longuement.

Mais elle l'obligea à se relever.

— Ne pouvons-nous pas voyager ensemble cette nuit comme nous aurions voyagé hier? dit-elle.

— Mais aujourd'hui n'est pas hier.

— Si vous vouliez qu'il le fût encore.

A son tour, elle lui prit la main, et, comme il voulait se pencher vers elle, elle le maintint doucement à sa place; puis, regardant au dehors, elle se mit à lui parler de choses indifférentes, du paysage, de la Seine qu'on venait de traverser, de la forêt de Fontainebleau qu'on allait atteindre.

Pendant longtemps ils devisèrent ainsi; tout d'abord il avait paru rêveur, mais bientôt il s'était abandonné au plaisir de cet entretien. N'étaient-ils pas seuls ensemble? ne la tenait-il pas sous ses yeux?

Il prit si bien son parti de la situation qui lui était faite, qu'il voulut obliger Juliette à dormir. Elle se défendit un moment, mais enfin elle se laissa convaincre; elle ferma les yeux; seulement au lieu de dormir elle rêva.

Toute sa journée avait été si remplie, si troublée, qu'elle n'avait pas eu une minute pour être seule avec elle-même et réfléchir à ce qui se passait. L'église, les compliments, les embrassements, le déjeuner, les recommandations de sa mère, celles de sa belle-mère: elle avait été entraînée.

Maintenant elle pouvait revenir en arrière.

Ainsi elle était mariée. Jusque-là ce grand mot de mariage n'avait pas un sens bien précis pour elle. Elle s'était dit: « Je serai mariée tel jour »; mais ce qui est au futur nous laisse toujours une indécision dans l'esprit et dans l'âme. A chaque instant on se dit: Je mourrai un jour, et pour cela on ne pense pas à la mort, de manière à sentir fortement ce qu'est la mort.

Maintenant ce mariage n'était plus au futur, il était au présent, et déjà même quelques heures étaient au passé.

Pendant ses dernières journées de liberté, il y avait une question qui avait oppressé son esprit et qu'elle avait

longuement agitée en la tournant sous toutes ses faces :
« Aimerait-elle son mari ? »

Et, malgré la précision qu'elle s'efforçait de mettre dans ses interrogations, malgré la sévérité de l'examen qu'elle s'imposait, elle était toujours restée dans un certain vague.

Adolphe était d'une bonté inépuisable ; il était doux et patient, il était généreux, il était intelligent. Et pendant des heures elle énumérait ainsi les qualités dont il était doué. Sans peine elle les reconnaissait en lui, tant elles étaient évidentes ; mais cette énumération ne l'amenait pas à la conclusion qu'elle cherchait. On peut être un homme parfait et ne pas inspirer l'amour.

Aimerait-elle cet homme qui avait toutes les qualités ?

Maintenant la question qui se posait devant elle avait bien peu changé, et cependant elle était autrement sérieuse qu'elle ne l'avait jamais été.

« Aimait-elle son mari ? »

Il l'avait doucement attirée contre lui, et elle reposait, la tête appuyée sur son épaule ; elle était déjà entre ses bras, et elle s'interrogeait encore.

Un frisson la fit tressaillir de la tête aux pieds.

Elle voulut se dégager dans un mouvement de honte, mais il la retint.

— Vous ne dormez donc pas ? dit-il d'une voix qui se faisait tendre et caressante, comme pour parler à un enfant. N'ayez pas peur, chère Juliette : je suis près de vous, vous êtes dans mes bras, votre tête est sur mon épaule.

Elle ouvrit à demi les yeux. Les arbres noirs défilaient avec une rapidité vertigineuse et, de temps en temps, des nappes fulgurantes comme des éclairs étaient projetées contre les talus, qu'elles éclairaient de lueurs de feu fantastiques ; le train, lancé à toute vitesse sur une pente, faisait entendre un bruit infernal.

Elle ferma les yeux, et ne bougea plus : l'impression physique se mêlant à l'impression morale, il lui sembla qu'elle était entraînée par une force supérieure contre laquelle il n'y avait pas à résister.

Elle avait accepté ce voyage, elle avait accepté ce mariage. Maintenant il n'y avait qu'à aller jusqu'au bout.

Elle était dans la nuit; mais le jour, qui se lèverait certainement pour la voyageuse dans quelques heures, se lèverait peut-être aussi pour la femme... plus tard. Alors, elle aussi, elle aurait un rayon de chaleur et de lumière.

Et puis fallait-il absolument aimer pour être heureuse? La vie ne pouvait-elle s'écouler sans amour? Elle avait de l'estime pour son mari, de l'amitié, de la tendresse, et n'est-ce pas assez?

Ce sont les poètes et les romanciers qui ont mis la passion dans la vie. La réalité doit-elle s'inquiéter de ces vaines fictions de l'art, bonnes tout au plus pour occuper une imagination de vingt ans?

Si elle n'aimait point son mari, elle aimerait ses enfants.

Elle serait assez forte sans doute pour imposer silence à ces désirs et à ces rêveries qui autrefois avaient gonflé son cœur et enflammé son esprit.

La vie ordinaire n'est pas faite de poésie et de rêverie ; et d'ailleurs n'y a-t-il pas quelque chose d'assez grand dans le dévouement pour emplir l'existence d'une femme?

N'est-ce pas le bonheur que de rendre les autres heureux? Ce besoin d'expansion, cette chaleur, cet enthousiasme qu'elle sentait vaguement en elle, elle les emploierait au profit de ceux à qui sa vie serait liée : cela vaudrait mieux, cela serait plus grand et plus généreux que les employer à son seul profit.

Une grande partie de la nuit s'écoula pour elle dans cette méditation, et peu à peu le calme se fit dans son cœur, tout d'abord agité.

Puis la fatigue la prit, et, sans en avoir conscience, elle s'endormit.

Quand elle se réveilla, la nuit était dissipée et le soleil se levait.

En ouvrant les yeux, elle rencontra ceux d'Adolphe fixés sur elle.

— Dors encore, dit-il ; je suis si heureux de te voir dormir.

Mais elle se redressa vivement et, ouvrant la glace qui avait été fermée, elle resta assez longtemps à respirer l'air frais du matin.

Puis tout à coup, se retournant avec un sourire, elle prit la main d'Adolphe et la lui embrassant :
— Bonjour, mon mari, dit-elle.

II

Il entrait dans le plan qu'Adolphe s'était tracé avant de quitter Paris, de rester quelques jours à Genève. De là ils partiraient chaque matin pour faire des excursions dans les environs, à Ferney, au Salève, aux Voirons, à Divonne. Il avait pioché les guides en Suisse, et il était ferré sur les divers itinéraires qu'ils devraient suivre.

Lorsque le train eut dépassé Bellegarde, il commença à expliquer ses projets à Juliette et à lui annoncer à l'avance les curiosités qu'ils verraient : le château habité par Voltaire à Ferney, la vue du mont Blanc au Salève, la table de travail de madame de Staël à Coppet.

Elle l'écouta sans faire d'objections : il avait arrangé ces promenades, elle les acceptait.

Mais lorsque après être sortie du wagon elle descendit en voiture la rue du Mont-Blanc, au milieu d'une ville régulièrement bâtie, aux rues larges et droites, bordées de grandes maisons ayant pour tout caractère de ressembler à toutes les maisons de produit que les architectes construisent depuis trente ans, elle se dit que ce n'était pas la peine de quitter Paris pour le retrouver au pied des Alpes. A quoi bon quitter une ville pour une autre ville, une foule pour une autre foule, la curiosité de ceux-ci pour la curiosité de ceux-là ?

Car cette curiosité qui l'avait fait rougir dans la gare de Paris l'avait poursuivie en voyage : à Mâcon, à Bourg,

À Ambérieux, à Culoz, à Bellegarde, partout où il y avait eu des arrêts de plusieurs minutes, deux ou trois de ceux qui l'avaient le plus effrontément regardée à Paris étaient venus passer et repasser devant leur coupé. L'écriteau « réservé » accroché à la portière les avait empêchés de monter ; mais qui pouvait arrêter leurs regards et leurs sourires ? Il y avait une mariée dans ce coupé : on venait voir comment elle avait passé la nuit ; pour un peu on lui eût demandé des nouvelles de sa santé. Et en s'en allant on riait en faisant des commentaires. C'était évidemment fort drôle.

Au reste, il faut dire que le Français, né malin, n'est pas le seul peuple qui trouve à rire dans le mariage. C'est au génie de la France, il est vrai, que revient l'honneur d'avoir créé *la Mariée du mardi-gras* ; mais, cette supériorité artistique constatée, on doit reconnaître que, comme nous, les étrangers savent pratiquer et goûter toutes les plaisanteries que peut inspirer la vue d'une jeune mariée.

Juliette en fit l'expérience lorsqu'elle descendit de voiture pour entrer à l'*hôtel des Bergues*.

Il y avait là, sur les marches du porche et dans le vestibule, des touristes diversement groupés : des Anglais, des Américains, des Allemands. Sur les dalles sonores on entendait grincer les bâtons ferrés, et quand une porte ouverte établissait un courant d'air, on voyait les voiles des chapeaux de feutre voltiger au vent ; l'accent nasal des Yankees se mêlait au parler rauque et guttural des Prussiens.

Au bruit d'une voiture qui s'arrêtait sur le quai, chacun tourna la tête pour voir qui arrivait, et quand Juliette traversa le vestibule, elle eut à affronter vingt paires d'yeux braqués sur elle.

Le maître d'hôtel s'était avancé.

— Une chambre à un lit ou à deux lits ? dit-il en s'adressant à Adolphe.

Juliette rougit jusqu'à la racine des cheveux ; il lui

semblait que toutes ces oreilles avaient entendu cette demande et que tous ces yeux la dévoraient.

— Un salon et deux chambres, répondit Adolphe.
— Communiquant entre elles, bien entendu ?
— Oui.
— Conduisez madame au 6, dit le maître d'hôtel en s'adressant à une fille de service.

En entrant dans le salon, Juliette alla à la fenêtre, qui était ouverte. A ses pieds coulait le Rhône aux eaux bleues ; devant elle se dressait la vieille ville avec ses hautes maisons et ses clochers. Mais ce qui surtout attira son regard, ce fut, à gauche, une grande coulée lumineuse qui allait s'élargissant jusqu'à l'horizon, — le lac, dont les rives bordées de verdure pâle se perdaient dans le lointain brumeux.

Par-dessus les arbres d'une petite île, on voyait la cheminée d'un bateau à vapeur qui déroulait dans l'air tranquille un gros câble de fumée noire : une cloche sonnait pour annoncer le départ.

— N'est-ce pas que cela est beau ? dit Adolphe en s'approchant pour la prendre dans ses bras ; nous pourrons passer quelques bonnes journées à Genève.
— Sans doute.

Il fut frappé de la façon dont elle avait prononcé ces deux mots.

— Est-ce que Genève ne vous plaît point ? dit-il.

Elle le regarda en face.

— Il faut être franche, n'est-ce pas ? dit-elle.
— Assurément.
— Eh bien ! ce qui me déplaît, ce n'est point Genève, c'est la ville, c'est la foule, c'est la curiosité. Savez-vous à quoi je pensais en regardant ce bateau à vapeur plutôt que le mont Blanc ? c'est qu'il va partir, et que là-bas, quelque part, je ne sais où, dans ces profondeurs bleues, il doit se trouver quelque village, quelque endroit désert, où l'on serait seul. Si nous partions ?

Adolphe n'était pas habitué à l'imprévu ; à l'avance il arrêtait ce qu'il ferait, et quand il avait pris une décision, il l'exécutait de point en point. Mais il n'était plus dans des conditions ordinaires, et ce n'étaient plus ses habitudes qui le dirigeaient. En entendant Juliette manifester le désir de quitter Genève, il ne se rappela pas qu'il devait visiter Ferney, Coppet et Divonne. Mais, prenant son chapeau, qu'il avait jeté sur un meuble, il courut à l'embarcadère du bateau à vapeur pour savoir s'ils avaient encore le temps de partir. On lui répondit que le bateau ne quitterait le quai que dans vingt minutes ; et, toujours courant, il revint rapporter cette nouvelle à Juliette.

— C'est plus de temps qu'il ne faut, s'écria celle-ci ; partons.

— Et déjeuner? objecta Adolphe, qui n'oubliait jamais les choses de la vie.

— Nous déjeunerons sur le bateau, si l'on peut nous servir ; sinon nous déjeunerons demain.

Dix minutes après, ils étaient installés sous la tente du *Léman*, dont les soupapes en pression chantaient.

— Celui qui m'aurait dit hier que ce serait là tout ce que nous verrions de Genève, fit Adolphe en riant, m'aurait bien surpris.

— Cela vous contrarie?

— Ce qui m'eût contrarié, c'eût été de ne pas vous faire ce plaisir. Que m'importe Genève, la Suisse et le monde entier! C'est à vous seule que je pense.

Elle lui serra la main ; puis, se penchant à son oreille :

— Alors, allons tout droit devant nous.

Le bateau à vapeur avait quitté l'embarcadère et, après avoir lentement remonté le courant du Rhône, il filait rapidement le long de la rive gauche du lac.

— Et où irons-nous? demanda Adolphe, qui, n'ayant plus son itinéraire à suivre, se trouvait désorienté.

— Où vous voudrez.

— A Lausanne?

— Mais Lausanne est une ville.

— A Vevey alors?

— A Vevey, si vous voulez.

Jusque-là Juliette n'avait eu que les ennuis du voyage, elle commença à en goûter l'agrément. Si la femme avait souffert de la curiosité dont elle se croyait l'objet, et si plus d'une fois elle avait regretté de ne point passer les premières heures de son mariage à l'abri des regards fâcheux, en toute liberté, en toute sincérité, l'artiste éprouva une émotion de joie en se trouvant au milieu de ce beau lac qu'elle ne connaissait pas. Son cœur se détendit. Elle ne pensa plus qu'au spectacle qui se déroulait sous ses yeux : aux riantes villas qui se montraient çà et là dans des bouquets d'arbres, aux rives verdoyantes qui glissaient à droite et à gauche ; aux hautes montagnes dont les sommets inégaux, blancs ici, noirs là, semblaient se perdre dans le ciel qu'ils cachaient.

Adolphe fit servir sa table sur le pont et, tout en déjeunant gaiement en face l'un de l'autre, ils suivirent le panorama mouvant qui passait devant eux.

C'était sans bien savoir ce qu'il disait qu'Adolphe avait proposé Vevey ; ce nom lui était venu sur les lèvres et il l'avait prononcé ; pour lui ce devait être un village au bord du lac, dans la partie la plus pittoresque du pays.

Mais lorsqu'en débarquant du bateau ils tombèrent au milieu d'une ville où les étrangers étaient au moins aussi nombreux qu'à Genève, lorsqu'en arrivant à l'hôtel des Trois-Couronnes, ils trouvèrent les mêmes Anglais, les mêmes Américains, les mêmes Allemands, les mêmes voiles verts, les mêmes lorgnettes qu'à Genève, Juliette eut un mouvement de répulsion qu'Adolphe remarqua.

Sans rien dire, il laissa Juliette seule ; puis au bout de quinze ou vingt minutes, il revint dans une calèche découverte attelée de deux chevaux.

— Puisque Vevey vaut Genève, dit-il, allons plus loin ; nous finirons bien par trouver quelque village tranquille.

Mais cela était plus difficile qu'ils ne croyaient, car toute cette côte du lac ne forme guère qu'une longue rue où les villas se joignent aux villas et où les hôtels succèdent aux hôtels ; partout des murs, des maisons, des magasins, partout des Américains, des Anglais, des Allemands.

Ils traversèrent ainsi une série de villages qui se touchaient les uns les autres : la Tour, Clarens, Vernex, Montreux.

— Nous irons jusqu'au Simplon, disait Juliette en riant.

Enfin, la nuit était faite depuis longtemps déjà, lorsqu'au haut d'une petite côte et en sortant d'une enfilade de murs, ils arrivèrent à un endroit de la route qui était ombragé par de grands arbres : un hôtel entouré de jardins était bâti là. Ils s'arrêtèrent et renvoyèrent leur voiture. Si ce n'était point le désert et la solitude, c'était au moins la tranquillité.

Une fille de service les conduisit à l'appartement qu'on pouvait leur donner ; les fenêtres de cet appartement ouvraient sur le lac, qui se trouvait à une centaine de mètres au-dessous de la véranda.

— En face, de l'autre côté du lac, dit-elle, sont les rochers de Meillerie ; les bâtiments sombres que vous apercevez là, à gauche, dans l'eau, c'est le château de Chillon. Oh ! la vue est jolie ; vous en serez contents c'est dommage seulement qu'on n'ait pas pu vous donner l'appartement que vous demandiez, mais l'hôtel est plein. Nous avons beaucoup de mariés ; il paraît que c'est la saison : vous en avez pour voisins, à gauche.

Et elle se mit à faire les couvertures des lits, relevant le drap de dessus, dressant l'oreiller.

Juliette passa rapidement sous la véranda et s'accoudant sur le balcon, elle regarda dans les profondeurs de la nuit le lac qui miroitait sous un rayon de lune.

Quand elle se retourna, la femme de chambre était sortie et les bougies étaient éteintes : à la clarté de la lune, elle vit Adolphe qui promenait ses deux mains sur la cloison et semblait regarder à travers le mur.

— Que faites-vous donc là ? dit-elle intriguée.

— Il faut que vous sachiez, répondit-il, que les Allemands ne sont pas aussi naïfs qu'ils veulent le paraître.

Quand ils arrivent dans une chambre, ils commencent par percer des trous dans les cloisons avec une vrille qu'ils portent toujours sur eux, et par ces trous ils regardent ce qui se passe chez leurs voisins. Comme notre femme de chambre peut être aussi bavarde avec nos voisins qu'elle l'a été avec nous, je n'ai pas envie d'être exposé à cet espionnage, et je prends mes précautions.

Si la clarté de la lune avait été plus vive, il eût vu le visage de Juliette s'empourprer.

Eh quoi ! il connaissait ces dangers des hôtels, et c'était un hôtel qu'il avait choisi pour sa nuit de noces.

Elle ne fit pas cette réflexion tout haut ; mais le prenant par la main et l'amenant sur la véranda, elle lui montra des lanternes qui se balançaient sur l'eau.

— Il y a là des bateaux de promenade, dit-elle ; si vous vouliez, nous pourrions en prendre un et passer notre soirée sur le lac. Il fait si beau !

III

J.-J. Rousseau a rendu le nom de Clarens célèbre ; mais s'il a été exact dans la description du pays habité par Saint-Preux et Héloïse, il faut dire qu'aujourd'hui le Clarens de la réalité ne ressemble en rien à celui du romancier. Au dix-huitième siècle, il y avait sans doute des arbres, de la verdure et de l'ombrage sur ces pentes qui descendent jusqu'au lac ; aujourd'hui, les arbres ont été remplacés par des échalas ; là où étaient des prairies sont des vignes, et pour trouver de l'ombrage, il faut marcher le long des murs qui soutiennent les terres. La prospérité matérielle de la contrée s'est considérablement accrue, son aspect pittoresque et son agrément ont disparu. De Vevey à Veytaux, on marche dans des rues qui changent de nom suivant les villages qu'elles traversent, mais dont le caractère ne change jamais : des vignes et des maisons meublées, qu'on appelle dans le pays des *pensions*, et toujours des pensions et des vignes. Le parfum des feuilles et des foins a été remplacé par l'odeur de la gargoterie, chère aux Anglais et aux Allemands.

Par bonheur pour ce beau pays, la nature a pris d'avance des précautions contre le travail de l'homme, et, à une certaine hauteur au-dessus du niveau du lac, elle a bouleversé le sol de telle sorte que les améliorations agricoles et les embellissements artistiques sont impossibles; bon gré mal gré, il a fallu conserver les bois et les pâturages dans leur état primitif.

Avec son flair des choses de la nature et sans avoir lu aucun guide, Juliette avait deviné cette disposition topographique du pays dans lequel le hasard les avait amenés. Aussi à leur première sortie le lendemain matin, au lieu de s'en aller flâner par les rues, l'*alpenstock* à la main, pour piétiner dans la poussière et s'arrêter devant un pharmacien après avoir fait une station devant un magasin de nouveautés, proposa-t-elle de monter tout droit dans la montagne par le premier sentier qu'ils trouveraient devant eux.

Adolphe n'avait aucune vocation pour les voyages de découverte, et la perspective de s'en aller au hasard, sans savoir où, n'avait aucun attrait pour lui. A quoi bon prendre la peine de marcher, pour ne rien voir de ce qu'on devait voir? Élevé dans le respect de la tradition, il considérait les voyages comme une sorte de contrôle, et il tenait à pouvoir contredire ou approuver l'opinion de ses devanciers. De retour à Paris, que dirait-il de Genève et de Lausanne? De Genève, qu'il n'avait vu que les arbres qui ombragent la statue de J.-J. Rousseau; de Lausanne, qu'il n'avait aperçu que les tours de sa cathédrale. C'était vraiment peu, et sa mère bien certainement se moquerait de lui. En serait-il de même maintenant pour Montreux et Clarens? Partiraient-ils sans connaître autre chose que l'hôtel des Alpes?

Cependant il était si bien sous le charme, qu'il ne fit aucune objection au désir manifesté par Juliette.

Après une heure de montée à peine, ils se trouvèrent dans la région des pâturages et des bois. Plus de vignes, plus de maisons, plus de touristes en fonction, mais des pentes gazonnées d'une herbe fine, çà et là quelques chalets suspendus au flanc de la montagne, et dans les profondeurs des bois la musique des clochettes des vaches ; puis, de temps en temps, quand ils se retournaient, des échappées de vue sur le lac éblouissant de lumières et sur les Alpes de la Savoie.

— Et où allons-nous ainsi? demanda Adolphe, qui se sentait peu rassuré en voyant se dresser devant lui un cirque de montagnes dont les sommets dénudés se découpaient sur le ciel bleu.

— Plus loin.
— Et après?
— Plus loin encore, toujours plus loin.
— Au bout du monde alors, chez les sauvages?
— Peut-être.

Elle marchait avant lui, les cheveux au vent, alerte et souriante. Il la suivit.

Il trouvait, il est vrai, que la montée était bien rapide, et que le soleil aussi qui les frappait dans le dos était brûlant; mais elle paraissait si joyeuse, qu'il était heureux du bonheur qu'il voyait en elle. Elle courait sur les pentes herbues, elle embrassait le mufle rose des vaches qu'elle caressait; elle cueillait les fleurs qui émergeaient au-dessus des herbes, et quand ils traversaient un bois de sapins elle respirait à pleins poumons l'odeur de la résine, que la chaleur du jour rendait plus forte et plus pénétrante. Pour voir ses narines palpiter, pour voir ses yeux s'ouvrir, pour voir sa taille souple se cambrer quand elle sautait un ravin, il l'eût suivie au bout du monde.

Cependant ils n'allèrent point jusque-là.

Après trois heures de marche, tantôt dans des pâturages, tantôt dans des bois couverts, ils arrivèrent sur une sorte de plateau gazonné, au milieu duquel se montraient épars çà et là trois ou quatre chalets; des petits ruisseaux écumants couraient à travers l'herbe fine et allaient se perdre dans un ravin qu'on entendait mugir au fond d'un lit encaissé. De toutes parts, excepté du côté par où ce petit torrent descendait, se dressaient de hautes montagnes aux pentes rapides : c'était une oasis de verdure et de fraîcheur perdue au milieu des rochers et des bois, un nid de mousse, une petite Arcadie, d'autant plus riante qu'elle était entourée de montagnes sévères.

— Voilà le bout du monde, dit Juliette.

— Et voici les sauvages demandés, dit Adolphe en apercevant un pâtre qui surveillait ses vaches.

— Si nous le faisions causer, dit Juliette, si nous lui demandions le nom de cet endroit charmant? Il est beau de découvrir des pays nouveaux, mais il est bon de savoir comment ils se nomment.

Elle s'approcha du vacher qui s'était arrêté et, souriant d'un sourire placide, les regardait monter vers lui sans faire un pas vers eux.

— Comment nomme-t-on cet endroit? demanda Juliette.

— Les Avants.

— Et cette montagne qui se dresse là derrière, en forme de cône ?

— C'est la dent de Jaman.

— Et celle-ci sur le côté?

— La dent de Naye.

— Et ces chalets sont habités ?

— C'est pour être habitées que les maisons sont construites.

— Rien n'est plus vrai; seulement ce que je demandais, c'était si ces chalets étaient habités en ce moment.

— Non, ils le sont dans la saison par les propriétaires, qui viennent ici pour les bois ou les pâturages. Et puis il y a celui-là, le dernier là-bas, qu'on a construit et meublé pour le louer à des étrangers ; mais il ne s'en est pas encore présenté. L'endroit est trop triste ; pour s'y plaire, il faut y avoir ses vaches.

Le pâtre s'éloigna pour aller rejoindre ses vaches, et Juliette s'assit sur l'herbe.

Pendant assez longtemps elle resta sans rien dire, regardant les montagnes et regardant les chalets.

La voyant ainsi préoccupée, Adolphe lui demanda ce qui la rendait rêveuse et triste.

— Pas triste, dit-elle, mais rêveuse, cela est vrai. Et ma rêverie vient d'une idée qui m'a traversé l'esprit.

— Quelle idée?

— Une idée à me faire accuser de folie, si je la disais; aussi ne la dirai-je point si vous voulez bien ne pas insister.

Mais au contraire il insista.

— Eh bien! dit-elle, asseyez-vous là près de moi et écoutez; d'ailleurs il est bon de se connaître même par ses côtés fous. Savez-vous à quoi je pensais quand ce berger nous disait que ce chalet avait été construit pour le louer à des étrangers? C'est que nous étions précisément ces étrangers.

— Nous?

— Voilà que vous poussez déjà des cris de surprise. Et cependant quoi de plus charmant que de rester ici?

— Dans ce désert?

— C'est précisément le désert qui me charme.

— Et manger et se faire servir?

— Cela n'est que la question secondaire; partout on trouve à manger et aussi à se faire servir, pourvu qu'on ne soit pas trop difficile.

— Mais encore?

— Je n'avais vu qu'une chose : la tranquillité et la solitude à deux. Pourquoi ne pas rester là?

— Et notre voyage?

— Pour qui l'avez-vous entrepris, ce voyage?

— Pour vous, chère Juliette.

— Pour mon plaisir, n'est-ce pas?

— Assurément.

— Eh bien! si je vous disais que cette vie sur les grands chemins m'effraye et que ces chambres d'hôtel m'épouvantent; si je vous disais que je vous en ai voulu, à vous qui connaissiez ces chambres, de m'avoir exposée aux hontes que vous m'expliquiez hier soir?

— Si des trous sont percés dans les cloisons, ce n'est pas ma faute.

— Non assurément ; mais ce qui est votre faute, c'est d'amener votre femme dans une de ces chambres.

— Toutes sont pareilles, et dans tous les pays du monde nous aurions pu être exposés aux mêmes plaisanteries.

— Vous appelez cela une plaisanterie?

— Alors il ne fallait pas quitter Paris.

— Et pourquoi l'avons-nous quitté? Assurément je vous suis reconnaissante de l'intention que vous avez eue, mais je vous avoue que si j'avais pu prévoir la curiosité qui nous a poursuivis, je vous aurais demandé de renoncer à ce voyage.

Adolphe ne répliqua point, mais son silence parla pour lui.

— Vous me trouvez injuste et ingrate, continua Juliette; il faut donc que je vous dise tout ce que j'ai sur le cœur et pourquoi je voudrais passer le temps de notre voyage ici avec vous. On ne peut pas garder l'impression des lieux où l'on vient à la vie; selon moi, cela est triste et fâcheux. Mais il y a en nous deux existences : celle qui commence au berceau, dont nous ne pouvons nous rappeler les premiers jours, — et celle qui commence au mariage. Pourquoi ne pas garder pieusement dans notre cœur les premières impressions de celle-là, et pourquoi, si cela est possible, ne pas les placer dans un cadre splendide qui leur donne toute leur valeur? Ce cadre, il me semble que le voici. Croyez-vous que les souvenirs que nous emporterons des chambres d'hôtel que nous traverserons, vaudront ceux de cette oasis? Trouverons-nous nulle part cette fraîcheur, cette jeunesse, ce calme et cette sérénité?

Le chalet était confortablement bâti et convenablement meublé; tout était neuf et brillant de propreté.

Après l'avoir visité, ils redescendirent à Montreux où

Il fut facile de s'entendre avec le propriétaire. A Montreux aussi ils trouvèrent les gens nécessaires à leur service : une femme pour la cuisine et un homme pour aller tous les jours chercher les provisions. La course était longue, mais elle n'était pas dure pour le solide montagnard qu'ils avaient pris, car il était habitué à courir chaque jour les pâturages pour faire la récolte des fromages, qu'il descendait au village sur sa tête, — cent livres pesant.

Adolphe écrivit à sa mère de lui adresser ses lettres à Montreux poste restante; mais il se garda bien de lui dire qu'il était installé dans un chalet au milieu des bois, à douze cents mètres au-dessus du niveau de la mer, loin des hommes et des villes, et qu'il comptait passer là sa lune de miel. Assurément elle l'eût cru fou et elle serait venue le chercher.

IV

S'assurer une lune de miel !
La tâche est délicate ; plus d'une femme intelligente n'a pas su ou n'a pas pu la mener à bien.
Juliette l'avait accomplie.
Il lui restait maintenant à voir quels seraient les résultats de ce tête-à-tête prolongé au milieu d'un pays désert.
Il faut dire cependant que lorsqu'elle fut installée dans le chalet des Avants, elle ne se posa point tout d'abord cette question avec cette netteté, et qu'elle ne se donna point pour but d'étudier son mari.
Heureuse d'avoir échappé aux ennuis d'un voyage dont les premiers pas lui avaient été pénibles, elle goûta le calme qu'elle avait pu s'assurer sans demander davantage.
Et puis ce pays qu'elle ne connaissait point parlait à son âme d'artiste, et lorsque, le matin qui suivit son arrivée au chalet, elle ouvrit sa fenêtre ; lorsqu'elle vit le so-

leil levant dorer de ses premiers rayons les sommets des montagnes qui l'environnaient, lorsqu'elle entendit dans les pâturages couverts d'un léger brouillard les clochettes des vaches tinter, tandis que çà et là retentissait d'échos en échos l'appel d'un berger, elle fut saisie au cœur par la poésie de cette vie pastorale qui allait être la sienne.

Ces sites sauvages, ces paysages grandioses ou gracieux, il fallait les visiter et les connaître.

Alors commencèrent des promenades et des excursions qui se renouvelèrent chaque jour : elle était vaillante, elle savait marcher, et ce n'était point Adolphe qui eût osé le premier parler de fatigue.

On partait au soleil levant, on allait droit devant soi, où le sentier qu'on rencontrait vous conduisait, et, quand on trouvait une fontaine ombragée par quelques arbres, on déjeunait sur l'herbe d'un morceau de pain et d'une tranche de viande froide, ou bien l'on entrait dans un chalet en bois quand on n'était qu'à une certaine hauteur de la montagne, — en pierres sèches quand on était sur un sommet plus élevé, — et l'on se faisait traire une jatte de lait par les *chaletiers*. Puis, quand la chaleur était trop lourde, on dormait à l'abri d'un rocher ou sous l'épais couvert d'un sapin ; et quand le soleil s'abaissait, on redescendait au chalet des Avants pour dîner. Mais souvent la descente était aussi lente que l'avait été la montée, car Juliette s'arrêtait pour voir s'illuminer les sommets neigeux des montagnes, à mesure que le soleil baissait. C'était un spectacle dont elle n'était jamais lasse et qui, chaque jour, la laissait plus enthousiasmée que la veille. Ceux qui ont voyagé dans ces montagnes connaissent seuls la splendeur de ces illuminations, car ce n'est ni avec des mots ni avec des couleurs qu'on peut les peindre ; et il faut avoir vu un coucher de soleil sur les neiges éternelles du mont Blanc et des chaînes environnantes pour comprendre la magie de ce phénomène.

Il y avait déjà plus de trois semaines qu'ils habitaient leur chalet, lorsqu'un matin, Juliette, qui d'ordinaire décidait elle-même l'itinéraire ou plus justement la direction de l'itinéraire, proposa de descendre à Montreux.

C'était la première fois qu'elle manifestait le désir de se rapprocher de la vie civilisée; aussi Adolphe laissa-t-il paraître une certaine surprise.

— Ce n'est pas seulement à Montreux que je voudrais aller, dit-elle.

— A Paris alors?

— Oh! non, mais seulement à Vevey pour acheter des crayons.

— Dessiner?

— Et même peindre un peu, ah! un tout petit peu, si tu ne le trouves pas mauvais.

— Non seulement je ne trouve pas l'idée mauvaise, mais encore je la trouve excellente, par cette raison que la peinture est un art qui s'exerce avec tranquillité. Certainement la vue dont on jouit du haut de la dent de Jaman est magnifique.

— Byron a dit qu'elle était belle comme un songe.

— Je suis de l'avis de Byron, et je déclare en prose qu'une vue qui nous permet d'embrasser en même temps d'un côté le lac de Neuchâtel et les montagnes du canton de Fribourg, de l'autre le Léman et les montagnes de la Savoie, est une très belle vue; seulement il faut y arriver, et la dernière partie de la montée est vraiment roide. En allant, ç'a a été assez bien; mais en revenant, j'ai cru que je piquais une tête de dix-neuf cents mètres, c'est désagréable. Je ne m'en suis pas vanté parce qu'un homme fort ne doit pas se plaindre quand une faible femme sourit; mais j'avoue aujourd'hui que j'ai eu un moment d'émotion. C'est pour cela que la peinture me plaît. Pendant que la faible femme travaillera, le fort homme pourra se coucher sur le ventre dans l'herbe et la regarder.

— Quelle honte!

— Je proclame que pour moi, ce qu'il y a de plus beau au monde, c'est les yeux de ma femme.

— Parce que la contemplation est, comme la peinture,

un art qui s'exerce avec tranquillité, n'est-ce pas? Eh bien! monsieur, si vous trouvez la tranquillité du corps, vous ne trouverez pas la tranquillité de l'esprit. A chaque instant, dans nos excursions, je vous ai demandé le nom d'une plante ou l'explication d'un phénomène, et quelquefois vous n'avez pas pu répondre.

— Tu peux dire presque toujours.

— Il ne faut pas que cela soit. Un homme doit tout savoir.

— Pour répondre à sa femme ?

— Non, mais pour lui, pour qu'il soit supérieur à sa femme et pour que celle-ci ne demande pas à un autre ce que son mari ne peut pas dire. Aussi, en même temps que j'achèterai chez un marchand de couleurs ce qui m'est nécessaire pour travailler, tu achèteras chez un libraire les livres qui font connaître les Alpes et la Suisse. Nous rapporterons chacun nos acquisitions, et demain, pendant que je ferai un croquis, couché dans l'herbe, sur le ventre ou sur le dos à volonté, tu liras tes livres.

Ce fut une vie nouvelle qui commença pour eux — pour Juliette, pleine d'intérêt, puisqu'elle lui permettait de travailler, — pour Adolphe moins remplie, mais cependant agréable, puisque, pendant toutes les heures de la journée, il restait près de sa femme.

Ils ne faisaient plus de longues courses, mais ils s'en allaient aux alentours de leur chalet, et, pendant que Juliette faisait une étude, il se couchait près d'elle et il lisait.

Mais souvent il fermait son livre, et alors, se posant sur les deux coudes, la tête appuyée dans ses mains, il la regardait.

— Eh bien! disait-elle, où en sommes-nous des phénomènes erratiques.

— Ce n'est pas aux phénomènes erratiques que je pense, c'est à toi ; je te regarde, je cherche à te connaître et je t'étudie.

— Ah! comme cela, en me regardant tout simplement à l'œil nu ?

— Voilà le mal, c'est que je n'ai pas de puissants moyens d'observation pour pénétrer en toi et lire ce qu'il y a dans ton cœur et dans ton esprit, pour savoir ce qu'est ta nature.

— Alors tu n'es pas encore avancé dans ton étude, et je suis aussi difficile à comprendre que les phénomènes erratiques.

— Tu es un phénomène toi-même. Quand je fixe mes yeux sur les tiens et te regarde comme je te regardais tout à l'heure, il me semble que je me penche au-dessus d'un de ces étangs qu'on rencontre dans les bois. Le paysage environnant est adorable : de la verdure, du feuillage, des fleurs. L'eau est calme et limpide, elle reflète tout ce qui l'entoure. On tâche de voir ce qu'il y a sous cette nappe tranquille, mais on ne distingue rien : la profondeur est insondable. On recule effrayé.

— La comparaison est poétique, mais il faut convenir qu'elle n'est guère aimable : perfide comme l'onde, n'est-ce pas ?

— Je ne dis pas cela et je ne le pense pas ; je dis seulement que je suis un mauvais observateur et que je voudrais bien connaître celle que j'aime.

Ils se trouvaient si bien dans leur chalet qu'ils y seraient sans doute restés jusqu'à la saison des neiges, si madame Daliphare n'avait pas rappelé son fils à Paris.

En apprenant qu'ils s'étaient arrêtés dans leur voyage, elle avait écrit à son fils pour lui demander l'explication de cette fantaisie. Adolphe avait répondu que se trouvant bien à Montreux, il y restait. Pendant huit jours, madame Daliphare s'était contentée de cette réponse ; mais, fatiguée d'adresser toujours ses lettres poste restante à Montreux, elle était revenue à la charge.

Pourquoi restaient-ils toujours à la même place ? pourquoi ne voyaient-ils pas des pays nouveaux ? à quoi pouvaient-ils employer leur temps dans un village ?

Peu à peu elle avait compris que ce village se composait de l'unique chalet habité par son fils, et alors elle avait poussé des cris d'indignation.

Étaient-ils fous ? quel plaisir pouvaient-ils trouver à vivre parmi les vaches ?

Puis, comme le délai fixé pour le retour était passé depuis longtemps déjà, elle avait rappelé son fils à Paris.

« Si tu voyageais, lui disait-elle, je ne te parlerais pas de revenir, et si tu avais encore des villes curieuses à visiter je trouverais tout naturel que tu voulusses les voir avant de rentrer : il faut profiter des dépenses faites. Mais vous restez en place comme des Termes. Autant être à Paris. »

Adolphe ne communiquait point ces lettres à sa femme, car madame Daliphare avait une orthographe fantaisiste qu'elle voulait que son fils fût seul à connaître. Mais s'il ne montrait point les autographes eux-mêmes, il était obligé de dire à peu près ce qu'ils contenaient.

Pendant assez longtemps il ne parla point de ces rappels ; à la fin cependant, il ne lui fut plus possible de les cacher.

— Déjà ? dit Juliette.

— Il y a trois mois que nous sommes ici.

— Je n'ai pas compté.

— Il faut bien rentrer à Paris.

— Sans doute, il le faut.

— Comme tu dis cela ! tu me fais peur. Que crains-tu ?

— Tout et rien. Ici j'ai été heureuse, et je ne sais ce que Paris nous réserve : à Paris ce ne sera plus la vie à deux.

Il voulut lui expliquer qu'à Paris rien ne serait changé à leur intimité ; qu'elle ne devait pas s'effrayer d'habiter sous le même toit que madame Daliphare ; que celle-ci serait une mère pour elle et non une belle-mère.

Juliette, sans répliquer, secoua la tête et demanda pour toute grâce de rester encore quelques jours aux Avants, afin de pouvoir faire une étude un peu finie de leur chalet.

Et dès le lendemain elle se mit au travail.

Il lui fallut huit jours pour mener son œuvre à fin ; mais, à mesure qu'elle avançait, elle travaillait avec moins d'activité, comme si elle voulait faire durer le temps.

Adolphe était dans le ravissement.

— Personne ne voudra croire que nous avons passé trois mois dans ce désert, dit-il.

— Mais personne ne verra ce tableau ; c'est pour nous deux, pour nous seuls que je l'ai peint.

Enfin, un matin de septembre, des chevaux arrivèrent pour les emmener à Montreux.

— Donnez-moi les clefs, dit Adolphe quand la porte fut fermée ; nous les remettrons au propriétaire, en lui disant que nous lui rendons son chalet en bon état.

— Moi, je ne l'aurais pas rendu, dit Juliette en regardant tristement les volets clos.

— Et qu'en aurais-tu fait ?

Elle se pencha à son oreille :

— Je l'aurais brûlé.

V

Pendant que les jeunes mariés étaient en Suisse, madame Daliphare s'occupait de faire faire dans sa maison de Paris des changements nécessaires pour leur aménager un appartement convenable.

Dès le lendemain de leur départ elle avait convoqué son architecte, les entrepreneurs, le tapissier, et elle avait mis tout ce monde à l'œuvre, stipulant dans des marchés signés une prime pour le cas où les travaux seraient terminés avant un délai de deux mois, et un dédit pour le cas où ils ne le seraient qu'après ce délai.

Un moment elle avait hésité sur le plan à adopter pour ces travaux.

Abandonnerait-elle son appartement à ses enfants en prenant pour elle le logement de garçon de son fils ?

Ou bien conserverait-elle les dispositions de son appartement telles qu'elles avaient toujours été ?

C'était ce dernier parti qui l'avait emporté, et elle avait été décidée par cette considération qu'il fallait conserver à son fils un logement où il fût libre. Sans doute il ne se servirait pas habituellement de ce logement, mais enfin il pouvait se présenter des circonstances où il serait heureux de le trouver, quand ce ne serait que pour recevoir ses amis.

Il est vrai qu'en conservant les anciennes dispositions de son appartement, elle se trouvait habiter avec ses enfants, tandis qu'en prenant le logement de son fils, elle avait un chez soi, mais il ne lui vint même pas à l'idée que ses enfants pouvaient avoir le désir d'être seuls et libres chez eux. En quoi les gênerait-elle ? Sa présence au contraire ne pouvait que leur être avantageuse. Elle surveillerait mieux les domestiques et Juliette, peu apte à ce rôle de maîtresse de maison, serait assurément bien aise de se débarrasser sur elle des petits soins et des ennuis du ménage. Une artiste ! ce serait un beau gaspillage.

Elle abandonna donc son appartement aux ouvriers, et, pendant les travaux, elle habita le logement de son fils, auquel rien n'était changé.

En deux mois, la maison de la rue des Vieilles-Haudriettes fut complètement transformée : peintures, tentures, tapis, il n'y eut rien qui ne passât par les mains des ouvriers.

Quelques jours avant l'arrivée de ses enfants, madame Daliphare fit écrire deux lignes à madame Nélis pour la prier de venir voir ces transformations, c'est-à-dire pour les approuver.

Mais si la belle-mère qui avait tout ordonné était en disposition de tout admirer, la belle-mère qui n'avait été consultée sur rien était par contre en disposition de tout critiquer.

Cet antagonisme se manifesta dès l'entrée.

— J'ai voulu, dit madame Daliphare, que mes enfants eussent un appartement digne de leur jeunesse, et bien que celui-ci fût encore en excellent état...

— De quelle époque datait-il ? interrompit madame Nélis.

— De mon mariage.

— C'est-à-dire de trente ans ?

— Sans doute ; mais comme je n'avais alors économisé sur rien, et que j'avais choisi ce que j'avais trouvé de meilleur et de plus cher (je le pouvais puisque je payais tout de ma propre bourse), ce mobilier devait durer cent ans ; cependant je l'ai renouvelé. Voici le vestibule, comment trouvez-vous ce velours d'Utrecht ? Je l'ai acheté directement en fabrique à Amiens.

— Ah ! mon Dieu ! s'écria madame Nélis en levant les bras au ciel.

— Eh bien, quoi ?

— Qu'est-ce que dira ma fille ?

— Que voulez-vous qu'elle dise ?

— C'est vrai. Elle ne dira rien, elle est trop discrète ; mais elle n'en souffrira pas moins et d'une douleur qui se réveillera chaque jour.

— Pouvez-vous vous expliquer ?

— Vous le voulez ?

— Vous voyez bien que vous m'exaspérez. En quoi ce vestibule vous déplaît-il ? En quoi doit-il faire le malheur de votre fille ? Il n'est pas assez riche ? Si j'avais su que Juliette était habituée au drap d'or, j'en aurais fait tisser une pièce exprès pour elle.

— Voilà que vous vous fâchez, et vous avez bien tort. Deux vieilles amies comme nous ne doivent-elles pas se parler franchement ?

— Mais c'est là ce que je réclame.

— Eh bien ! vous avez recouvert en velours d'Utrecht un meuble en acajou, ce qui est tout simplement une hérésie.

— Laissez-moi tranquille avec votre hérésie.

— Pour vous, je comprends que ce que vous avez fait là soit sans importance, et vous êtes excusable, puisque vous avez agi sans discernement ; mais pour un artiste, c'est un crime, un véritable crime, et ma fille est une artiste.

Madame Daliphare haussa les épaules et, sans répondre, passa dans la salle à manger, qui, elle aussi, avait été remise à neuf.

— Que trouvez-vous encore à blâmer? demanda-t-elle.

Mais madame Nélis fut tellement éblouie qu'elle ne trouva pas un mot de critique.

Madame Daliphare avait assurément la plus belle vaisselle d'or et d'argent de tout Paris, car toutes les fois, depuis trente ans, qu'une pièce extraordinaire lui avait été apportée, au lieu de l'envoyer à la fonte, elle l'avait soigneusement conservée. Toutes ces pièces, exposées sur des dressoirs, faisaient de la salle à manger un véritable musée, qui, au point de vue historique aussi bien qu'au point de vue artistique, avait une valeur considérable.

Mais dans le salon, madame Nélis, un moment réduite au silence, reprit ses avantages. Il y avait en effet dans l'ameublement, des fautes de goût à faire crier un sauvage.

— Ah! vous avez choisi une étoffe de soie cerise? dit-elle en se contenant.

— Mon fils aime cette étoffe et cette nuance.

— C'est fâcheux, car ma fille a la soie en horreur.

— J'ai pensé au goût d'Adolphe; j'espère que Juliette voudra bien lui sacrifier ses préjugés.

— Ce n'est pas chez elle affaire de préjugé, mais affaire d'éducation.

— Enfin les goûts de mon fils étaient à considérer.

— Et ceux de ma fille?

Mais toutes deux en même temps s'arrêtèrent, car la discussion ainsi commencée pouvait aller trop loin; elles le sentirent, et d'un commun accord détournèrent le danger. Madame Nélis déclara même la pendule admirable et le piano magnifique.

Malheureusement, dans la chambre à coucher, la guerre

recommença, et cette fois les coups partirent si vite qu'il ne fut pas possible de revenir en arrière.

— C'est la chambre d'Adolphe? demanda madame Nélis.

— Celle d'Adolphe et celle de Juliette.

— Comment ! vous croyez que ma fille partagera la chambre de votre fils ?

— Et même son lit.

— Ah ! cela, jamais !

— Pourquoi se sont-ils mariés alors ?

— Est-ce que vous partagiez la chambre de M. Daliphare ?

— Moi, c'était bien différent.

— En quoi?

— Ne me forcez pas à vous dire que ma situation n'était pas celle de votre fille.

— Il y a des choses d'éducation contre lesquelles rien ne prévaut. Dans notre famille, on a toujours eu deux lits.

— Dans la mienne, on n'en a jamais eu qu'un.

— Vous exceptée.

— Sans doute. Mais, vous ne voulez pas, je pense, établir de comparaison entre Adolphe et son père.

— Est-ce que vous voulez me dire qu'Adolphe est le fils du Saint-Esprit? s'écria madame Nélis exaspérée.

— Je veux vous dire simplement que j'avais choisi mon mari dans des conditions à peu près semblables à celles où Adolphe a choisi sa femme, et j'ai imposé mes conditions comme mon fils impose les siennes. J'ai écrit à mon fils les dispositions que je prenais ; il ne m'a pas demandé de faire arranger deux chambres, je n'en ai donc fait arranger qu'une. Si votre fille ne veut pas la partager avec son mari, elle s'en expliquera avec lui ; ce n'est pas mon affaire.

— Mais, moi, c'est mon affaire de défendre ma fille, qui n'a pas assurément été prévenue de cette disposition.

— Ne nous plaçons pas entre le mari et la femme.

— Il me semble que si quelqu'un intervient entre le

mari et la femme, c'est vous qui d'avance disposez de la volonté de ma fille.

— J'ai agi conformément aux désirs de mon fils.

— Et contrairement à ceux de ma fille.

— Je ne les connaissais pas.

— Il me semble que vous auriez pu me les demander.

— Comme c'était *mon* appartement que je donnais, comme c'étaient *mes* ouvriers que je mettais en travail, comme c'était *mon* argent que je dépensais, je n'ai pris conseil que de moi. Il me semble que votre fille ne sera pas bien malheureuse, en arrivant de voyage après trois mois de plaisirs, de trouver une maison montée qui ne lui aura rien coûté, et dans laquelle elle n'aura qu'à étendre la main pour prendre ce qu'elle pourra désirer ; car mes soins ne se sont pas bornés aux seules choses extérieures. Ouvrez les placards, vous les trouverez pleins de vaisselle ; allez à la cave, vous la trouverez pleine de vins ; ouvrez ces commodes et ces armoires, vous les trouverez pleines de linge. Regardez dans cette table de toilette, et cherchez s'il y manque quelque chose : allons, cherchez, cherchez bien.

Madame Nélis ne répondit rien à cette sortie véhémente, mais elle secoua la tête.

— Vous ne croyez pas, je l'espère, continua madame Daliphare, que c'est pour moi que j'ai fait ces changements? Pendant trente ans, j'ai vécu heureuse dans cette maison, et j'y serais morte sans vouloir toucher à rien. Ce que j'ai fait, ce que j'ai dépensé, c'est pour mon fils, c'est pour votre fille, qui, quoi que vous disiez, n'était pas si grande princesse qu'elle ne pût vivre où j'avais vécu, moi. Quand ils arriveront ici, je leur remettrai les clefs dans la main, et je me retirerai dans la seule chambre que je me sois réservée, celle que j'habite depuis trente ans ; et si votre fille ne se trouve pas à l'aise dans l'appartement que je lui abandonne, je lui céderai aussi cette chambre, elle pourra la prendre pour elle. Je ne me plaindrai pas plus pour cela que je ne me suis plainte jusqu'à présent ;

j'aurai comme toujours la conscience d'avoir fait plus que je ne devais.

— Et croyez-vous, dit madame Nélis après un moment de réflexion, qu'il faut faire toujours plus qu'on ne doit ? J'ai vu des gens qui trouvaient mauvais qu'on voulût les faire heureux, et qui demandaient à se charger eux-mêmes de ce soin.

— Des imbéciles, dit madame Daliphare, ou des ingrats.

VI

En disant que ceux-là étaient des imbéciles ou des ingrats qui ne voulaient pas recevoir leur bonheur tout fait, tout mâché pour ainsi dire comme la pâtée que les oiseaux versent dans le bec ouvert de leurs petits, madame Daliphare avait été parfaitement sincère, et elle n'avait pas voulu imposer silence à madame Nélis par une réplique telle quelle.

Alors qu'elle disposait tout dans l'appartement de ses enfants et poussait la prévenance jusqu'à arranger le linge de Juliette dans les placards, mettant les mouchoirs à cette place et les manches à cette autre, il ne lui était point venu à l'idée que sa belle-fille pouvait n'être pas satisfaite de ces dispositions. C'était de la peine qu'elle lui épargnait et des habitudes d'ordre qu'elle lui donnait d'une façon détournée.

Mais sa querelle avec madame Nélis la fit réfléchir, la fille pouvait bien ressembler à la mère. Alors qu'arriverait-il ?

Sans doute Juliette n'était pas sotte, et l'on ne pouvait pas la classer dans la catégorie des imbéciles ; mais elle était susceptible, et avec les gens de ce caractère il faut être sur ses gardes.

Ce fut donc avec une certaine inquiétude qu'elle attendit le retour de ses enfants ou plus justement de Juliette.

car pour son fils elle était certaine d'avance qu'il serait l'homme le plus heureux du monde. Dans les petites comme dans les grandes choses, n'avait-elle pas eu souci de ne chercher et de ne faire que ce qu'il aimait? elle le connaissait assez dans ses goûts et même dans ses manies pour être assurée de ne s'être trompée en rien.

Enfin ce retour tant de fois retardé eut lieu.

A six heures du soir, ils débarquèrent à la gare de Lyon, et, à la porte de sortie, ils trouvèrent madame Daliphare qui les attendait.

Il y a ordinairement dans la vie d'une belle-mère un moment critique : c'est celui où, le mariage accompli, elle se trouve pour la première fois avec son gendre ou sa belle-fille. De quel nom va-t-on l'appeler? « maman » ou « madame »? Et ce nom bien souvent décide le bonheur ou le malheur d'une famille.

Madame Daliphare ne tenait pas du tout à être appelée « maman », et même elle eût trouvé mauvais que Juliette se servît de ce nom; elle n'était mère que de son fils seul, et le mariage de celui-ci ne lui avait point donné un second enfant. Juliette était sa belle-fille et non sa fille.

Le premier accueil n'eut donc rien de gêné; après s'être embrassé, on monta en voiture et l'on roula rapidement vers la rue des Vieilles-Haudriettes.

Pendant les premières minutes, madame Daliphare n'eut de regards et de paroles que pour son fils. Ce fut seulement en approchant de la maison qu'elle tourna les yeux vers Juliette. Durant quelques secondes, elle l'examina de la tête aux pieds et des pieds à la tête.

— Le voyage vous a bien fait, dit-elle enfin; le soleil vous a brunie; en tout vous paraissez avoir pris des forces, cela me fait plaisir.

Puis, comme on entrait dans la cour de la maison, elle en resta là.

Elle monta la première, et la première aussi elle ouvrit toutes les portes des différentes pièces de l'appartement.

Ce qu'elle avait prévu pour son fils se réalisa : il se montra vraiment enchanté, tout lui parut charmant.

Mais c'était de l'impression de Juliette surtout qu'elle avait souci, et Juliette précisément ne disait rien ou ne laissait rien paraître qui pût révéler dans quel sens elle était affectée.

De l'entrée, on passa dans le salon, puis dans la salle à manger, puis dans la chambre. Juliette marchait derrière son mari, regardait et ne parlait pas.

— Voilà votre chambre, dit madame Daliphare en soulignant le « votre ».

— Mais vois donc, Juliette, s'écria Adolphe ravi, vois donc !

— Je vois.

— Cela ne vous convient point ainsi ? demanda madame Daliphare, que l'exaspération commençait à entraîner.

Juliette hésita un moment, il fut évident qu'une lutte se livrait en elle.

— Je n'ai qu'à approuver, dit-elle enfin.

— Des deux mains ? acheva Adolphe.

— Des deux mains ; mais mon approbation doit être surtout un remerciement.

— Tu es une fée, dit Adolphe en embrassant sa mère.

— Tu es heureux ? dit madame Daliphare.

— Je suis dans le ciel. Mais les joies célestes ne doivent pas nous faire négliger les joies terrestres : le couvert est mis, allons dîner.

Puis, en se mettant à table, il déclara que cela semblait vraiment bon de se retrouver chez soi.

— Assurément, dit-il, notre voyage a été aussi charmant qu'il pouvait l'être ; mais c'est égal, il y a un bonheur particulier à s'asseoir à sa table avec ceux qu'on aime. Et puis le linge damassé est plus agréable que la grosse toile écrue, et le sauterne vaut bien le vin d'Yvorne. Tiens, des *pickles !* Ah ! maman ! tu penses à tout.

Juliette ne répondit rien, mais elle posa sa cuiller dans son potage et se fit enlever son assiette pleine.

— Comment trouvez-vous la femme de chambre qui a servi à table ? demanda madame Daliphare à Juliette lorsqu'on passa dans le salon.

— Je ne l'ai pas regardée.

— C'est fâcheux, car je l'ai prise pour vous. Elle vous appartient, à vous seule. J'espère que vous en serez satisfaite : on m'a dit qu'elle coiffait dans la perfection.

— Je vous remercie, je me coiffe moi-même.

— Oui, autrefois cela était bien, et il eût été assez étrange que vous prissiez un coiffeur ; mais maintenant les conditions ne sont plus les mêmes.

— Vous trouvez que je me coiffe mal ?

— Vous vous coiffez bien pour une jeune fille, à qui ce qui est simple convient ; mais vous n'êtes plus une jeune fille ; une torsade et un nœud ne vous suffisent plus. Il vous faudra des coiffures travaillées comme celles de toutes les femmes, et vous ne sauriez pas les faire de manière à plaire à votre mari : ce que vous devez chercher avant tout.

— Que dites-vous donc ? demanda Adolphe.

— Rien qui t'intéresse, répliqua madame Daliphare ; va fumer ton cigare. Nous parlons de la femme de chambre que je donne à Juliette.

Et Adolphe, croyant que sa mère et sa femme avaient à s'entretenir des choses du ménage, descendit dans la cour pour les laisser libres.

— Maintenant que nous sommes seules, continua madame Daliphare, parlons d'autres choses. Où en sommes-nous, ma chère enfant ?

Juliette, sans répondre, regarda sa belle-mère ; puis, devant son sourire, elle baissa les yeux vivement.

— Eh bien ! oui, continua madame Daliphare, j'espère que vous êtes enceinte ?

Juliette resta les yeux baissés, les lèvres closes.

— L'êtes-vous ou ne l'êtes-vous pas ?

— Oh ! madame !

— Eh bien ! quoi ? ma question est bien naturelle, et j'ai droit de la faire sans doute. Il ne faut pas vous effaroucher pour si peu ; ne suis-je pas votre belle-mère ? A qui vous confierez-vous si ce n'est à moi ? Vous pensez bien que si je vous pose cette question, ce n'est pas par pure curiosité, j'ai un intérêt à vous l'adresser. D'abord sachez que je trouve coupables les jeunes femmes qui s'arrangent pour n'avoir pas d'enfants pendant les premières années de leur mariage, afin de pouvoir s'amuser, voyager, mener la vie de plaisir en toute liberté. A mes yeux, c'est un crime : il faut avoir ses enfants tout de suite, on a ainsi plus de temps pour les aimer, et d'ailleurs ils sont plus solides. Je serai donc très heureuse si vous me dites que vous êtes enceinte ; je le serai pour cette raison et pour une autre encore. Vous vous rappelez Françoise ?

— Françoise ?

— Oui, Françoise, la nourrice de madame Robinet, que vous avez dû rencontrer vingt fois chez moi à Nogent, quand elle venait faire marcher son bébé sur ma pelouse. Eh bien ! elle m'écrit qu'elle est enceinte. Quand elle est repartie pour son pays, un mois avant votre mariage, je pensais bien que cela devait arriver, parce que ces femmes-là ne perdent pas de temps : une nourriture finie, elles se mettent tout de suite en état d'en recommencer une autre. Je lui avais donc recommandé de me prévenir quand elle serait grosse. Elle m'a prévenue, et voilà pourquoi je vous pose ma question. C'est la meilleure nourrice qu'on puisse souhaiter ; je l'ai vue à l'œuvre, elle a tout pour elle : l'expérience, la force, la santé, et puis pas paresseuse pour laver le linge de son enfant, et pas trop gourmande.

Comme Juliette demeurait toujours silencieuse et immobile, madame Daliphare reprit après un moment d'attente ;

— Vous ne dites rien ? Qu'avez-vous ? Vous ne vous êtes pas mis dans la tête, n'est-ce pas, de nourrir votre enfant vous-même ? Vous savez que ce serait de la folie, que je ne le souffrirais pas. D'abord, une femme qui nourrit n'est plus une femme pour son mari. Vous devez penser au vôtre, qui, je crois, ne serait pas du tout disposé à vous céder à son enfant pendant quinze ou dix-huit mois ; et puis, il y a encore une autre considération ; certainement vous êtes pleine de force, vous avez de la santé ;

mais enfin vous n'êtes qu'une Parisienne, votre père était Parisien, votre mère est Parisienne, Adolphe est Parisien et moi je suis Parisienne aussi. Tout cela réuni donne pour résultat chez votre enfant un Parisien pur sang. Il faut donc qu'il suce un lait plus généreux que celui que vous pouvez lui donner, un lait de campagnarde, un lait animal qui le régénère. Je me suis fait expliquer cela par notre médecin, et il paraît que c'est indispensable si nous voulons avoir un enfant sain et vigoureux ; et vous le voulez comme nous, n'est-ce pas? Pour le plaisir de jouer à la nourrice, vous ne voudrez pas faire un avorton?

— Vous pouvez vous rassurer, dit enfin Juliette d'une voix frémissante, je ne suis pas enceinte.

— J'en suis fâchée ! très fâchée, mais j'espère que ce sera pour bientôt. Vous ne pouvez me faire une plus grande joie que de me donner un enfant. Seulement ne concluez pas de cela que plus vous m'en donnerez, plus je serai heureuse ; un me suffit, et si vous en aviez deux, cela dérangerait toutes mes combinaisons. Je veux que mon petit-fils ait une grande situation dans le monde, et ce ne sera pas trop de toute ma fortune pour la lui donner ; car de la façon dont marchent les choses, dans vingt ans un million ne vaudra que quatre ou cinq cent mille francs. Sans doute, si vous aviez une fortune égale à la nôtre, vous pourriez vous offrir le luxe de deux enfants ; mais vous ne l'avez pas cette fortune, ce n'est pas votre faute. Au reste, je parlerai de cela à mon fils.

A ce moment Adolphe rentra dans le salon.

— Je peux rentrer? dit-il ; je ne vous dérange pas? Vous êtes d'accord, j'espère?

— Le sommes-nous? demanda madame Daliphare en se tournant Juliette.

— Oui... oui, madame.

VII

Quand Juliette avait examiné la question de savoir si elle devait ou ne devait pas se marier, elle avait parfaitement prévu que si elle épousait Adolphe, elle devait d'avance renoncer à toute influence et à toute autorité dans les affaires de son mari.

D'ailleurs madame Daliphare avait eu la franchise de la prévenir, et, dans la demande que celle-ci avait faite, elle avait nettement posé la question.

C'était une sorte de marché que madame Daliphare était venue lui proposer :

« Bien que vous n'ayez pas de fortune, je vous accepte pour belle-fille, mais à condition que vous ne vous mêlerez pas de mes affaires. Une femme riche se croirait des droits que votre pauvreté vous interdit ; voilà pourquoi je ne prends pas une bru riche, et pourquoi, au contraire, j'en prends une pauvre. »

Ce marché, elle l'avait consenti.

Que lui importaient les affaires de son futur mari et les prétentions de sa future belle-mère ?

Au reste, ces prétentions lui paraissaient fondées et légitimes. C'était madame Daliphare qui, par son intelligence et son travail, avait acquis cette fortune, que les exigences de la loi l'obligeaient à partager avec son fils. Elle voulait maintenant continuer à la diriger seule et la manier à son gré, sans être gênée dans ses combinaisons par l'intervention d'une belle-fille ou d'une famille étrangère : cela était juste jusqu'à un certain point, et, si cela convenait au fils, la belle-fille n'aurait rien à prétendre.

Elle n'avait qu'à se tenir dans un rôle effacé pour tout ce qui touchait aux choses d'intérêt.

Ce rôle d'ailleurs lui convenait sous tous les rapport si

elle n'avait aucun goût pour les affaires, et de plus elle avait trop de fierté pour vouloir intervenir dans une association où sa part était nulle. On n'aurait déjà que trop de raisons de l'accuser d'avoir fait un mariage d'argent : à tout prix elle devait éviter ce qui pourrait justifier cette accusation.

Si elle était pleinement décidée à respecter scrupuleusement les conditions que madame Daliphare lui avait imposées, elle croyait que celle-ci, par contre, respecterait celles qu'elle avait consenties.

Sans doute, avec ses habitudes d'autorité, madame Daliphare devait se mêler plus d'une fois de ce qui ne la regardait pas, et il ne faudrait pas se montrer trop rigoureux pour elle : Juliette avait compté sur ces interventions, et d'avance, elle avait pris avec elle-même le ferme engagement de ne pas s'en fâcher.

Mais ce qu'elle avait pu imaginer, connaissant le caractère entier de sa belle-mère, était resté à mille lieues au-dessous de ce que la terrible réalité venait de lui révéler si brutalement.

Le coup qui l'avait frappée avait été si foudroyant, qu'il l'avait écrasée.

Ce n'était plus une intervention plus ou moins active entre elle et son mari qui était à craindre, ce n'était plus d'une querelle d'intérieur qu'il était question : c'était sa vie même qui était atteinte, c'étaient sa délicatesse, sa pureté, sa dignité de femme.

En voyant comment sa belle-mère avait pris ses dispositions et tout arrangé, sans la consulter en rien, elle avait éprouvé une impression douloureuse. Cependant la découverte de ces choses de ménage, si pénible qu'elle pût être, ne l'avait qu'à moitié surprise. Restant en Suisse et laissant à sa belle-mère le soin d'organiser son appartement, elle avait dû prévoir et elle avait prévu en effet d'étranges fantaisies autoritaires.

Mais ce qu'elle n'avait pas prévu et ce qui l'avait stupéfiée, c'avait été ce qui avait suivi cette découverte.

Lui imposer une femme de chambre pour la coiffer chaque jour et exiger que cette coiffure ne fût pas celle à laquelle elle était habituée, ce n'était plus une chose de ménage.

Mais ce qui était encore moins chose de ménage, ce qui était horrible, ce qui était inimaginable, c'était tout ce qui avait rapport à la question de la grossesse.

Ainsi elle devait être déjà enceinte, elle devait avoir un enfant dans un délai déterminé ; elle devait n'en avoir qu'un ; et l'ayant, elle devait le donner en nourrice, afin de rester à la disposition de son mari.

Ainsi l'avait décidé sa belle-mère, qui ne craignait pas d'exposer nettement ses exigences.

Quelle femme croyait-on qu'elle était pour lui tenir un pareil langage et lui poser de pareilles conditions ? On la traitait donc comme une esclave qu'on a achetée et payée ?

Son rôle était tracé : assurer immédiatement la perpétuité de la famille par un enfant, et ensuite rendre à jamais son mari heureux. Voilà ce qu'elle devait. C'était pour qu'elle accomplît cette double tâche que madame Daliphare l'avait choisie, sa pauvreté répondant d'avance de sa docilité et de sa soumission.

Elle passa une nuit affreuse, déchirant son mouchoir pour étouffer ses sanglots et ne pas réveiller son mari, qui dormait près d'elle avec béatitude, le plus heureux homme du monde assurément.

Se levant tandis qu'il dormait encore, elle put faire, tant bien que mal, disparaître les traces de ses larmes, et, quand il s'éveilla, elle reçut son baiser du matin avec un visage calme, qui ne disait rien des angoisses de la nuit.

— Je vais descendre tout de suite, dit-il ; je veux faire à maman la surprise qu'elle me trouve le premier au bureau. Rien ne peut lui être plus agréable. Elle est si bonne pour nous ; de notre côté, faisons ce que nous pouvons pour elle. Cela ne te contrarie pas ?

— En rien.

Lorsqu'il remonta, quelques instants avant de déjeuner, il la trouva assise sur un fauteuil au milieu du salon. A la voir immobile et inoccupée, un étranger n'eût jamais supposé qu'elle était la maîtresse de cette maison ; elle avait l'air d'une amie en visite, d'une parente.

— Que fais-tu là ? demanda Adolphe en venant l'embrasser.

— J'attends.

— On dirait que tu n'es pas chez toi ?

— Devais-je faire quelque chose ?

— Tu devais faire ce qui te plaisait.

— J'ai réfléchi.

— Comme tu me dis cela ! tu m'en veux d'avoir travaillé ce matin.

— Oh ! pas du tout, je te jure.

— Alors tu ne seras pas fâchée si je retourne au bureau cette après-midi ; maman a besoin de moi. Bien entendu, je ne lui ai rien promis ; mais, si cela est possible, je serai bien aise de la contenter. Que comptes-tu faire de ta journée ?

— J'irai voir ma mère.

— Alors je vais demander à maman si tu peux prendre le coupé ; comme nous devons travailler ensemble, il n'est pas probable qu'elle sorte.

— J'aime mieux marcher, je te remercie.

— Encore fâchée ! je n'ai pas de chance.

— Je ne suis nullement fâchée ; j'avais l'habitude de marcher aux Avants, je voudrais marcher à Paris.

— Il n'en est pas moins vrai qu'il se passe en toi quelque chose d'extraordinaire. Quoi ? Je n'en sais rien. Mais, depuis notre arrivée, tu n'es plus ce que tu étais. Qu'as-tu ? qui t'a fait de la peine ?

Madame Daliphare, en entrant dans le salon, arrêta l'explication qui commençait entre le mari et la femme et qui peut-être aurait été décisive.

Cette explication interrompue ne fut pas reprise ; car, après le déjeuner, Juliette sortit pour se rendre chez sa mère, qui habitait le boulevard Malesherbes.

Madame Nélis avait été si humiliée pendant longtemps de donner son adresse rue de Dunkerque, qu'elle avait voulu prendre un quartier respectable, et c'était la raison toute-puissante qui l'avait obligée à se loger auprès du parc Monceaux, au lieu de demeurer près de sa fille. Là, au quatrième étage d'une maison neuve (l'escalier, garni d'un tapis, était chauffé par un calorifère), elle occupait un petit appartement exigu qui lui coûtait plus cher qu'un vaste et bel appartement au Marais; mais ni la question de l'éloignement, ni celle de l'exiguïté, ni celle des cent quatre marches à monter, ni celle du prix, n'avaient pu l'emporter sur celle de la respectabilité.

— Je t'attends depuis hier, s'écria madame Nélis en voyant sa fille entrer. Ma pauvre enfant! ma pauvre enfant!

Et elle se jeta dans les bras de Juliette.

— Je ne me suis couchée qu'à minuit, continua madame Nélis, et à chaque instant je croyais t'entendre sonner. N'es-tu pas arrivée hier matin.

— Oui.

— Alors tu as donc fait un coup d'État et tu as obligé madame Daliphare à te céder sa chambre?

— Ah! maman, je t'en prie, ne parlons pas de cela, dit Juliette pourpre de confusion.

— Comment! ne parlons pas de ça! Et à qui parleras-tu de tes chagrins, pauvre malheureuse, si ce n'est à ta mère? Crois-tu par hasard que j'aie été la complice de madame Daliphare dans ce guet-apens? Quand elle m'a montré votre appartement, je lui ai dit ce que je pensais de son procédé, et je lui ai adressé les observations que je devais. Je soutenais tes droits, j'étais forte. Cependant j'avoue que je n'ai pas eu le dernier mot; mais qui peut l'avoir avec madame Daliphare? Et toi, qu'as-tu dit? qu'as-tu fait? Puisque tu n'es pas venue te réfugier près de ta mère, c'est que tu l'as emporté. Par quel moyen?

— Je n'ai rien dit, je n'ai rien fait.

— Alors, tu acceptes cette chambre unique, et tu accepteras aussi, n'est-ce pas, le velours d'Utrecht dans l'entrée? car tout se tient, et une concession nous conduit à une autre. Aujourd'hui notre dignité, demain notre goût, tous les sacrifices les uns après les autres. Mais tu ne vois donc pas quel avenir tu te prépares, si dès maintenant tu n'as pas la force de résister au despotisme de ta belle-mère? Tu t'es sentie trop faible, n'est-ce pas, et tu viens me demander mon appui? Eh bien, je te soutiendrai, ma chère enfant; compte sur moi, compte sur ta mère.

— Je suis venue t'embrasser.

— Tu courbes la tête! Alors, que veux-tu dans ton ménage?

— La paix; avant tout et par-dessus tout, la paix.

— Sans doute, la paix est la meilleure des choses; mais, pour avoir la paix, il faut faire la guerre. Si tu cèdes aujourd'hui une chose sans résistance, et demain une autre, madame Daliphare ne s'arrêtera pas dans ses exigences. Tu avais du caractère.

— C'est parce que j'ai un certain caractère que je m'impose la tâche de maintenir la paix dans mon intérieur, et que je ne veux pas obliger mon mari à se prononcer entre sa mère et moi. Je t'en prie donc, ne parlons pas de cela. Je ne suis pas venue pour me plaindre.

— Dis tout de suite que tu ne veux pas de mon appui et que tu n'as que faire de mes conseils.

— Mère...

— Eh bien! va, agis comme tu voudras. Mais ne viens pas plus tard me dire que j'aurais dû te prévenir et te soutenir, car je te répondrai que tu n'as pas voulu croire ce que je te disais. Ah! si tu avais voulu épouser le comte de Seixas, tu n'en serais pas là aujourd'hui. Mais, comme toujours, tu n'as fait qu'à ta guise, tu n'as pas voulu écouter mes conseils, et voilà où tu en es.

Si, au lieu de ces reproches, Juliette avait entendu une parole de simple tendresse, elle eût pleuré avec sa mère. Elle repartit comme elle était venue, le cœur gonflé, et elle rentra dans *sa* maison, pour reprendre *sa* place au milieu de son salon.

— Vous n'avez pas amené votre mère avec vous? dit

madame Daliphare en se mettant à table; je comptais dîner avec elle.

— Elle ne m'a pas dit qu'elle était invitée.
— Invitée! Par qui? Est-ce que je suis invitée, moi?
— Vous? mais vous êtes chez vous, il me semble.
— Il vous semble mal. Une fois pour toutes, qu'il soit bien entendu que vous êtes chez vous; c'est moi qui suis à votre table et non vous qui êtes à la mienne.

Puis, se tournant vers la femme de chambre:
— Remportez ce poulet à la cuisine, il n'est pas cuit.

VIII

En disant à sa belle-mère qu'elle n'était pas enceinte, Juliette s'était trompée; — elle le reconnut bientôt.

Dans la nuit noire où elle était plongée depuis son retour à Paris, cette découverte fut pour elle un rayon de lumière.

Après son entretien avec sa belle-mère, suivi de sa visite chez sa mère, elle s'était repliée sur elle-même, et elle était tombée dans une sorte d'engourdissement douloureux. Que pouvait-elle contre la réalité qui venait de se révéler? Absolument rien, à moins d'entreprendre une lutte. Pendant un moment elle avait examiné dans sa conscience la question de savoir si elle devait risquer cette lutte, et la réponse qu'elle s'était faite avait été négative. A quoi cette lutte pouvait-elle aboutir? Si elle triomphait, elle amenait une rupture entre la mère et le fils; si elle ne triomphait point, c'était elle qui arrivait fatalement à une rupture éclatante avec sa belle-mère.

Les deux résultats étaient également à craindre, car tous deux causaient le malheur de son mari. Elle devait donc accepter, sans se plaindre, la vie nouvelle que le mariage lui faisait. Cette vie serait atroce: tant pis pour elle. Pourquoi s'était-elle mariée? Elle n'était point de ceux qui cherchent à rejeter sur les autres la responsabilité de leurs actions. C'était elle qui avait eu la faiblesse de se laisser marier, sans que rien nécessitât ou légitimât ce mariage; c'était elle qui avait été assez maladroite pour ne point étudier sa belle-mère, et assez aveugle pour ne point la voir telle qu'elle était. C'était donc à elle de payer sa faute et de la payer seule.

Mais, lorsqu'elle se sentit mère, elle se réveilla de cette apathique résignation.

Si pour elle la vie était manquée, elle pouvait vivre au moins dans son enfant; si elle ne pouvait pas être femme elle pouvait être mère.

Elle se releva et reprit espérance, maintenant elle avait un but.

Mais l'épreuve qu'elle venait de faire l'avait en quelques jours vieillie de dix années; elle n'accepta point l'expectative de la maternité, comme elle avait accepté celle du mariage, avec une tranquille confiance, en se disant: « On verra bien. »

Il ne s'agissait plus maintenant de s'en rapporter au hasard, et d'attendre des circonstances le bonheur.

Si elle voulait avoir son enfant à elle et pour elle, il fallait qu'elle prît ses précautions et qu'à l'avance elle s'en assurât la propriété, si l'on peut s'exprimer ainsi : sa belle-mère ne l'avait-elle pas prévenue qu'une nourrice était déjà arrêtée? Or, à aucun prix, elle ne voulait une nourrice. Qu'est la maternité pour une femme qui n'allaite pas son enfant? Le premier sourire de ce petit être qu'on a porté, son premier cri de joie seront donc pour une étrangère ? Puis des bras de la nourrice l'enfant passera aux mains de l'institutrice. A quelle époque et pendant combien de temps la mère aura-t-elle son enfant ? L'art et le sentiment se réunissaient en elle pour proscrire la nourrice. De quoi est fait le génie de Raphaël, sinon de maternité? Dans son esprit comme dans son cœur, par son éducation artistique aussi bien que par une disposition naturelle, elle ne comprenait, elle ne voyait l'enfant qu'au sein de la mère.

Mais ce n'était point avec des considérations artistiques

ou sentimentales qu'elle pouvait toucher madame Daliphare, elle ne le savait que trop : il fallait qu'elle trouvât autre chose.

Quelle autre chose, quels moyens pouvait-elle employer ? Là était la difficulté ; et, comme elle ne trouvait point de réponses satisfaisantes à ses interrogations, elle se résolut d'attendre et de ne parler de sa grossesse à personne, ni à sa mère ni à son mari.

Malheureusement pour Juliette, madame Daliphare n'était point femme à ignorer une chose par cela seul qu'on ne la lui disait point ; elle savait regarder autour d'elle et voir. Aussi, lorsqu'elle avait intérêt à chercher un secret, fallait-il plus que de la discrétion pour le lui cacher longtemps.

En croyant qu'elle n'avait qu'à ne pas parler de son état pour qu'on ne le connût point, Juliette s'était trompée ; la grossesse se manifeste par des signes à peu près certains, qui n'échappent pas à un œil expérimenté.

Bientôt madame Daliphare, toujours aux aguets, remarqua que sa belle-fille éprouvait après le repas des bouffées de chaleur et des étouffements auxquels elle n'était pas sujette autrefois.

Que se passait-il ?

Sa curiosité éveillée se fit aussitôt attentive, et elle devint d'autant plus soupçonneuse que Juliette, loin de se plaindre, paraissait vouloir dissimuler ses malaises.

Pourquoi ne disait-elle rien ? Cela n'était pas naturel.

Il est vrai que d'un autre côté aussi, il n'était pas naturel pour madame Daliphare que Juliette cachât sa grossesse, si elle était enceinte. Pour quelle raison le ferait-elle ? dans quel but ?

Mais les malaises redoublèrent, et aux étouffements se joignirent des nausées ; l'appétit devint capricieux, ce qu'elle aimait lui déplut. Des odeurs qu'elle supportait lui devinrent gênantes au point de produire en elle une sorte d'évanouissement.

Cela n'était pas clair ou plutôt cela ne l'était que trop, et madame Daliphare, qui était à mille lieues de soupçonner les raisons que Juliette pouvait avoir pour dissimuler son état, voulut avoir une explication catégorique.

— Qu'avez-vous donc depuis quelque temps? lui dit-elle un soir que Juliette avait été obligée de sortir de table dès le potage. Êtes-vous souffrante?

— Je vous remercie, je n'ai rien de grave.

— Cependant vous n'êtes pas à votre aise. Bien que vous paraissiez vouloir vous en cacher, j'ai remarqué que vous avez des étouffements après le repas, quand vous n'avez pas plus que des étouffements, comme tout à l'heure par exemple; l'odeur des jacinthes vous incommode, et je vous ai vue placer sur la fenêtre en dehors celles qui étaient dans ces cache-pot. Si vous étiez enceinte, cela serait tout naturel, mais comme vous ne l'êtes pas, il faut voir le médecin.

Juliette comprit que le moment était venu d'avoir une explication avec son mari; car, si elle voyait le médecin, dont on la menaçait, avant d'avoir pris ses précautions, elle ne pourrait pas échapper à la nourrice.

Le soir même de cette conversation avec sa belle-mère, elle avoua donc à son mari le secret qu'elle lui avait caché.

— Tu en es certaine? s'écria Adolphe, tremblant de joie.

— Je crois en être certaine.

— Mais alors pourquoi ne l'as-tu pas dit à ma mère tantôt, quand elle t'en a parlé?

— Il m'a semblé que tu devais être le premier à apprendre cette nouvelle.

— Maman ou moi.

— Ah!

— Tu n'es pas juste pour maman.

— Même en ce moment, des reproches à ce sujet!

— Oui, tu as raison; mais je voudrais tant voir régner entre vous un accord parfait, et cet accord n'existe pas. Tu as avec maman des mots coupants, des silences qui me font peur.

— Tu me parles de ta mère, et moi je voulais te parler

de notre enfant; car j'ai bien des choses à te dire, des engagements à te demander, des promesses pour lui et pour moi.

— Pour lui, pour toi, d'avance tout est accordé.

— Ah ! tout ?

— Tout, je le jure.

— Ne jure pas, car ce que je veux te demander a une extrême gravité pour nous tous, pour notre enfant, pour moi, pour toi et pour ta mère.

— Ma mère ? interrompit Adolphe, toujours inquiet quand sa mère et sa femme devaient se trouver réunies.

— Parlons d'abord de notre enfant; car, pour lui, pour ce que je désire au moins, il me semble qu'il ne peut pas se présenter de difficultés. Ce serait de toi seul qu'elles pourraient venir, ces difficultés, et je ne veux pas croire que tu m'en opposes.

— Alors je ne t'en opposerai pas, c'est entendu. Quoi que tu veuilles, puisque cela dépend de moi seul, tu peux être assurée d'avance que c'est accordé.

— Ce que je veux, c'est nourrir moi-même notre enfant.

— Toi, nourrice !

— Ah ! tu vois, dit-elle en lui posant les doigts sur les lèvres, voilà déjà que tu te récries, déjà tu oublies tes engagements !

— C'est que...

— Quoi ? Mon désir n'est-il pas tout naturel ? Pour notre enfant, pour moi, pour sa santé, pour mon bonheur, trouves-tu que ma demande soit déraisonnable ? Si tu crois que je ne suis pas d'une assez bonne santé pour le nourrir, ou bien si tu crois que je ne suis ni assez intelligente ni assez soigneuse pour l'élever, tu as le droit de t'opposer à ma demande, et je renonce à l'engagement que tu as souscrit à l'avance. Mais pour cela il faut que tu commences par me dire que tu ne crois ni à ma force, ni à ma santé, ni à ma sollicitude, ni à ma tendresse; enfin tous les *ni* que tu trouveras. Que dis-tu ?

— Rien de tout cela, cependant....

— Oh! ne dis pas ce que ton cependant paraît annoncer ; car, si tu n'as, pour t'opposer à ce que je nourrisse, aucune des raisons que je viens d'énumérer, il ne peut t'en rester qu'une, et, comme celle-là te serait personnelle, tu n'oserais pas la donner tout haut.

— Je n'oserais pas ?

— Assurément non, et je te défie de dire que tu ne veux pas donner ta femme à ton enfant pendant quinze mois. L'oses-tu ?

Elle parlait en le regardant, les yeux dans les yeux, souriante et vaillante.

— Eh bien! non, je n'ose pas, dit-il, mais cependant je dois te faire remarquer que maman avait parlé d'une nourrice.

— Mon ami, je suis prête à céder tout ce que ta mère peut désirer, cela seul excepté ; d'ailleurs ta mère est trop intelligente pour intervenir entre nous et vouloir autre chose que ce que nous voulons tous deux.

— Cela est certain.

— Alors ce point-là est réglé.

— Je le jure, nourrice.

— Passons donc au second, au difficile, au délicat. Il faut un parrain et une marraine à notre enfant.

— Maman.

— Je savais à l'avance que ce serait ce nom que tu prononcerais, mais précisément je veux te demander de ne pas prendre ta mère pour marraine.

— Y penses-tu ?

— C'est parce que j'y ai beaucoup pensé que je t'en parle. Si tu as ta mère, j'ai la mienne. Pourquoi l'une et pourquoi pas l'autre ? Si ma mère était dans une position égale à celle qu'occupe la tienne, il n'y aurait pas de raison pour se décider en faveur de celle-ci plutôt qu'en faveur de celle-là ; mais précisément parce que ma mère est dans une situation infime, nous devons ménager sa susceptibilité, et la choisir pour marraine. D'autre part, tu as dans ta famille quelqu'un qui est aussi dans une situation malheureuse ; c'est ton oncle Ferdinand, le frère de ton père, ton seul parent ; et les raisons de délicatesse qui nous obligent à choisir ma mère nous obligent à choisir ton oncle. Il y a égalité des deux côtés ; et, comme ton oncle ne peut pas être parrain avec ta mère, ce qui exclurait ma famille, il faut qu'il le soit avec la mienne.

Adolphe écoutait, la tête basse, sans interrompre ; elle continua, encouragée par l'effet qu'elle produisait.

— Je n'ai fait valoir que des considérations étrangères à notre enfant et à nous ; mais, en se tournant encore de ce côté, on voit que ta mère ne doit pas être marraine de notre premier-né. Il est presque certain que sa qualité de marraine l'attachera à l'enfant qu'elle aura nommé. Qu'arriverait-il, si nous en avions un second ? Il y aurait une préférence chez ta mère, et avec sa fortune ce serait bien grave pour l'avenir.

Adolphe resta assez longtemps silencieux ; enfin, relevant la tête :

— Assurément, dit-il, je voudrais t'accorder tout ce que tu me demandes ; cependant je n'ose prendre ce dernier engagement. Pour la question de nourriture, c'est entendu et juré, tu allaiteras notre enfant. Pour la question de la marraine, je ferai tout ce que je pourrai pour te satisfaire ; mais à l'avance, je n'ose te donner une promesse formelle. Laisse-moi voir ma mère, laisse-moi causer avec elle et aie confiance en moi.

IX

Cet entretien jeta Adolphe dans un grand embarras.

Jusqu'à ce moment, quand il avait pensé qu'il aurait un jour un enfant, il s'était dit que sa mère en serait la marraine. Cela paraissait si bien indiqué, qu'il n'avait pas pu avoir une autre idée : c'était écrit, c'était obligé.

Mais les observation de sa femme lui avaient fait apercevoir des considérations qui, jusqu'alors, ne s'étaient point présentées à son esprit.

La question n'était pas aussi simple qu'il avait cru, et les raisons de sa femme qui lui paraissaient excellentes alors qu'elle les lui donnait, lui parurent tout à fait décisives quand il les examina à tête reposée et les pesa.

Évidemment madame de Nélis avait autant de droits à être marraine que madame Daliphare : si l'une était la mère du mari, l'autre était la mère de la femme. Mais tandis que l'une était riche, l'autre était pauvre ; et cet argument, qu'il n'avait pas soupçonné, le touchait au cœur depuis que sa femme le lui avait présenté : on est tenu envers ses parents malheureux à des égards dont les heureux peuvent très bien se passer.

Si cette raison était bonne pour sa belle-mère, elle était encore meilleure pour son oncle Ferdinand, qui n'était pas dans une situation pécuniaire plus prospère que madame Nélis. Poursuivant la fortune avec une persévérance digne de succès, M. Ferdinand Daliphare, qui remuait sans cesse des millions en paroles, en était réduit à la dernière extrémité. En ces derniers temps, il avait fini par mettre la main sur une affaire à peu près sérieuse, qui, pour donner des bénéfices considérables à ses fondateurs, n'avait plus qu'une dernière consécration à obtenir : l'admission à la cote de la Bourse de Paris. Ce qu'il avait d'activité, d'intelligence, d'intrigue, de courage,

avait été employé à courir jour et nuit après cette fameuse
« cote ». C'était à peine s'il avait eu le temps d'assister
au mariage de son neveu, tant à ce moment il était affairé,
enfiévré. « Nous aurons la cote, nous tenons la cote, toujours la cote. » Ce mot revenait plus souvent sur ses
lèvres que sur celles des crieurs qui, devant le passage
des Panoramas, répètent : « Le cours de la Bourse et de la
Banque; la cote, demandez la cote. » Escomptant le succès qu'il considérait comme certain, il avait même tout
bas fait les plus belles promesses à sa nièce, en s'excusant de ne pas lui apporter son cadeau, qui était retardé
jusqu'à l'époque où « il aurait la cote », c'est-à-dire de
quelques jours. Mais les jours s'étaient écoulés, les
semaines avaient suivi les jours, et la cote n'était point
venue. En pots de vin distribués dans les antichambres,
en achats d'influences, en subventions de consciences, les
ressources de l'entreprise avaient été dévorées les unes
après les autres, et l'on n'avait pas pu palper l'argent des
actionnaires avec le concours de MM. les agents de change
de la Bourse de Paris. C'était depuis quelques jours seulement que cette catastrophe était arrivée, et le malheureux faiseur en était encore écrasé. Le jour où toute
espérance lui avait été enlevée, il était venu demander à
dîner à sa nièce, qu'il avait prise en grande affection pour
la tendresse qu'elle lui témoignait, et il lui avait confié
son désespoir; il était à bout de force, et il ne se sentait
plus ni l'intelligence ni la confiance nécessaires pour
recommencer la vie à soixante ans, ayant usé dans cette
dernière lutte ce qui lui restait d'énergie et d'activité.
« Je renonce décidément à la fortune, avait-il dit à Juliette, et, pendant que j'ai encore un habit sur le dos et
des bottes aux pieds, je vais chercher une petite place
pour y mourir tranquillement ; mais, dans mon malheur,
ce me sera une consolation d'avoir votre tendresse et celle
de mon neveu, qui est bon pour moi. Sans vous, j'aurais
été faire un tour sur le pont Royal ; mais vous me rattachez à la vie par la famille. » Et il s'en était allé le soir
presque souriant, après avoir obstinément refusé tout ce

qui ressemblait à un secours d'argent plus ou moins déguisé. « Non, non, avait-il dit; votre amitié à tous deux. Si vous saviez comme c'est bon, quand on est vieux, de se sentir soutenu par des cœurs jeunes et honnêtes! »

Fallait-il, dans des conditions pareilles, l'abandonner ? Sans doute il ne se plaindrait pas; mais combien il serait heureux quand il verrait que cette famille à laquelle il se cramponnait le prenait pour être le parrain de son premier né! Dans ce témoignage d'estime et d'amitié, n'y avait-il pas de quoi lui rendre le courage et la foi ?

C'étaient là des considérations qui, pour Adolphe, avaient une importance déterminante, mais toucheraient-elles madame Daliphare?

Enfin, il fallait tenter l'aventure ; car, pour tout le monde, pour sa femme, pour lui-même, pour sa belle-mère, pour son oncle, il était décidé à faire le possible. Seulement, il lui paraissait bizarre que pour une chose aussi peu sérieuse, on allât risquer d'allumer la guerre dans une famille ; et cependant la chose se présentait de telle sorte qu'il n'était pas possible d'échapper à ce danger.

Le lendemain matin, après que les premières affaires eurent été expédiées, il quitta sa place et vint s'asseoir à côté de sa mère.

— J'ai une grande nouvelle à t'annoncer, dit-il.

— A propos de la maison ou à propos de nous ?

— A propos de nous.

— Alors je la connais, ta nouvelle : Juliette est enceinte.

— Comment! tu sais...?

— Je m'en doute depuis quelque temps déjà mais je n'en suis pas moins très heureuse d'avoir une certitude. Il faut que je fasse un cadeau à Juliette.

— Je t'assure qu'elle est assez heureuse.

— C'est égal, je veux la remercier de nous avoir donné un enfant. Je vais lui offrir une voiture et un cheval, car elle est tellement susceptible qu'elle fait des façons pour se servir de la mienne. Crois-tu que ce cadeau lui soit agréable?

— Oh! assurément, je te remercie d'avance pour elle. Seulement, avant de penser à la mère, il faut penser à l'enfant ; et tout de suite je dois te dire qu'il y a une question qui me préoccupe beaucoup, et c'est celle de la marraine et du parrain.

— Comme tu me dis cela! interrompit madame Daliphare.

— C'est que sérieusement je suis très ému à la pensée d'aborder cette question, qui paraît toute simple et qui cependant est très délicate. A ne consulter que mes sentiment, je trouve que tu dois être la marraine; mais, à côté des sentiments, il y a des intérêts d'un autre ordre. Si tu es marraine, le parrain doit être pris dans la famille de Juliette, et précisément dans la famille de Juliette il ne se trouve personne pour remplir ce rôle ; tandis que, si nous prenions madame Nélis pour marraine, nous pourrions d'un autre côté prendre mon oncle Ferdinand, et par ce moyen les deux familles seraient également représentées, ce qui est à considérer.

— Vraiment! interrompit madame Daliphare.

Adolphe se mit alors à expliquer longuement les raisons qui plaidaient la cause de madame Nélis et de son oncle. Mais pendant qu'il parlait, sa mère ne l'écoutait pas ; elle avait pris une feuille de papier à lettre et elle écrivait.

— Tu ne m'écoutes pas, dit-il en l'interrompant.

— Si, va toujours ; seulement tout ce que tu me dis là a si peu d'importance pour moi, que je vais au plus pressé. Qu'est-ce que tu veux que ça me fasse que tu prennes ou ne prennes pas celui-ci pour parrain et celle-là pour marraine? Voilà vraiment une belle affaire. Si la qualité de marraine ajoutait quelque chose à ma qualité de grand'mère, je ferais valoir mes droits, et je pense que tu les respecterais ; mais cette cérémonie n'est qu'une pure cérémonie. Tu peux donc choisir madame Nélis ou qui tu voudras, ça m'est bien égal. Je te dirai même que j'aime mieux ta belle-mère que toute autre : on peut être certain à l'avance que celle-là ne nous prendra pas le cœur de notre enfant par des cadeaux. Il en sera d'elle comme de ton oncle : leur générosité ne sera pas à craindre. En réalité, ce sera à nous de faire des cadeaux à la marraine et au parrain ; cela ne me déplaît point. Ce qui ne me déplaira pas non plus, ce sera de voir la mine de madame Nélis au bras de ton oncle ; pour compère, un homme d'argent, sans argent. Bien qu'elle soit habile à se parer des mérites de ceux avec qui elle est en relations, je crois que sa gloriole sera gênée pour trouver un prétexte à discours pompeux dans ton oncle. C'est donc entendu, tu peux inviter madame Néris et ton oncle.

Adolphe respira avec un véritable soulagement ; cette négociation, qui l'avait tant inquiété, se terminait d'une façon inespérée.

— Maintenant, dit madame Daliphare, occupons-nous des affaires sérieuses. Voilà la lettre que j'écris à Françoise pour lui dire que je la prends comme nourrice.

— Une nourrice ? mais c'est inutile, Juliette nourrit elle-même son enfant. C'est entendu ; elle le désire et je le veux aussi.

— Je t'avais déjà parlé de Françoise.

— Oui, mais nous ne savions pas alors si Juliette était enceinte et nous ne savions pas non plus si elle voulait nourrir ; elle le veut, et cela est si naturel que je ne peux pas m'y opposer.

— Mais je m'y oppose, moi.

— Permets-moi de te dire que cela touche surtout Juliette, et que nous ne pouvons pas lui refuser ce qu'elle demande.

—Ah ! nous ne le pouvons pas ?

C'était la première fois que madame Daliphare trouvait chez son fils une volonté résistante, nettement formulée. La colère la souleva, mais elle se contint ; puis, comme elle avait peur de se laisser emporter, elle déchira la lettre qu'elle avait écrite et sortit.

Adolphe croyait avoir triomphé ; il alla chanter victoire auprès de Juliette.

Mais trois jours après il se rencontra avec le docteur Clos, qui « par hasard » était venu voir madame Daliphare. Médecin de la famille depuis longtemps, le docteur Clos, qui d'ailleurs était un homme de valeur, avait une manie, celle de considérer tous les Parisiens comme des avortons et des malades. A la première génération, le Parisien était guérissable ; à la deuxième, il était condamné au rachitisme, à l'anémie, aux tubercules, aux scrofules, etc. ; à la troisième, il n'existait plus, de la bouillie dans les poumons et dans le cerveau.

Naturellement on parla de Juliette, qui était absente, et de sa situation.

— Nous allons envoyer cet enfant-là à la campagne, dit le docteur Clos.

— Non, dit madame Daliphare ; ma belle-fille veut le nourrir elle-même.

A ce mot, le docteur Clos poussa des cris désespérés ; pendant une heure il raconta des histoires effroyables sur les enfants nés de deux Parisiens, et il conclut en disant qu'il fallait absolument à l'héritier des Daliphare une nourrice campagnarde, qui régénérât sa constitution parisienne.

— Je ne la conseille pas, dit-il, je l'ordonne.

Adolphe, fort ébranlé, raconta ses histoires à Juliette, qui ne dit rien, mais qui huit jours après le conduisit chez sa mère, où « par hasard » ils trouvèrent le docteur Libon. Celui-ci était pour la famille Nélis ce que le docteur Clos était pour la famille Daliphare, et entre eux il y avait la différence qu'il y a entre la nuit et le jour : l'un était bourru, l'autre était onctueux ; l'un était paysan, l'autre était boulevardier ; l'un voyait des malades partout, l'autre n'en voyait nulle part.

Naturellement le docteur Libon appuya Juliette, et pendant une heure et demie il raconta des histoires pour démontrer que les mères devaient toujours nourrir leurs enfants.

Cette lutte entre les deux médecins dura trois mois, et les relations entre la belle-mère et la belle-fille reflétèrent bien entendu la physionomie de cette querelle. Au milieu de ce conflit, Adolphe, perdant la tête, était le plus malheureux des hommes.

Enfin le docteur Clos l'emporta en déclarant que si Juliette nourrissait, il ne répondait de rien ; à elle seule la responsabilité dans le cas de maladie chez l'enfant, affaibli et appauvri par sa nourriture.

Ce fut avec un véritable désespoir qu'elle céda, mais enfin elle céda.

Elle se rabattit alors sur la layette, voulant coudre de ses mains.

Mais elle était au travail depuis huit jours à peine, quand elle reçut une magnifique layette ; ce qu'on avait pu faire de plus beau et de plus riche.

— C'est mon cadeau, dit madame Daliphare ; puisque je ne suis pas marraine, il faut bien que j'aie ma part.

X

Les nourrices se partagent en deux catégories : — celles qui se fâchent quand on s'occupe trop de leur enfant, — et celles qui se fâchent quand on ne s'en occupe pas assez.

La nourrice choisie par madame Daliphare appartenait à cette seconde catégorie, qui est de beaucoup la plus nombreuse.

C'était une excellente bête à lait que Françoise Bonnotte : pour manger du matin au soir, pour digérer avec tranquillité, pour ne prendre souci de rien, pour donner à son enfant un sein ferme et toujours plein, elle était merveilleuse ; mais il ne fallait rien lui demander en dehors de ces fonctions, qu'elle accomplissait avec une placidité véritablement animale. Aussi ne trouva-t-elle pas mauvais que Juliette lui prît à chaque instant son enfant des bras : cela la soulageait d'autant et la reposait.

— Payez-vous-en le plaisir, madame, disait-elle avec un sourire qui découvrait ses dents blanches comme l'ivoire et solides à broyer du fer.

Puis, avec ses camarades, en se promenant autour du lac des Minimes ou aux Tuileries, elle se moquait de sa maîtresse.

— Les gens de Paris sont assez bêtes avec leurs enfants, dit-elle ; mais celle-là est encore la plus bête des bêtes. Si je vous racontais toutes ses inventions avec son petit, ça vous ferait pitié. On ne trouverait pas une nourrice à cent francs par mois pour se donner le mal qu'elle prend, jusqu'à venir des quatre ou cinq fois par nuit voir s'il dort. « Eh bien ! oui, il dort, que je lui dis, mais vous, vous m'empêchez de dormir. Allez-vous-en et ne revenez pas, ça me dérange ». Et elle s'en va. C'est elle qui me fait bien souvent ma chambre et qui tous les matins me lave mes éponges ; je lui fais laver aussi les bas du petit, parce que la laine ça m'écorche les mains.

Si bête que Juliette fût avec son enfant, elle ne l'était pas encore au point qu'elle aurait désiré, car son influence ne pouvait s'exercer que dans les petites choses et d'une façon détournée ; pour les grandes, c'était sa belle-mère qui ordonnait.

Bien que le petit Félix fût ce qu'on appelle un bel enfant, c'est-à-dire bien bâti et bien constitué, gros, joufflu et rose, il n'échappa pas aux maladies et aux indispositions de son âge. La première fois que Juliette le vit malade pour avoir teté trop gloutonnement et s'être donné une indigestion, elle voulut venir à son secours en attendant l'arrivée du médecin ; et, pendant que la nourrice pleurait en pensant que c'était bien malheureux de perdre, au quarante-cinquième jour de nourriture, un enfant qu'on devait allaiter durant quinze ou dix-huit mois, Juliette s'était ingéniée à chercher dans sa maternité affolée quelque moyen de soulagement : de l'eau sucrée, des cataplasmes.

Mais au moment où elle allait introduire dans la bouche de l'enfant, qui se tordait sur ses genoux, quelques gouttes d'eau sucrée, madame Daliphare était survenue et brusquement elle avait jeté dans le feu le breuvage préparé.

— Vous voulez donc le tuer ? avait-elle dit. Etes-vous folle, nourrice, de vous laisser prendre votre enfant pour le droguer ?

— A quarante-cinq jours, avait pleuré la nourrice, un si bel enfant, une si bonne maison, hou... hou... Ce n'est pas moi, c'est madame.

— Faut-il le laisser souffrir en attendant le médecin ? s'était écriée Juliette.

— Souffrir n'est rien, mourir est tout. Vous ne vous connaissez pas à soigner les enfants, n'est-ce pas ? Où avez-vous appris qu'il fallait donner de l'eau à un enfant qui a des coliques ? Ce n'est pas à regarder Raphaël. Laissez-moi tranquille.

La querelle, en quelques secondes, était partie comme une explosion.

Madame Daliphare avait été chercher son fils, qui naturellement, intervenant malgré lui dans la discussion, avait donné raison à sa mère.

— Ecoutons maman, elle a l'expérience ; Juliette, je t'en prie.

Mais Juliette, toujours résignée jusque-là, s'était révoltée avec le courage et le désespoir de la femelle qui défend son petit.

— Tous deux, sortez d'ici ! s'était-elle écriée en serrant son enfant dans ses bras. Laissez-moi, laissez-moi avec lui. Je vous écoute depuis trop longtemps. Pour moi, je veux bien subir votre despotisme, — elle s'était tournée vers sa belle-mère ; — ta faiblesse, — elle s'était adressée à son mari ; mais pour lui je ne me courberai pas sous votre volonté. Allez chercher votre médecin, remuez-vous ; mais, en attendant qu'il arrive, laissez-moi soulager mon enfant. Nourrice, de l'eau chaude ! Sortez, mais sortez donc !

Et elle les avait poussés vers la porte, qu'elle avait fermée au verrou, pour ne la rouvrir que devant le médecin.

Incapable de louvoyer entre deux influences jalouses et de ménager l'une et l'autre, le docteur Clos avait conseillé l'eau sucrée, et par là donné raison à Juliette.

Les deux femmes n'avaient rien dit lorsque, le docteur parti, elles s'étaient trouvées en face l'une de l'autre, mais elles avaient échangé un court regard, plus éloquent que les paroles les plus décisives.

Avec une femme moins persévérante que madame Daliphare, cette scène et ce regard eussent suffi pour modifier les relations de la belle-mère et de la belle-fille, et ce fut même ce que Juliette espéra.

— Au moins, se dit-elle en faisant son examen de conscience à propos de cette scène et de son emportement, au moins j'aurai mon enfant.

Mais elle ne l'eut pas plus après qu'elle ne l'avait eu avant.

Après comme avant, madame Daliphare continua d'intervenir à tout propos, et souvent hors de propos, entre la mère et l'enfant. Il était impossible en effet qu'on fît quelque chose autour d'elle sans qu'elle y mît la main, donnât un conseil, demandât des explications. C'était un besoin de sa nature et une habitude que rien ne pouvait modifier : commis, gens d'affaires, famille, tous ceux qui l'entouraient devaient subir son autorité ; et, comme elle avait presque toujours réussi dans ce qu'elle avait entrepris, elle avait la superbe assurance que donne le succès. C'était de la meilleure foi du monde qu'elle croyait à son infaillibilité. Il suffisait qu'elle eût dit une chose pour qu'aussitôt ses paroles eussent force de loi.

Elle avait établi comme règle qu'on devait lui porter son petit-fils avant de le mener à la promenade, et, dans son bureau, qu'elle eût ou n'eût point d'affaires à traiter, qu'elle fût seule ou avec des clients, elle lui faisait subir une espèce d'examen.

— Pourquoi ne lui avez-vous pas mis des bas de laine ?

— C'est madame qui m'a dit de lui mettre des chaussettes.

Juliette se présentait alors pour expliquer les raisons qui lui avaient fait préférer les chaussettes aux bas.

— J'ai consulté le thermomètre, il marque seize degrés à l'ombre ; j'ai regardé le baromètre, il est au *beau fixe*. Félix aurait eu trop chaud.

— Autrefois il était reconnu de tout le monde que les enfants n'avaient jamais trop chaud.

— Cependant...

— Ah! moi, je n'ai pas besoin de consulter le baromètre, le thermomètre et toutes vos machines pour savoir quel temps il fera ; je vous affirme que le temps va changer et se mettre au frais. Ces choses-là se sentent sans mécanique. Maintenant, si vous voulez prendre la responsabilité de sortir votre enfant tel que vous l'avez habillé, c'est bien, prenez-la ; seulement, s'il gagne froid et devient malade, n'accusez personne que vous, vous êtes avertie.

Juliette remontait à son appartement et remplaçait les chaussettes par des bas ; puis le lendemain elle remplaçait les bas par les chaussettes, ou bien elle avait à supporter des observations d'un autre genre, car le costume de l'enfant n'appartenait pas seul à la critique de madame Daliphare : cette critique s'exerçait sur tout et à propos de tout.

Enfin l'enfant grandit assez pour qu'on pût congédier la nourrice, et Juliette espéra qu'elle allait avoir son fils. Pour mieux assurer son pouvoir, elle choisit elle-même une bonne anglaise, qui, ne comprenant pas un mot de français, ne devait pas subir l'influence de madame Daliphare.

Et pendant quelque temps, en effet, elle eut son fils à elle ; mais ce tranquille bonheur ne dura pas longtemps.

Madame Daliphare, qui jusque-là avait joui d'une santé de fer, se trouva malade. Le docteur Clos constata une péricardite, et, comme il était logique dans son système, il ordonna le séjour à la campagne. Arracher madame Daliphare à sa maison de commerce, et la retenir à la campagne dans l'isolement, c'était la condamner à la mort. Elle ne consentit à cet arrangement qu'à une condition : elle viendrait à Paris tous les jours passer une heure à son bureau, et on lui donnerait son petit-fils à Nogent.

Après de longues discussions, Juliette céda, espérant que son sacrifice ne serait pas trop long et que sa belle-mère reviendrait bientôt habiter Paris, ou bien qu'elle pourrait elle-même habiter Nogent.

Mais ni l'une ni l'autre de ces espérances ne se réalisa ; madame Daliphare resta à Nogent avec son petit-fils, et elle-même resta à Paris avec son mari, voyant son enfant une heure seulement par jour, et le dimanche toute la journée.

Alors qu'elle avait été forcée de subir la nourrice, elle s'était dit, pour se consoler, qu'elle aurait au moins la joie de pouvoir former l'esprit de son enfant en lui donnant doucement avec la patience et la tendresse d'une mère, les premières notions de ce qu'il devait apprendre un jour.

Mais cette joie aussi lui échappa.

Madame Daliphare, qui n'avait rien à faire à Nogent, voulut apprendre à lire à l'enfant, et un jour, pour montrer les progrès de son élève et le faire briller devant son père, elle lui demanda d'épeler un mot.

— Le premier mot venu, dit-elle en prenant l'enfant sur ses genoux, écoute-bien, mon petit Felix, *pan-du-le*, comment cela fait-il ?

— Pendule, dit l'enfant.

Cette leçon, dont madame Daliphare triomphait, fut un puissant argument aux mains de Juliette pour obtenir de son mari que cet enseignement ne continuât pas. Pouvait-on permettre que l'enfant apprît une orthographe de ce genre ?

Adolphe fut bien embarrassé pour faire cette communication à sa mère ; mais enfin, poussé par sa femme et par sa propre conscience, il finit par la risquer tant bien que mal et avec tous les ménagements possibles.

Madame Daliphare ne se fâcha point, et, sans répliquer, elle prit l'engagement de ne plus faire travailler l'enfant.

Juliette, une fois encore, crut qu'elle avait triomphé et qu'elle allait reprendre son fils.

Mais à quelques mois de là, madame Nélis, qui, en ce moment, habitait Nogent, lui apprit en grand mystère qu'il se passait quelque chose d'étrange chez madame Daliphare. Tous les matins, elle recevait la visite d'un monsieur qui s'enfermait avec elle pendant deux heures, de neuf à onze ; jamais plus, jamais moins. Ce monsieur venait de Paris : c'était un homme d'environ cinquante ans, à l'air grave et digne. Que pouvait-il se passer chez madame Daliphare pendant ces deux heures ? Quel était ce monsieur ? Un prétendant peut-être ; si madame Daliphare voulait se remarier, voilà qui serait curieux.

Juliette n'avait pas pris ce récit au sérieux. Sa belle-mère se remarier ! Cependant il y avait un fait certain qui avait été confirmé de différents côtés : c'était l'arrivée régulière de ce monsieur.

Enfin, un matin qu'elle était venue à Nogent pendant que sa belle-mère et ce monsieur étaient enfermés, et qu'elle avait été s'asseoir avec son fils sous une charmille du jardin, elle entendit par hasard un lambeau de conversation qui lui expliqua ce mystère.

— Ainsi, madame, disait le monsieur en s'adressant à madame Daliphare, vous voudrez bien m'apprendre pour demain les règles des adjectifs. Les adjectifs terminés par un e muet ne changent pas de terminaison au féminin ; les adjectifs terminés par une consonne ou par une voyelle autre que l'e muet, servent pour le genre masculin. Pénétrez-vous bien des exceptions. Voilà pour la grammaire française. Pour la lecture des auteurs anciens, vous lirez dans le deuxième livre de l'*Enéide*, à partir du 505ᵉ vers :

Forsitan et Priami fuerint quæ fata, requiras;
c'est-à-dire dans votre traduction : « Mais peut-être voulez-vous savoir comment Priam acheva sa destinée ? »

Ce monsieur était un professeur, et à soixante ans madame Daliphare refaisait son éducation. Jusque-là elle n'avait guère appris que ce que les drames historiques lui avaient révélé : Espérance et Henri IV, Coconas et la reine Margot. Maintenant, pour être en état d'instruire son petit-fils, elle commençait ses classes comme une écolière de douze ans, et à la grammaire elle joignait l'étude des auteurs latins.

XI

Adolphe et Juliette étaient mariés depuis cinq ans, et dans leur entourage ils passaient pour les gens les plus heureux du monde. Il était universellement admis que c'était ce qu'on est convenu d'appeler « un charmant ménage »; on les citait comme des modèles.

— Voyez monsieur Daliphare, disaient les femmes à leurs maris.

— Voyez madame Juliette Daliphare, disaient les maris à leurs femmes.

— Il n'est pas difficile d'être aimable quand on a une femme comme madame Juliette Daliphare, répliquaient les maris.

— Il est facile d'être douce quand on a un mari tel que M. Adolphe Daliphare, répondaient les femmes.

Et ainsi chacun se renvoyait la balle.

De Juliette on ne voyait que sa beauté en plein épanouissement, avec quelque chose de mélancolique qui parlait à l'âme.

Et d'Adolphe on ne voyait que sa tranquillité d'humeur, sa douceur de caractère, sa bonhomie et sa bonté.

Comment une pareille femme et un pareil mari, unis l'un à l'autre, n'auraient-ils pas été heureux? Il n'y avait aucun mérite à cela : c'était tout naturel; dans leur situation, c'était obligé.

Cependant ce bonheur n'était pas aussi parfait qu'il le paraissait, et ce ménage n'était pas aussi heureux qu'on le croyait. Dans cet arbre au feuillage verdoyant et aux rameaux chargés de fleurs que chacun admirait, il s'était glissé un ver qui le rongeait au cœur.

Chacun des deux époux avait ses chagrins et, s'ils n'étaient pas aussi graves chez le mari que chez la femme, ils n'existaient pas moins chez tous deux.

Adolphe adorait sa femme, et, après cinq années de mariage, il était en admiration devant elle : pour la beauté, l'esprit, l'intelligence, elle était à ses yeux la perfection même. Mais, au milieu des qualités réelles ou fausses dont son amour orgueilleux la parait, il ne pouvait pas s'empêcher de voir un défaut : elle était injuste pour sa mère, à laquelle elle ne témoignait pas la tendresse respectueuse et la reconnaissance que celle-ci était en droit d'attendre. Ce n'est pas impunément qu'on a été élevé par une mère telle que madame Daliphare et qu'on a vécu près d'elle. Malgré la bonté de sa nature, Adolphe avait, par plus d'un côté, subi l'influence maternelle, et c'était ainsi qu'il se disait que sa femme n'estimait pas à sa valeur l'avantage qu'elle avait trouvé en l'épousant; il lui semblait qu'avec l'intelligence supérieure qu'il lui reconnaissait, elle aurait dû mieux apprécier la situation, et alors, l'appréciant, elle aurait dû être pour sa mère autre qu'elle n'était. Bien souvent il avait essayé de lui faire comprendre quels devoirs cette situation lui imposait, mais toujours inutilement. Juliette n'avait modifié en rien son attitude avec madame Daliphare ; constamment elle cédait aux exigences de sa belle-mère, mais elle cédait en montrant que c'était parce qu'elle le voulait bien, par prudence, pour ne pas engager une lutte dans laquelle le droit eût été pour elle, une querelle n'eût pas été plus pénible que son silence hautain. Ah! si elle avait voulu être moins froide, moins fière ou seulement moins impassible! Si elle avait voulu dans ses rapports remplacer la politesse par la tendresse, la soumission par la prévenance, comme il eût été heureux ! Dans la vie, tout lui souriait ; sa fortune s'accroissait dans une proportion inespérée. Il avait été nommé adjoint au maire de son arrondissement; le chemin de l'ambition s'ouvrait devant lui facile et honorable. Il n'avait pas un ennemi; ses employés eux-mêmes l'estimaient et l'aimaient. La santé de sa mère se raffermissait; son fils grandissait, plein de force et de gaieté; sa femme, plus belle de jour en jour, l'entourait de soins et d'affection. Sans cette inimitié entre la belle-mère et la belle-fille, son ciel bleu n'eût pas eu le plus léger nuage. Mais cette inimitié qui se manifestait en tout, malgré les précautions que les deux femmes apportaient à la cacher, le tourmentait et l'inquiétait. Du matin au soir il était obsédé par l'idée qu'une querelle pouvait éclater entre elles, et il s'ingéniait à éviter par tous les moyens les occasions qui pouvaient faire naître une difficulté. Lorsque sa femme et sa mère étaient en présence, un mot de l'une, un regard de l'autre le faisaient trembler. A chaque instant il craignait une explosion, et il n'avait véritablement de tranquillité que quand il était seul, tantôt avec celle-ci, tantôt avec celle-là. Combien la réalité était différente de ce qu'il avait espéré lorsqu'il s'était marié!

Juliette, de son côté, accusait le mariage et souffrait de la vie qu'il lui avait créée.

Depuis dix ans, elle était tombée de déception en déception, et tout ce qu'elle avait cru atteindre avait croulé sous sa main.

Obligée de travailler par la ruine de sa famille, elle avait fait de la peinture le but de ses rêves et de ses préférences; elle serait artiste, elle aurait du talent, elle aurait un nom et une réputation. Pendant sept années elle avait marché courageusement vers ce but qui, dans la nuit sombre où elle s'agitait et sur la mer dangereuse où elle luttait, avait brillé comme un phare sauveur. Chaque effort l'en avait rapprochée, et au moment où il ne lui fallait peut-être plus que quelques journées de courage et de peine, elle s'était abandonnée et avait lâchement accepté la main qu'on lui tendait pour l'empêcher de persévérer.

Si elle renonçait à la peinture, elle aurait un mari à

aimer; elle aurait aussi la paix du foyer et les joies d'un intérieur tranquille.

Mais ce calcul de compensation ne s'était pas trouvé juste.

Alors, sentant son enfant remuer dans son sein, elle s'était dit que cet enfant remplirait ses journées vides et tristes, qu'elle vivrait pour lui et se dévouerait à en faire un homme.

Mais, une fois encore, elle s'était trompée et l'enfant lui avait été enlevé.

Pas de mari, pas d'intérieur (au moins pas de mari et pas d'intérieur tels qu'elle les voulait), pas d'enfant, et une belle-mère qui dirigeait, inspirait, organisait tout autour d'elle et chez elle : voilà quels étaient les résultats de ces cinq années de mariage.

Quand cette vie changerait-elle? Jamais, sans doute. Tous les jours à venir s'écouleraient comme s'étaient écoulés les jours passés.

Régulièrement chaque jour, de une heure à deux, son fils viendrait la voir, et, pendant ces soixante minutes, elle aurait le droit de l'embrasser à son aise et de se rouler avec lui sur le tapis de son appartement, jouet et esclave plutôt que mère; puis, à deux heures précises, après avoir donné un baiser d'adieu « à sa maman Adolphe », l'enfant repartirait pour Nogent avec « sa bonne maman ». Et tandis qu'elle resterait à Paris, sa belle-mère à la campagne soignerait son enfant, dînerait avec lui, le ferait travailler et le veillerait pendant son sommeil.

Le samedi seulement, à deux heures, elle pouvait s'en aller avec lui et aussi avec sa belle-mère, et jusqu'au lundi à midi elle l'avait à elle. C'était là son bon temps, qui eût été meilleur encore si la journée du dimanche n'avait point appartenu aux étrangers que madame Daliphare se faisait un plaisir et encore plus une gloriole de recevoir.

Mais ce temps passait vite, et il fallait rentrer à Paris reprendre le cours de sa vie monotone.

Ah! si elle avait aimé son mari! Elle avait pour lui de l'estime et de la tendresse, elle n'eût reculé devant aucun sacrifice pour le rendre heureux, elle se serait dévouée avec empressement pour lui épargner un chagrin ; mais de l'amour elle n'en avait point ; au moins n'éprouvait-elle pas cet anéantissement de volonté, cette domination, cette possession dont elle lui avait parlé un jour, alors qu'il la voulait persuader que l'amitié qu'elle avouait était de l'amour. Bien souvent elle s'était fâchée contre elle-même de ne pas éprouver ces sentiments pour un homme qui l'aimait tant et auquel en réalité elle n'avait à reprocher qu'une trop grande faiblesse pour sa mère ; mais les remontrances et les exhortations qu'elle avait pu s'adresser n'avaient servi à rien. Ce n'est pas par ordre qu'on aime, et ce n'est pas par des raisons démonstratives que le cœur se laisse toucher ou prendre.

Cependant, si douloureuses qu'eussent été ses heures de tristesse, pendant ces cinq années longues et lentes, jamais elle n'avait laissé échapper un mot de plainte.

A qui se plaindre d'ailleurs? A sa mère? Elle était en froid avec elle depuis qu'elle n'avait pas voulu l'écouter et déclarer la guerre à madame Daliphare. A des amies? Elle n'en avait point d'assez intimes pour s'ouvrir à elles.

Et puis que leur aurait-elle dit et de quoi aurait-elle pu se plaindre? Quelle consolation aurait-elle pu recevoir? Qui l'eût sérieusement écoutée? qui l'eût comprise? Elle se plaignait, elle qui avait une belle fortune, un enfant en bonne santé, un mari qui l'adorait : que lui manquait-il? que pouvait-elle désirer? N'avait-elle pas tous les bijoux qu'une femme peut porter? ses toilettes n'étaient-elles pas ce qu'elle voulait qu'elles fussent, sans avoir jamais une note arriérée chez la modiste, la couturière ou le tailleur? sa voiture n'était-elle pas correctement attelée?

Elle n'avait donc jamais parlé à personne de ce qui se passait en elle, et à tous elle avait constamment montré un visage calme, voilé seulement par une légère teinte de mélancolie, qui pouvait provoquer l'intérêt, mais non la compassion.

Et pourtant plus d'une fois des cris de révolte lui étaient montés aux lèvres.

Eh quoi! ce serait toujours ainsi? Les années s'enchaîneraient aux années, et celle qui commencerait serait semblable à celle qui aurait fini, et toujours jusqu'à la mort la même monotonie, la même régularité?

Et alors elle se répétait le reproche qu'elle s'adressait sans cesse :

— Pourquoi me suis-je mariée?

C'était sa faute, et elle était seule coupable. C'était cruauté à elle de peiner sa belle-mère et de ne pas rendre son mari plus heureux.

Et, sous cette impression, elle s'exhortait à la résignation et au sacrifice. Cette tristesse qui la dévorait était factice. Toute femme à sa place serait heureuse.

Que lui manquait-il?

On pouvait bien vivre sans aimer, et ceux-là seuls étaient sages qui savaient se mettre à l'abri de la passion. Ces grands mots d'*amour* et de *passion*, qui tiennent tant de place dans la fiction, en tiennent bien peu dans la réalité.

D'ailleurs l'amour ne pouvait être pour elle qu'un crime ou qu'une honte.

Depuis qu'elle était mariée, deux fois on lui avait parlé d'amour, et elle s'était détournée : la première fois avec mépris, la seconde avec pitié.

Parmi les amis de sa belle-mère et de son mari, se trouvait un vieux beau nommé monsieur Descloiseaux. Agé de près de soixante-dix ans, mais vigoureux encore, sanglé dans des bricoles qui le soutenaient; teint du plus beau noir, rasé deux fois par jour, la bouche garnie d'un magnifique râtelier, monsieur Descloiseaux, qui portait sur sa personne toutes les élégances et dans son cœur tous les vices, s'attachait depuis quarante ans aux jeunes femmes, et, à l'affût dans leur ménage comme un chasseur dans un bois, il guettait celles que l'inexpérience ou un moment d'oubli pouvait lui livrer. Il avait employé ce système avec Juliette ; mais, lorsque après d'habiles préparations il avait cru pouvoir mettre la main sur elle, elle l'avait si rudement repoussé qu'il avait été déconcerté, lui qui ne se troublait jamais.

Cette aventure avait inspiré à Juliette un profond dégoût pour ce vieux libertin, en même temps qu'un sentiment de colère contre elle-même ; la seconde lui avait au contraire inspiré plus de compassion que d'indignation.

Lorsqu'elle venait voir son mari dans son cabinet, elle avait remarqué deux yeux ardents qui ne la quittaient pas. Ces yeux appartenaient à Flavien, qui, dans son inexpérience juvénile, mettait toute sa vie et toutes ses pensées dans son regard. Pendant près d'un an, ses yeux l'avaient ainsi suivie, et elle ne s'en était pas fâchée ; cette adoration respectueuse n'avait rien qui lui déplût. Mais un jour que Flavien classait avec elle des gravures qu'Adolphe venait d'acheter à une vente, il était tombé à genoux, et, dans un mouvement de passion irrésistible, il avait baisé sa robe. Sans un mot, sans un regard, elle était sortie, et depuis ce temps Flavien n'avait plus osé lever les yeux sur elle.

C'étaient là les seules crises de passion qu'elle avait rencontrées et ni l'une ni l'autre n'étaient de nature à la toucher profondément.

Ses jours s'écoulaient donc sans autres troubles que ceux qui l'agitaient intérieurement, et tout donnait à croire qu'il en serait ainsi éternellement, lorsque tout à coup elle fut jetée sur une pente où elle se laissa emporter entraînant tout avec elle, son mari, son enfant, sa belle-mère.

XII

L'atelier que madame Daliphare avait offert à sa belle-fille, dans sa propriété de Nogent, était primitivement une orangerie. C'était un vieux bâtiment construit au dix-huitième siècle avec un certain luxe architectural : les pierres de la façade en bossages étaient vermiculées, et de chaque côté de la porte d'entrée deux cariatides avaient été sculptées, soutenant sur leur dos voûté un médaillon. Au-dessus de cette orangerie, plantés au nord, trois marronniers séculaires étendaient leur branchage.

Quand on avait transformé ce bâtiment en atelier, le seul changement extérieur qu'on lui avait fait subir avait consisté à établir dans la toiture un vaste châssis vitré, pour que la lumière vînt d'en haut, et à fermer les larges fenêtres par lesquelles il prenait jour autrefois.

De la maison de Nogent, c'était la seule pièce qui appartînt en propre à Juliette ; personne n'y pénétrait sans son autorisation. Lorsqu'elle arrivait de Paris, affamée de maternité, c'était là qu'elle venait s'enfermer avec son fils pour l'embrasser à son aise et le manger de caresses. Alors cette partie du jardin ordinairement déserte s'égayait, et l'on entendait les rires confondus de la mère et de l'enfant.

A son retour de Suisse, dans la première année de son mariage, Juliette y était venue assez souvent travailler ; mais depuis longtemps elle ne faisait plus de peinture. A quoi bon ? et pour qui ?

Son mari, il est vrai, parlait quelquefois de peinture avec elle ; mais ils ne s'entendaient plus. Lui, qui autrefois partageait tous ses goûts et adoptait toutes ses opinions, s'était fait maintenant une manière indépendante, et quand le 1ᵉʳ mai, ils allaient ensemble à l'ouverture du salon, ils n'étaient plus d'accord comme autrefois. Un moment émancipé par l'amour, Adolphe était revenu aux traditions et aux idées que son éducation lui imposait ; il trouvait sa femme révolutionnaire en fait d'art et la blâmait. Il y a des règles établies qu'on doit suivre, des principes qu'on doit respecter ; et puis à ses sages théories se mêlaient chez lui des sentiments personnels. Les applaudissements que Juliette adressait à d'anciens camarades le blessaient ; dans une sorte de jalousie rétrospective, il en voulait à ces artistes d'avoir été autrefois les amis de sa femme, et jusqu'à un certain point il était fâché de leur reconnaître du talent. Il argumentait pour ne pas en faire l'aveu, et, de parti pris, il soutenait qu'ils étaient surfaits par la camaraderie des journaux, et qu'ils n'auraient pas de récompenses. Quand le Jury lui donnait raison, il jouissait de ce petit triomphe, comme s'ils eussent été pour lui des rivaux.

Dans ces conditions, Juliette n'avait plus de goût pour travailler, et quand maintenant elle prenait un crayon, c'était pour amuser son fils et lui dessiner d'une façon enfantine des animaux ou des objets qui parlaient à son esprit, éveillaient sa curiosité ou provoquaient son rire.

Mais ce n'était pas là de l'art, et pour cela il n'était pas nécessaire d'avoir un atelier. C'était ce que madame Daliphare lui disait souvent.

— Si j'avais su que cet atelier devait si peu servir, je n'aurais pas mis mes orangers dehors.

— Il me sert cependant.

— A quoi donc?

— A réfléchir et à rêver.

— La belle affaire ! Et ne peut-on pas rêver dehors ? Moi, je rêve dans mon lit.

Juliette ne répliquait rien, mais elle allait s'enfermer dans cet atelier et tournait la clef avec un sentiment de délivrance. Enfin elle était chez elle, et n'avait pas à craindre qu'on vînt la troubler.

Elle restait là de longues heures, l'esprit perdu dans le passé, rêvant, comme elle disait à sa belle-mère, regardant les tableaux qui étaient accrochés aux murs : celui qu'elle avait peint en Suisse et qui lui rappelait le meilleur temps de sa vie de mariage ; ou bien le *Semeur* de Francis Airoles, qui la ramenait dans les régions élevées de l'art et l'arrachait à la réalité.

Un matin, madame Daliphare, venant de Nogent, arriva rue des Vieilles-Haudriettes, la figure troublée.

— Que se passe-t-il donc? demanda Adolphe.

— Ah! petite maman, dit Félix en embrassant sa mère, tu vas avoir du chagrin.

— Il y a, dit madame Daliphare, répondant aux regards fixés sur elle, que nous avons eu cette nuit un orage terrible, une pluie diluvienne et un tonnerre épouvantable.

— Bonne maman avait peur, interrompit l'enfant ; elle ne voulait pas le dire, mais je l'ai bien vu.

— Enfin, continua madame Daliphare, le tonnerre est tombé sur un des marronniers de l'atelier ; il a fracassé une grosse branche, qui a enfoncé le châssis de l'atelier.

— L'atelier a été inondé?

— Entièrement, et l'un des montants du châssis a crevé le *Semeur*.

— Crevé le *Semeur !* s'écria Juliette.

— S'il n'y avait que le *Semeur* d'abîmé, mais les tapisseries sont perdues, et les collections de gravures sont mouillées ; la pluie a pénétré partout, puisque c'est seulement ce matin qu'on s'est aperçu du désastre.

— Dans quel état est le *Semeur?* demanda Juliette.

— Déchiré du haut en bas, mais les tapisseries sont encore bien plus gravement abîmées.

— Les tapisseries, ce n'est rien.

— On voit bien que l'argent ne vous coûte rien, vous. Des tapisseries qu'on ne peut pas refaire, puisqu'elles datent de deux cents ans. Si je pouvais dire que ce n'est rien que tous ces dégâts, j'appliquerais ce mot au *Semeur*, qu'on peut recoudre ; et puis, le peintre est vivant, et si vous tenez tant à ce tableau, vous lui en commanderez un autre.

— Payé six mille francs il y a cinq ans, quand Francis

Airoles n'avait pas encore de réputation, le *Semeur* vaut aujourd'hui vingt mille francs, dit Adolphe.

Juliette voulut aussitôt partir pour Nogent, et Adolphe l'accompagna.

Les dégâts, en effet, étaient considérables. Le châssis, cédant sous le poids de la branche, était tombé tout entier dans l'atelier, où la pluie avait achevé ce que les éclats de bois et les morceaux de verre avait épargné. Une tringle de fer, éraflant le *Semeur*, l'avait déchiré non pas du haut en bas, comme l'avait dit madame Daliphare, mais sur une assez grande longueur.

Cependant le malheur n'était pas aussi grand que Juliette l'avait craint, et la toile pouvait être réparée.

— Tu es certaine que cela peut se réparer? demanda Adolphe, qui tenait à son tableau et était fier de l'avoir acheté quand Airoles était encore inconnu.

— Je le crois; seulement il y aura des parties à repeindre, et le maître seul qui a peint un tableau aussi remarquable peut le retoucher.

— Eh bien! on s'adressera au maître : il doit tenir à son œuvre.

On avait commencé par le *Semeur*, on continua ensuite la reconnaissance des dégâts; le petit tableau que Juliette avait peint aux *Avants* était complétement haché.

— Notre pauvre chalet! dit-elle tristement.

— Tu le referas.

— Cela me serait impossible maintenant.

— S'il le faut, nous retournerons aux Avants.

— Quand même nous y retournerions, cela me serait impossible : on ne revient pas cinq années en arrière.

— Alors Francis Airoles ne pourra pas repeindre son *Semeur*?

— Le *Semeur* est une œuvre d'art; mon tableau était une œuvre de sentiment, — un accident, les accidents ne se répètent pas.

— Faut-il faire réparer l'atelier, demanda madame Daliphare, ou bien l'abandonnez-vous?

— Je vous serai reconnaissante de le faire remettre dans

l'état où il était ; c'est bien assez de ce petit tableau détruit ; je serais malheureuse de ne pas retrouver les choses que j'aimais.

— Je me charge de la toiture et des tapisseries, dit madame Daliphare ; chargez-vous des tableaux.

Pendant qu'on travaillait à la toiture, Juliette s'occupa de faire réparer la toile du *Semeur* et de chercher l'adresse de Francis Airoles.

Ordinairement rien n'est plus facile que de savoir où un peintre demeure, il n'y a pour cela qu'à ouvrir un livret d'exposition : à la suite du nom de l'artiste et après l'indication des maîtres chez lesquels il a étudié et des récompenses qui lui ont été décernées, se trouve son adresse. Mais Francis Airoles n'avait point exposé au dernier Salon, et le livret de l'année précédente donnait son adresse chez un marchand de tableaux, ce qui signifiait qu'à cette époque il n'habitait pas Paris.

Juliette pensa alors à demander le renseignement qu'elle désirait au peintre qui lui avait parlé le premier de ce tableau du *Semeur*, et qui par là l'avait fait acheter à Adolphe; ami d'Airoles, il devait fournir facilement toutes les indications nécessaires.

Elle communiqua cette idée à son mari.

— Ce Godfroy est le peintre qui copiait la maîtresse du Titien pendant que tu copiais le Richelieu ? dit Adolphe.

— Tu te rappelles ?

— Parfaitement, et il m'a assez déplu alors par la façon dont il te regardait et les libertés qu'il prenait pour désirer n'avoir aucunes relations avec lui.

— Cependant...

— Nous irons lui demander nos renseignements et voilà tout ; ma présence l'empêchera peut-être de se souvenir qu'il a été ton camarade.

— Quelle folie !

— Assurément je ne suis pas jaloux ; mais ce n'est pas affaire de jalousie, c'est affaire de dignité. Je ne veux pas qu'on s'autorise d'une ancienne camaraderie pour ne pas te traiter avec le respect qui t'est dû.

Quand le peintre Godfroy apprit l'accident arrivé au tableau de son ami, il poussa les hauts cris.

— Je l'ai toujours dit, s'écria-t-il, quand un bourgeois se permet d'avoir un chef-d'œuvre chez lui, il doit être astreint à des précautions de la plus grande sévérité. Ainsi je voudrais qu'il lui fût défendu de se chauffer, — parce que le feu engendre les incendies ; — de fumer, — parce que la fumée noircit les tableaux ; — d'avoir des fenêtres au midi, — parce que le soleil fendille les vernis, etc.

— Jamais tableau n'avait été placé dans de meilleures conditions que celui de M. Airoles, dit Adolphe, qui répondait toujours sérieusement ; le bâtiment était isolé dans un jardin.

— Il y avait des arbres dans votre jardin et il n'y avait pas de paratonnerre sur votre bâtiment. Enfin le mal est fait, il faut voir maintenant s'il est réparable. Assurément Airoles fera tout ce qu'il pourra pour remettre son tableau en état ; c'est celui qui l'a mis hors de pair et a commencé sa réputation dans le public. Aussi a-t-il conservé une véritable affection pour ce premier-né, et il m'en parlait encore il y a quelques jours. Il avait envie de le revoir ; car voilà ce qu'il y a de terrible pour nous autres peintres, nous mettons ce que nous avons de et de talent dans un tableau, on nous l'achète, on l'enferme, et nous ne le revoyons plus.

— Nous aurions été heureux de recevoir M. Airoles, dit Juliette.

— Oui, mais Airoles est un sauvage qui ne fait pas facilement des visites. Cependant il aurait été chez vous plutôt que chez personne ; il vous est reconnaissant de lui avoir acheté son tableau et vous considère comme une amie inconnue.

— Nous avons pour le talent de M. Airoles l'admiration qu'il mérite, dit Adolphe, et nous serions heureux qu'il nous fît l'honneur de venir voir son tableau.

— Comptez qu'il ira. Depuis six mois il a son atelier rue de Boulogne, et quand il n'est pas à Paris, il est à

Chènevières chez sa mère. Pour juger le talent d'Airoles, il suffit de voir un de ses tableaux ; mais pour le connaître lui, il faut le voir avec sa mère. C'est une vieille paysanne qui s'est dévouée à son fils, qu'elle adore comme son dieu. Pour être près de lui et lui éviter des voyages fréquents dans les Cévennes, son pays, elle a voulu venir habiter Paris ; alors Francis a acheté une petite maison à Chènevières pour ne pas briser tout à coup ses habitudes de campagnarde. Quand il n'est pas à Paris, il est chez elle ; je crois même qu'en ce moment il est à Chènevières pour deux ou trois jours. Voulez-vous que je lui écrive ?

— Je vous remercie, dit Juliette, Chènevières est tout à côté de Nogent, nous pourrons aller présenter nous-mêmes notre demande à M. Airoles.

— Elle sera bien accueillie. Vous ne connaissez pas Airoles, n'est-ce pas ?

— Non, je ne crois pas l'avoir vu.

— Eh bien ! l'homme vaut l'artiste, c'est tout dire.

XIII

Le lendemain, Adolphe et Juliette allèrent à Nogent ; puis, après le dîner, dont l'heure fut avancée, ils montèrent en voiture pour se rendre à Chènevières ; ce qui, avec un bon cheval, demandait vingt ou vingt-cinq minutes.

De tous les villages qui environnent Paris, Chènevières est assurément le mieux situé pour la vue, et le panorama qui se déroule du haut de son coteau ne le cède en rien à celui qu'offre la terrasse de Saint-Germain.

Quand Adolphe et Juliette gravirent la côte qui commence à Champigny pour aboutir à Chènevières, le soleil se couchait derrière Paris, dans un ciel sans nuages. A leurs pieds s'arrondissait la Marne, qui enserrait dans un rideau de feuillage la presqu'île de Saint-Maur : au delà on apercevait le bois de Vincennes, et au milieu, immobile sur cette mer de verdure, le donjon, semblable à un navire aux voiles blanches ; puis, au loin confusément, au-dessus des toits et des cheminées, les monuments de Paris, Notre-Dame avec ses deux tours, le Panthéon, le dôme doré des Invalides, éblouissant sous les rayons obliques du soleil couchant ; enfin à l'horizon l'Arc de triomphe, les coteaux de Bellevue et le mont Valérien, se découpant en noir sur le ciel d'or.

— M. Airoles a bien choisi pour sa mère, dit Juliette.

— Tu me parais disposée à reconnaître toutes les qualités au peintre du *Semeur*.

— Il a toujours celle d'aimer sa mère.

— Il n'y a pas grand mérite à cela, il me semble.

— Cela dépend.

— De quoi ou de qui ?

— Du fils d'abord, et aussi de la mère.

Ils entraient dans le village ; la nécessité où ils se trouvaient de demander l'adresse de madame Airoles interrompit cet entretien. On leur répondit de continuer tout droit du côté d'Ormesson ; la maison de madame Airoles était l'une des dernières du village et touchait aux champs.

Cette situation montrait que le choix du peintre avait été en effet heureusement inspiré : d'un côté, la maison de sa mère avait une entrée sur la plaine qui, à perte de vue, s'en va vers la Brie ; et de l'autre, elle avait sa façade sur l'admirable panorama de Paris.

C'était une petite maison bourgeoise, qui autrefois avait dû être une habitation de paysan ; car, autour d'une cour pavée, on voyait encore des bâtiments qui avaient servi à une exploitation agricole, des hangars, des écuries, des granges. Des plantes grimpantes palissées sur un treillage cachaient les murailles de ces bâtiments, et de chaque côté, dans la cour soigneusement balayée, étaient alignées deux rangées de grenadiers et de lauriers-roses. Les poules ne couraient plus çà et là en liberté, mais elles étaient enfermées dans une basse-cour grillagée, sur le toit de laquelle un paon se panadait.

Une jeune fille de seize ou dix-sept ans vint ouvrir la porte au coup de marteau d'Adolphe.

— M. Francis est dans le jardin avec sa mère, dit-elle ; il lui fait la lecture. Si vous voulez vous reposer un moment, je vais l'aller prévenir.

Elle les fit entrer dans un salon comme on n'en rencontre guère aux environs de Paris, et qui vous transportait par la pensée au fond de quelque province éloignée. Sur la cheminée se dressait, entre deux lampes carcel, une pendule en acajou avec incrustations de palissandre ; des rideaux de percale blanche étaient drapés aux fenêtres, et les meubles étaient recouverts de housses grises bordées d'un galon jaune : des petits tapis étaient placés devant chaque siège sur le carreau, mis en couleur rouge.

Mais Juliette qui de ses anciennes habitudes avait conservé le regard circulaire de l'artiste, qui embrasse tout d'un rapide coup d'œil, n'eut pas le temps de se livrer à un long examen ; elle fut distraite par une voix qui, résonnant dans le jardin, arrivait jusqu'au salon par les fenêtres à demi closes.

— C'est bien, disait cette voix sonore et pleine ; j'y vais tout à l'heure.

— Qui est là ? demanda une voix chevrotante et à l'accent méridional.

— Un monsieur et une dame.

— D'ici ?

— Non, je ne les ai jamais vus ; la dame est une belle dame.

— Vas-y tout de suite, dit la voix qui tremblotait.

— Tout à l'heure, quand j'aurai fini ce passage ; puisque ce sont des gens que nous ne connaissons pas, ils peuvent attendre plutôt que toi.

— Il n'est pas poli ton peintre, dit Adolphe à voix basse.

— Il l'est pour sa mère, répliqua Juliette.

La voix jeune reprit en lisant :

« Je me levai et j'allai droit au coffre qui renfermait la

guérison de mon corps et de mon âme. Je l'ouvris et j'y trouvai le tabac ; et comme le peu de livres que j'avais conservés y étaient aussi serrés, je pris une Bible, que je n'avais pas eu jusqu'ici le loisir ou plutôt le désir d'ouvrir une seule fois; je la pris, dis-je, et la portai avec le tabac sur une table. »

— Cette lecture va peut-être durer jusqu'à demain ? di Adolphe.

— C'est le *Robinson Crusoé;* le passage est celui qui parle de la maladie de Robinson.

— Nous ne sommes pas venus ici pour entendre lire des livres d'enfant.

— Cette lecture ne va pas se prolonger bien longtemps ; d'ailleurs nous ne sommes pas pressés.

La lecture avait continué :

« Dans l'intervalle de ces préparatifs, j'ouvris la Bible et je commençai à lire ; mais les fumées du tabac m'avaient trop ébranlé la tête pour que je pusse continuer ma lecture ; néanmoins, ayant jeté les yeux à l'ouverture du livre, les premières paroles qui se présentèrent furent celles-ci: « Invoque-moi au jour de ton affliction et je te délivrerai et tu me glorifieras. »

— Bien, ça! interrompit la voix de la mère.

« Ces paroles me touchèrent et je les méditai avec recueillement. Il se faisait tard, et le tabac, comme j'ai déjà dit, m'avait si fort appesanti la tête qu'il me prit envie d'aller dormir. Je laissai donc brûler ma lampe dans ma caverne de peur que je n'eusse besoin de quelque chose pendant la nuit, ensuite je m'allai coucher ; mais auparavant je me mis à genoux et je priai Dieu, le suppliant d'accomplir la promesse qu'il m'avait faite, que, si je l'invoquais au jour de mon affliction, il me délivrerait. »

— C'est bien, ça! dit la mère, et il y avait longtemps que j'attendais ce mot-là. Je me disais : Voilà un brave homme qui ne se décourage de rien, qui fait tous les métiers, qui est charpentier, laboureur, tailleur, vannier, boulanger, qui travaille du matin au soir des bras et de l'esprit, et qui vient à bout de tout, de ce qui est difficile comme de ce qui est pénible ; pourquoi donc qu'il n'appelle pas le bon Dieu à son aide ?

— C'est que le tabac ne lui avait pas encore appesanti la tête.

— Peux-tu dire des choses pareilles ? mon cher fils.

— Je n'ai pas voulu te peiner.

— Je sais bien ; tu es le meilleur garçon qui soit sur la terre, et pourtant tu me peines quelquefois.

— A propos du bon Dieu ?

— Oui, à propos du bon Dieu. Moi, je ne suis qu'une pauvre paysanne, je n'ai pu que travailler, et je ne sais même pas lire. Toi, tu es un homme instruit, tu sais tout, tu fais tout ce que tu veux ; on est en admiration devant toi ; enfin tu es une gloire de la France, comme on disait dans un journal qu'on m'a lu. La distance entre nous est donc bien grande : aussi je me demande, quand tu fais des plaisanteries comme tout à l'heure, si ce n'est pas toi qui as raison de rire, et si moi je n'ai pas tort de me fâcher ; car enfin tu es bien au-dessus de moi.

— Ne dis donc pas cela, mère.

— Pourquoi ne pas dire ce qui est vrai, et pourquoi une mère ne reconnaîtrait-elle pas que son fils est au-dessus d'elle ? Il n'y a rien là de déshonorant ; il me semble plutôt qu'il y a de quoi être fière. Je disais donc que j'étais satisfaite de voir Robinson appeler le bon Dieu à son aide, parce que ça me montre que celui qui a écrit ce livre, et qui était un grand esprit d'après ce qui est raconté dans l'histoire de sa vie, croyait au bon Dieu. Sais-tu que c'est bien tourmentant, quand on a un fils tel que toi et qu'on n'est qu'une pauvre paysanne, de n'être pas d'accord avec lui ?

— Tu t'inquiètes de cela maintenant ?

— Eh ! oui, je m'en inquiète. Crois-tu que ce n'est pas terrible de se dire qu'on a un fils qui est un grand homme et qu'on le contrarie dans ses idées ? Quand je pense à cela, vois-tu, ça me fâche contre moi. Je me dis qu'il faut que je change : tu ne vas pas à la messe ; tu ne parles pas du bon Dieu, je n'en parlerai pas non plus.

— Tu me ferais ce sacrifice ?

— Dame ! il me semble que c'est à moi, qui ne sais rien de me départir de mes idées, plutôt qu'à toi, qui sais tout, de te départir des tiennes : comme cela nous serons unis, ainsi qu'on doit l'être entre mère et fils.

— Et tu me proposes cela tout simplement, sans te douter que ce que tu m'offres est le dernier effort de la maternité.

— Je sais bien que c'est une chose dure.

— Pour m'élever tu as travaillé jusqu'à te rendre malade, toi si forte et si solide, sans manger, sans dormir.

— C'était le bon temps.

— Pour m'entretenir à Paris, tu as vendu morceau par morceau le coin de terre que tu avais eu tant de peine à acquérir.

— J'étais encore plus heureuse quand je portais l'argent à la poste pour te l'envoyer, qu'au temps où je le portais chez le notaire pour m'acquitter de ma dette.

— Pour me suivre, tu as quitté le village où tu es née, tu t'es séparée de tes parents et de tes amis, tu as abandonné tes habitudes, tu as même changé ta capelette.

— Ta mère doit être une dame.

— Maintenant il ne te reste plus qu'un sacrifice à me faire, c'est celui de tes idées et de tes croyances ; car tu n'as plus que ça à toi, n'est-ce pas ? et tu me le proposes tranquillement.

— C'est-à-dire que ce n'est pas du tout tranquillement, mais parce que je suis tourmentée : je voudrais si bien faire quelque chose pour toi. Et qu'est-ce que je peux maintenant ? qu'est-ce que je peux te donner ? A quoi puis-je te servir ? Je ne te suis qu'une occasion de dépense ; je te prends ton temps ; pour venir me faire la lecture, tu quittes ton travail, et moi, pour te récompenser de tout cela, je te contrarie.

— Mais tu ne me contraries pas du tout ; où as-tu pris cela.

— Enfin, quand tu n'es pas là, je me tourmente et je me dis que ça doit changer ; mais, quand tu me lis des

5.

choses comme celles que tu viens de lire, ça me renforce dans mes idées.

— Eh bien! garde-les tes idées, pauvre mère, et ne te mets pas dans la tête que je peux être fâché parce que tu restes maintenant ce que tu étais autrefois. Est-ce que je t'ai demandé de changer ton costume? La seule chose que je te demande, c'est de vivre tranquille, afin que je puisse t'aimer plus longtemps et te rendre heureuse.

— Je serais trop difficile si je n'étais pas heureuse : est-ce qu'il y a un meilleur fils que toi?

— Ce sont les mères qui font elles-mêmes leur fils : on rend ce qu'on a reçu. Tiens le compte exact de ce que tu as fait pour moi ; quand tu trouveras que tu me dois quelque chose, inquiète-toi, si tu veux, mais jusque-là reste tranquille. Seulement, tu sais que si nous interrompons nos lectures par d'aussi longues discussions, nous n'irons pas vite.

— Je ne tiens pas aller vite. Certainement ce que raconte Robinson est bien raconté ; mais ce que tu dis, toi, est bien aussi, et j'aime t'entendre parler. Seulement c'est assez parlé et assez lu pour aujourd'hui ; maintenant va voir quelles sont les personnes qui te demandent.

— Tiens ! c'est vrai, je les avais oubliées. Un monsieur et une dame qui viennent me relancer ici ? qui diable peuvent-ils être ?

— Va voir.

— Le temps de les mettre à la porte et je reviens.

XIV

— Enfin, dit Adolphe, quand les voix se turent dans le jardin.

— M. Airoles nous prend pour des curieux qui veulent contempler sa célébrité, répliqua Juliette, et il trouve qu'il est bien bon de se déranger pour nous. Ces visites ne sont ni agréables ni flatteuses ; pour avoir du talent on ne passe pas à l'état de phénomène qui doit tirer la langue, rire ou pleurer, selon le caprice des gens qui viennent le voir. Quant à moi, si j'étais arrivée à la réputation, j'aurais sévèrement consigné les curieux : on donne son talent au public, on ne lui donne pas sa personne.

Elle n'en dit pas davantage, la porte venait de s'ouvrir et le peintre entrait dans le salon.

Au temps où Juliette travaillait au Louvre, elle avait dû se rencontrer avec Airoles; cependant elle ne se le rappelait point. Souvent, en contemplant le *Semeur*, elle avait cherché à évoquer la figure du peintre : elle ne l'avait jamais trouvée dans son souvenir.

Mais lorsqu'il entra dans le salon elle le reconnut : un éclair illumina son esprit. Ainsi cet homme au teint basané, aux cheveux qui retombaient sur le cou comme des serpents noirs, à la barbe frisée qui n'avait jamais été touchée par des ciseaux, aux yeux scintillants, au visage taillé en triangle, au large front, pointu au menton, c'était Airoles. Comment n'avait-elle pas mis le nom du personnage sur cette physionomie bizarre qui l'avait frappée? Pensant à cette image qui bien des fois avait passé devant ses yeux comme une ombre fugitive passe sur un mur, elle s'était demandé quel était cet homme : un Bohémien, un Sarrasin, un Gypsy, un Tsigane? mais non, un Français à coup sûr.

Au premier pas qu'il fit dans le salon, il s'arrêta.

Lui aussi avait reconnu Juliette.

Mais ce moment d'hésitation ne dura pas une seconde; il s'avança vers les visiteurs et les salua gracieusement de la main.

Sa figure, sombre lorsqu'il était entré, s'était éclairée; ses yeux mornes s'étaient allumés. Juliette fut frappée par la simplicité et la noblesse de son geste.

— Je vous demande pardon, dit-il, de m'être fait si lontemps attendre; j'ai cru à la visite de quelque importun, et je n'ai point interrompu la conversation qui me retenait.

Il montra de sa main étendue la fenêtre à demi ouverte.

— Au reste, vous n'avez pas pu faire autrement que d'entendre une bonne partie de cette conversation par cette fenêtre ouverte, et vous savez dès lors comment j'ai été retenu. Cependant je tiens à vous dire que si j'avais su quelles étaient les personnes qui m'honoraient de leur visite, j'aurais abrégé cet entretien avec ma mère.

— S'il y a eu des torts, dit Adolphe, ils sont à moi qui n'ai point donné mon nom à la jeune fille qui nous a ouvert la porte. Permettez-moi de réparer cet oubli.

Airoles étendit la main en souriant :

— Peut-être pourrions-nous passer sur cette formalité, dit-il, car si je n'ai jamais eu l'honneur de me rencontrer avec vous, monsieur, j'ai eu le plaisir de voir madame plusieurs fois.

— Ah! dit Juliette en rougissant sous le regard du peintre.

— Mademoiselle Nélis, n'est-ce pas? dit-il en continuant. Sans doute, vous n'avez jamais regardé un grand garçon dégingandé, qui venait quelquefois au Louvre causer avec son ami Godfroy, que vous connaissiez; mais le grand garçon dégingandé ne pouvait pas ne pas remarquer la jeune artiste qui copiait le *Richelieu*. Ce grand garçon dégingandé, c'était moi.

— Vous avez vraiment bonne mémoire, monsieur, dit Adolphe d'un ton roide.

— Chez nous autres peintres, c'est affaire de profession et de tempérament que cette mémoire des yeux. Mais je n'ai pas seulement celle-là, et si ce n'était pas trop de prétention, je dirais que j'ai aussi celle du cœur. Ainsi je me souviens avec une très vive reconnaissance que mon tableau du *Semeur* a plu à M. Daliphare, qui n'a point attendu le contrôle de la critique et du jury pour l'acheter; enfin je me souviens encore que M. Daliphare est devenu le mari de mademoiselle Nélis, et voilà pourquoi je disais tout à l'heure que nous pouvions peut-être passer par-dessus les formalités de la présentation. Maintenant, si j'ai été un peu vite, veuillez me pardonner ne considérant que je ne suis qu'un paysan, et même plus encore peut-être, un sauvage. Tout ce que j'ai voulu dire, c'est que M. et madame Daliphare entrant dans ma maison ne seraient point accueillis par moi comme des étrangers.

Pendant ce petit discours, auquel la simplicité du geste et l'enjouement de la parole enlevaient tout caractère prétentieux, Adolphe, qui d'abord s'était tenu sur la réserve, avait peu à peu perdu sa contrainte.

Lorsque le peintre se tut, il lui tendit la main : il était touché de l'accueil de l'artiste, surtout il était fier de se voir traiter comme un Mécène.

— Alors, dit-il, supprimons les politesses et abordons-nous comme de vieilles connaissances ; cela me rendra plus facile le sujet que j'ai à traiter avec vous.

— Me voici tout à votre disposition, dit Airoles en s'asseyant.

Adolphe, qui avait pris au sérieux les paroles du peintre Godfroy à propos des précautions dont on devrait entourer les tableaux de prix, commença par expliquer dans quelles conditions le *Semeur* se trouvait placé à Nogent, à la place d'honneur, dans l'atelier de sa femme, lequel atelier était isolé au milieu d'un jardin ; puis il raconta la chute du tonnerre sur les arbres, l'effondrement du châssis vitré, enfin la déchirure faite au tableau.

— C'est un petit malheur dit Airoles ; puisque vous tenez à ce tableau, je vous en ferai une seconde édition.

Juliette prit alors la parole et expliqua qu'il n'était pas indispensable de refaire ce tableau, qui pouvait très bien être réparé.

— Ce que nous désirons vous demander, continua Adolphe, c'est de prendre la peine de venir un jour à Nogent pour le voir ; ou bien, s'il vous est impossible de vous déranger, de nous dire où nous pouvons vous l'envoyer.

— Je serai très heureux d'aller à Nogent, dit Airoles, et cela ne me dérangera en aucune façon. Il m'arrive très souvent, quand j'ai travaillé toute la journée, de partir à pied pour venir coucher ici ; car je suis, je vous l'ai dit, un paysan ; j'ai besoin de l'air, de la marche, de la campagne et des bois. Si j'habite Paris, c'est bien malgré moi. Un de ces jours je passerai par Nogent.

— Mais nous ne sommes pas à Nogent tous les jours, répliqua Juliette, et nous voulons être là pour vous recevoir.

— Quels jours y êtes-vous ?

— Le dimanche.

— Eh bien ! c'est après-demain dimanche ; vous plaît-il de choisir ce jour-là ? Je ne suis pas très pressé en ce moment, je pourrai vous remettre tout de suite le *Semeur* en état. Quand je dis *vous* remettre en état, cela n'est pas juste, c'est *nous* remettre en état qu'il faut dire, car je considère que bien que le tableau vous appartienne, je ne suis pas sans avoir encore quelques droits dessus, sinon de propriété, au moins de tendresse paternelle ; c'est mon premier-né, et je lui porte un intérêt que je ne ressens pas pour les autres.

— Vous aviez cependant déjà exposé lorsque vous avez donné le *Semeur* ? dit Juliette.

— Oui, mais c'étaient des tableaux d'école qui auraient pu être signés par un autre tout aussi bien que par moi ; ce n'était pas *vu*, c'était *souvenu* et fait de pièces et de morceaux. Le *Semeur* est mon premier ouvrage original. Après trois expositions où j'avais offert à l'admiration du public cinq ou six tableaux qui étaient de tout le monde, de moi seul excepté, j'ai eu le bonheur de quitter Paris et d'aller m'enfermer dans nos montagnes, loin des ateliers, des critiques et des camarades.

— Vous aviez senti le besoin de vous recueillir ? interrompit Adolphe.

— Non ; ce n'est pas précisément cela. Ma mère, qui jusque-là m'avait fait vivre à Paris par des prodiges de dévouement, était à bout de ressources et de forces ; elle pouvait encore partager avec moi un plat de châtaignes ou un morceau de pain, mais elle ne pouvait plus m'envoyer cinquante francs. Je partis pour prendre ma part des châtaignes et de ce morceau de pain. Mais, à mon insu, la solitude opéra ; ce besoin de recueillement dont vous parlez s'empara de mon esprit. J'avais vingt-quatre ans, et je savais de mon métier de peintre tout ce qu'on en peut apprendre. Que faire maintenant ? La fable a raconté l'histoire d'un homme qui s'était trouvé arrêté au carrefour de deux chemins : — l'un conduisant au vice, l'autre à la vertu. J'étais arrivé à ce carrefour, et plusieurs routes s'ouvraient devant moi. Fallait-il prendre celle qui conduit au « joli » ? Comme produit en argent, en honneurs et en succès du monde, c'est la bonne ; tout le long du chemin, on rencontre des marchands et des amateurs qui vous font les propositions les plus alléchantes. Il n'y a qu'à consulter les goûts et les caprices de la foule pour être son enfant gâté ; avec quelques ficelles, avec cette habileté de main qui aujourd'hui appartient à tout le monde, on est sûr du succès. Fallait-il au contraire continuer ce qu'on appelle la grande peinture, et, par le chemin de la tradition, tâcher d'arriver à une situation officielle, où le succès, pour être d'un autre genre, est tout aussi certain ? Il se trouva que, par hasard, je n'étais propre ni à l'un ni à l'autre de ces rôles : d'un côté, je n'ai aucune des qualités qu'il faut pour réussir dans le moi.. e du joli ; de l'autre, il me semble que j'étoufferais dans la tradition. Cela bien constaté et bien reconnu, je me dis que je m'attacherais à rendre la vie telle que je la voyais. Si j'avais l'œil assez sûr pour aller choisir da... le fourmillement de la vie ce qui est l'art, et si j'avais la main assez habile pour rendre sincèrement ce que j'aurais vu, je réussirais ; sinon je renoncerais à la peinture et ferais vivre ma mère du travail de mes mains. Ce fut dans ces dispositions que je me mis au *Semeur*, et vous devez comprendre avec quelle angoisse j'y travaillai. Je l'achevai. Il fallait l'apporter à Paris et le faire exposer. La chose bien simple en soi était cependant terriblement difficile ; il fallait quatre cents francs pour la bordure du tableau et pour mon voyage à Paris. Vous ne savez pas ce que c'est que quatre cents francs...

— Moi je le sais, interrompit Juliette.

— Enfin ma mère les trouva; comment, par quels efforts de volonté et de diplomatie campagnarde? Ce serait trop long à vous raconter aujourd'hui; mais je le dirai un jour, car cela fait connaître ma mère telle qu'elle est. Je partis avec quatre cent dix francs dans ma poche et mon tableau bien emballé. C'était littéralement la bataille de la vie que je venais livrer à Paris. Ce fut pendant ce séjour que je vous vis au Louvre, madame; je venais là assez souvent m'entretenir avec mon ami Godfroy, qui par son zèle et son dévouement m'a rendu les plus grands services. J'aurais voulu rester à Paris pour voir mon tableau exposé; mais cela était impossible, et je repartis pour les Cévennes après que Rœlz eut bien voulu me prêter son atelier. Les quatre cent dix francs étaient épuisés, et si bien épuisés que je fus obligé d'abandonner le chemin de fer à Lyon et de rentrer à pied chez ma mère. Ce n'était pas un retour triomphant. Ce fut chez ma mère que je reçus la lettre de Godfroy, qui m'apprenait que, sur la recommandation de mademoiselle Nélis, un riche amateur voulait bien acheter le *Semeur* six mille francs; et ce fut chez ma mère aussi que je reçus quelques jours après les six mille francs en trois lettres chargées. Trois lettres chargées, six mille francs pour le fils de la Francine, ce fut le soleil de la gloire qui se leva, et en dix minutes j'eus la chance de devenir un dieu pour les gens de mon village. Vous comprenez maintenant, n'est-ce pas? l'intérêt que je porte au *Semeur*, et vous pouvez être certain que dimanche je ne vous manquerai pas de parole.

— A dimanche alors?

XV

Adolphe et Juliette remontèrent en voiture, et, pendant la traversée du village, ils restèrent sans parler. Il excitait son cheval, qui allongeait le trot, et elle se tenait immobile dans son coin, regardant sans les voir les paysans assis devant leur porte et se reposant des fatigues de la journée par la causerie du soir. De temps en temps, quand ils coupaient une ruelle transversale ou quand ils passaient devant un jardin aux murs bas, ils avaient une échappée de vue sur Paris, au-dessus duquel s'étendait un immense nuage rouge, produit par la réverbération de ses lumières. Comme un éclair, cette vision arrachait Juliette à sa méditation. Elle tournait la tête vers Paris. Mais, en rentrant dans l'ombre, elle revenait à son immobilité, c'est-à-dire à ses pensées.

Lorsqu'ils sortirent du village pour courir en pleine campagne, Adolphe rompit ce silence.

— Eh bien, que penses-tu de notre peintre ? dit-il en se tournant vers sa femme, après avoir ralenti l'allure de son cheval.

— Qu'en penses-tu toi-même ?

— Tu ne réponds pas à ma question.

— C'est que je suis curieuse d'avoir ton sentiment.

— Parce que ?

— Pour que le mien n'influence pas le tien.

— Est-ce que le tien ne pourrait pas se laisser influencer par le mien ?

— Non.

— Alors, à première vue, tu juges les gens et c'est fini.

— Cela dépend des gens ; il y en a avec lesquels je vivrais des années sans avoir l'idée de les juger, il y en a d'autres que je ne pourrais connaître qu'après avoir pris l'avis de tout le monde ; enfin il y en a d'autres encore avec lesquels un quart d'heure d'entretien me suffit, et pour ceux-là je ne reviens pas sur mon impression.

— Francis Airoles appartient à cette dernière catégorie ?

— Il ne m'a pas été besoin d'un quart d'heure.

— Il faut convenir que la femme est un être bizarre. Enfin, puisque je ne peux avoir ton opinion qu'après que j'aurai donné la mienne, je ne fais aucune difficulté pour déclarer que Francis Airoles me plaît beaucoup et que je ressens pour lui une très vive sympathie.

— Tu vois donc qu'il n'y a pas que les femmes qui se forment des jugements à première vue.

— Ce n'est pas à première vue que Francis Airoles m'a été sympathique ; mon premier mouvement au contraire a été répulsif. Quand j'ai vu qu'il voulait faire remonter vos relations au temps où tu travaillais au Louvre, j'ai dû me retenir, pour ne pas le remettre tout de suite à sa place.

— Il me semble qu'il n'y avait rien d'inconvenant dans ses paroles. Il me reconnaissait, il le disait, c'était tout naturel. Aurais-tu mieux aimé qu'il jouât la surprise ?

— Tu ne l'as pas reconnu, toi.

— Ce n'est pas tout à fait vrai : lorsqu'il est entré, je me suis rappelé que je l'avais déjà vu ; seulement je ne savais pas le nom qu'il fallait mettre sur sa figure, qui m'était restée vague et flottante dans le souvenir.

— M. Airoles a meilleure mémoire que toi.

— Probablement ; mais il faut dire aussi que les conditions n'étaient pas les mêmes pour lui que pour moi. Les femmes qui travaillent au Louvre sont exposées à la curiosité des travailleurs. Ainsi M. Airoles, me voyant sur mon échelle, a pu me remarquer et demander à son ami Godfroy qui j'étais ; tandis que moi je ne l'ai pas distingué au milieu de la foule. C'est déjà bien assez dur de se donner en spectacle, sans encore aggraver son embarras par des observations particulières. Ce n'est pas quand on sent dix paires d'yeux braquées sur soi, qu'on s'amuse à regarder ces curieux importuns. On a mieux à faire d'ailleurs et l'on tâche de s'isoler dans son travail.

— Enfin mon premier mouvement n'a point été favorable à Francis Airoles ; j'ai été blessé en le voyant t'aborder avec une sorte de familiarité.

— Toujours tes idées.

— Oui, toujours mes idées de respect et de dignité ; mais de respect et de dignité seulement, et non de jalousie. Je ne suis pas jaloux ; je ne le suis pas au moins dans le présent ni dans l'avenir ; ce n'est pas après avoir pu te juger pendant cinq années, que je vais me mettre l'inquiétude en tête. J'ai en toi une confiance absolue, qui, il me semble, ne pourrait être ébranlée par rien. Pour croire que tu peux me tromper, il me faudrait le voir ; encore je ne sais pas ni je ne récuserais pas mes yeux.

— En tous cas, tu ne pouvais pas être jaloux de quelqu'un que je ne connaissais pas ce matin.

— Ce premier mouvement passé, et voyant que ce qui avait dicté les paroles de Francis Airoles n'était point une familiarité déplacée, mais que c'était au contraire un sentiment de reconnaissance, j'ai été plus juste pour lui. Et puis ce qu'il nous a dit de sa mère m'a touché ; j'avais presque les larmes aux yeux. En le quittant, j'avais envie de l'inviter à dîner dimanche avec nous.

— De quel côté eût été cette familiarité qui te fâchait lorsque tu croyais qu'elle s'adressait à ta femme ? M. Airoles eût trouvé que nous étions sans gêne avec lui.

— Ce n'est pas cette considération qui m'a retenu, mais je voulais te consulter avant, et savoir si tu éprouvais pour Francis Airoles la même sympathie que moi.

— Tu sais quelle admiration j'ai pour son talent.

— Il ne s'agit pas de son talent, mais de sa personne ; je n'inviterais pas tous les gens de talent à dîner, et je dois dire même que ceux que j'ai connus étaient à éviter plutôt qu'à rechercher, tandis que celui-là me plaît, malgré la bizarrerie de sa tournure. Puis-je maintenant te demander ce que tu en penses ?

Juliette resta un moment sans répondre.

— Eh bien ? insista Adolphe.

— Je pense, dit-elle enfin, ce que tu penses toi-même.

— Alors j'en reviens à mon idée, et dimanche je prierai Francis Airoles de rester à dîner avec nous.

— Et moi, je persiste aussi dans la mienne, et je t'engage à ne pas le faire.

— Ma chère Juliette, j'ai en toutes choses la plus grande déférence pour tes avis ; mais, quand il s'agit des artistes, je te récuse. Tu te fais une si haute idée de tout ce qui touche à l'art, que tu t'exagères toujours les sentiments des artistes. Leur dignité n'a pas autant de susceptibilité que tu crois. Je suis certain que ton peintre ne se trouvera pas blessé par mon invitation ; peut-être même sera-t-il très satisfait d'être accueilli dans une maison comme la nôtre.

On arrivait à Nogent ; l'entretien s'interrompit. Juliette ne le reprit pas. Elle avait dit franchement ce qu'elle avait cru devoir dire ; il ne lui convenait pas d'aller plus loin. Elle savait d'ailleurs qu'elle n'empêcherait pas son mari de persister dans son idée : il croyait faire honneur au peintre en l'invitant chez sa mère, et toutes les observations sur ce sujet seraient en pure perte. Il était donc inutile de les risquer.

Cependant le dimanche, en déjeunant, elle fit une dernière tentative.

— Et pourquoi donc n'inviterait-on pas M. Airoles ? dit madame Daliphare en prenant la parole ; est-ce parce qu'il est artiste qu'il faut pour lui un cérémonial spécial ? Des gens qui le valent bien, venus ici par hasard, se sont trouvés honorés d'une invitation aussi brusque. Il me semble qu'il serait étrange que vous, qui avez été artiste, vous n'invitiez pas un artiste, ce serait dire que nous rougissons de votre passé, et vous savez que cela n'est pas.

Il n'y avait rien à répliquer.

Francis Airoles arriva bientôt après cette explication, et on le conduisit aussitôt à l'atelier. Le tableau pouvait être réparé, seulement il était certain que la déchirure et les coutures paraîtraient toujours.

— Quand mon travail sera fini, dit le peintre, on verra le résultat : s'il est à peu près satisfaisant, nous nous en tiendrons là ; s'il ne l'est pas, je vous en ferai une copie.

— Et où faut-il vous envoyer le tableau? demanda Adolphe.

Airoles hésita un moment.

— Pourquoi le déplacer, dit-il enfin, et l'exposer à de nouvelles aventures ? Si madame veut m'admettre dans son atelier, je ferai mon travail ici : cela ne sera pas bien long d'ailleurs.

Juliette allait répondre, mais Adolphe prit les devants et remercia chaleureusement le peintre ; il était ému par la cordialité de cette proposition. Il n'y voyait qu'un témoignage de déférence, et toute prévenance, toute attention qui s'adressait à sa personne lui faisait facilement perdre la tête.

Sans attendre davantage, il adressa au peintre son invitation à dîner.

— Permettez-moi de vous traiter en ami, dit-il, et d'escompter l'avenir ; j'espère que vous ne vous formaliserez pas de ce sans-gêne.

Assurément Airoles ne s'en fâchait pas, il était au contraire vivement touché ; cependant il avait des empêchements.

— Vous ne voulez pas faire attendre madame votre mère? dit Juliette en intervenant.

— Mon Dieu, madame, si vous voulez me permettre une entière franchise, je vous dirai que c'est ma mère qui m'oblige presque à accepter. Si en rentrant je lui dis — et je lui dis tout — que j'ai refusé votre gracieuse invitation pour revenir dîner avec elle, elle va se fâcher. Elle ne me permet de rester à Chènevières qu'à condition que pour cela je ne sacrifie ni mon travail ni mon plaisir.

— Alors, vous ne pouvez pas nous refuser, conclut Adolphe.

Il y avait ce jour-là grande réception chez madame Daliphare : le notaire de la Branche et la famille Marpillon, le vieux Descloizeaux et quelques autres personnes. Fier de son nouvel ami, de son peintre, de son homme de talent, Adolphe voulut le faire briller, et, à chaque instant, il le mit en avant.

Airoles se laissa faire, et, sans aucun embarras, comme sans prétention, il se montra, dans ce milieu bourgeois, le convive le plus agréable du monde : il fut plein de déférence pour madame Daliphare, il répondit joyeusement aux plaisanteries du notaire, il fut aimable avec les demoiselles Marpillon, et on en eût pu croire qu'il était depuis longtemps l'habitué de cette maison, où il pénétrait pour la première fois.

Le soir, Adolphe voulut le faire reconduire en voiture à Chènevières, mais le peintre refusa obstinément cette proposition.

Lorsqu'il fut parti, le notaire déclara que c'était un charmant garçon.

— Voilà un homme de talent comme je les aime, simple et bon enfant, ne croyant pas qu'il est un dieu.

— Il croit cependant que l'art est une religion, dit madame Daliphare, et il se figure trop qu'il n'y a que les artistes au monde.

— Il en a le droit, dit Adolphe.

— Et vous, madame, demanda M. Descloizeaux, comment trouvez-vous M. Airoles ?

Cette interrogation parut tirer Juliette d'un rêve. Elle regarda un moment M. Descloizeaux et vit que tous les yeux étaient fixés sur elle. Alors, d'une voix ferme :

— C'est le premier homme qui m'ait fait sentir ce que pouvait être le génie, dit-elle.

— Très bien ! s'écria Adolphe, c'est cela, c'est cela même.

On se sépara, et M. Descloizeaux, qui se rendait au chemin de fer, accompagna la famille Marpillon.

Depuis que Juliette l'avait remis à sa place, il s'était retourné du côté de madame de la Branche. Elle était laide, il est vrai, mais elle était jeune. Et madame de la Branche, qui n'était point habituée à voir les hommes s'empresser autour d'elle, s'était laissé toucher par les compliments et les prévenances de ce vieux beau. C'était un homme, après tout, et sa parole avait des douceurs qu'elle ne connaissait pas.

— Eh bien ! dit-il en lui offrant le bras, Adolphe est-il assez mari ! C'est lui qui prend ce peintre pour l'amener aux genoux de sa femme.

— Et Juliette, s'est-elle assez hardiment expliquée !

— Elle a voulu nous braver.

— Du génie ! — le génie de la laideur, je le trouve affreux.

— Il faudra voir si Juliette pense comme vous, et avec votre finesse et votre esprit, personne ne peut mieux que vous suivre, jour par jour, la marche de ce roman.

XVI

Airoles avait annoncé que son travail ne devait durer que peu de temps, cependant il se prolongea.

Il est vrai qu'il ne le fit pas dans les conditions prévues ; car le peintre, qui se croyait à peu près maître de son temps, se trouva au contraire très pressé, et il ne put venir que le dimanche à Nogent.

— Cela nous donnera le plaisir de nous rencontrer avec vous, dit Adolphe lorsqu'il reçut cette nouvelle, et j'espère que vous nous ferez l'amitié d'accepter notre déjeuner.

Le peintre se défendit ; mais sur les instances d'Adolphe, il finit par accepter.

Il arrivait donc le dimanche à Nogent. On déjeunait longuement, et c'était seulement entre une heure et deux qu'il entrait dans l'atelier. Mais presque jamais on ne le laissait seul, Adolphe l'accompagnait ; le notaire, qui avait pris le peintre en grande affection, survenait, et tout travail devenait impossible. Il y avait toujours des raisons excellentes pour flâner : une causerie intéressante, une plaisanterie du docteur, un jeu nouveau à essayer, des poules, des poissons à voir.

À cinq heures, Airoles se mettait en route pour Chènevières, afin d'aller dîner avec sa mère, et presque toujours on l'accompagnait ; tantôt on le conduisait en voiture, tantôt on le descendait en bateau à Champigny.

Et pendant ce temps le tableau n'avançait pas.

Pendant les premiers dimanches, Juliette avait voulu ne pas prendre part à toutes ces promenades, et elle avait même évité d'entrer dans l'atelier.

Mais son mari s'était fâché.

— Si tu ne voulais pas qu'Airoles travaillât dans ton atelier, dit-il, il fallait m'en prévenir quand il a été question d'envoyer le *Semeur* à Paris. Si ridicule qu'eût été ton exigence, j'aurais cédé ; car enfin cet atelier t'appartient, on te l'a donné, il est à toi.

— Je ne ferme la porte à personne, je me la ferme à moi-même.

— C'est ce dont je me plains ; maintenant qu'Airoles est installé, il est fort inconvenant de lui dire : « Allez-vous-en. »

— Je ne dis pas cela.

— Sans doute tu ne le dis pas des lèvres et tout haut, mais tu le dis par ton attitude et ta manière d'être avec Airoles. Pourquoi ne veux-tu jamais venir dans l'atelier après le déjeuner ?

— Vous êtes entre hommes, je vous laisse ; j'agis comme si vous vous enfermiez dans le fumoir.

— Toute femme pourrait se conduire ainsi ; toi seule, tu ne le peux pas. Airoles est un artiste ; tu es artiste, tu es tenue envers lui à des égards dont une autre pourrait se dispenser. Il n'est pas convenable que tu paraisses dire : « Faites ce que vous voudrez, cela ne m'intéresse pas. » Airoles est trop gracieux avec nous pour que tu le traites avec ce sans-façon ; enfin, quand ce ne serait que par respect pour son talent, tu devrais encore te montrer moins dédaigneuse.

— J'évitais d'intervenir à chaque instant entre M. Airoles et toi ; tu veux qu'il en soit autrement, c'est bien. J'irai dans l'atelier, quand il viendra travailler.

— Ce n'est pas de la résignation que je te demande, c'est de la raison ; ce n'est pas seulement de l'atelier qu'il s'agit, c'est de tout. Ainsi, quand je reconduis Airoles en voiture ou bien en bateau, pourquoi ne veux-tu jamais venir avec nous ?

— Je n'ai qu'une journée par semaine à passer avec Félix ; si je dois rester trois heures dans l'atelier et deux heures en bateau, quand aurai-je mon enfant ?

— Voilà le grand mot lâché. Ton enfant maintenant. Eh bien ! et ton mari, n'a-t-il pas des droits à l'avoir, lui aussi ?

— Il me semble que tu ne les as que trop fait valoir ces droits.

— Tu dis cela parce que Félix reste près de ma mère. Ton accusation est injuste.

— Ai-je mon fils ?

— Fallait-il exposer ma mère à mourir d'ennui ici ? et l'enfant n'est-il pas mieux près d'elle qu'il ne le serait près de nous à Paris ?

Elle garda un instant le silence ; puis tout à coup, venant s'asseoir près de son mari et lui prenant la main :

— Je t'en prie, dit-elle, évitons ces sujets de désaccord et rapprochons-nous au contraire. Tu sais si j'ai de l'affection pour toi, tu sais combien je t'estime. Ne soulève donc pas des questions qui ne peuvent pas aboutir. Tu as voulu que notre enfant fût élevé par ta mère, j'ai cédé ; tu as voulu me garder à Paris près de toi, j'ai cédé ; tout ce que tu voudras, tout ce que tu me demanderas, je le céderai encore, aujourd'hui, demain, toujours. Mais toi, de ton côté, cède-moi quelque chose.

— Je croyais que je ne te laissais rien à désirer.

— Pour tout ce qui est plaisir, toilette, luxe, cela est vrai, et je te suis reconnaissante de ce que tu fais pour moi dans ce sens ; malheureusement je ne suis pas la femme que ces satisfactions peuvent contenter.

— Dis que tu es femme et que tu désires ce que tu n'as

pas ; tu as une voiture, et tu crois que marcher avec des sabots est très amusant ; tu as de la brioche, tu voudrais du pain noir. Vous êtes bien toutes pareilles.

— Oui, je dirai cela si tu veux, et je me confesserai de mes torts, qui jusqu'à un certain point sont fondés. Ce pain noir dont tu parles, je le voudrais.

— Eh bien ! on t'en commandera, avec des cailloux dedans, si tu veux, et de la paille et du foin.

— A mon tour, je te dis que je parle sérieusement, très sérieusement, je te le jure, et je n'ai nulle envie de plaisanter.

— Voyons, que veux-tu ? que te manque-t-il ?

— Je veux, je te l'ai dit, que nous nous rapprochions l'un de l'autre.

— Ne sommes-nous pas unis ?

— Je veux que nous le soyons plus étroitement encore.

— Voyons, ma chère enfant, il ne faut pas te tourmenter pour ce que je t'ai dit tout à l'heure à propos de Francis Airoles. C'était un désir que je manifestais, ce n'étaient point des reproches que je t'adressais ; je ne suis nullement fâché contre toi.

— Eh bien ! alors, accorde-moi ce que je te demande.

— Mais que demandes-tu ?

— Autrefois nous avions fait de beaux projets : nous devions voyager tous les ans, visiter toute l'Europe, puis, après l'Europe, l'Algérie, l'Egypte.

— La maladie de ma mère a dérangé ces projets, les affaires m'ont retenu et absorbé. Pardonne-moi de t'avoir manqué de parole.

— Il y a quelque temps, quand mon chalet des Avants a été haché, tu as voulu que je le recommence, et tu m'as proposé de retourner en Suisse pour le peindre. Les affaires alors ne te retenaient pas. Eh bien ! retournons aux Avants. Je referai ce tableau. Nous emmènerons Félix avec nous, et là, tous les trois, nous vivrons dans cette étroite union que je demande.

— Et maman, que deviendrait-elle pendant notre absence ?

Elle eut un mouvement de désespérance et laissa tomber ses bras ; mais bien vite elle se redressa.

— Ta mère est bien restée seule pendant notre premier voyage.

— Alors ses affaires l'occupaient, et elle n'était point habituée à avoir sans cesse Félix à ses côtés. Elle serait trop malheureuse s'il n'était plus là pour l'égayer.

— Et moi, et moi? s'écria-t-elle.

— Allons, tu es nerveuse aujourd'hui ; est-ce que tu as eu quelque difficulté avec maman ?

— Mais il ne s'agit pas de ta mère ; il s'agit de toi, de Félix, de moi, de nous trois, de notre bonheur, de notre vie.

— Allons, calme-toi ; tu me fais peur avec cette exaltation. Peux-tu te donner ainsi la fièvre pour une pareille chose ? Pourquoi n'as-tu cette passion que pour des chimères ?

— Des chimères !

— Sans doute, il suffit que tu désires une chose pour qu'elle ne soit pas une chimère. Aussi je te promets de faire le possible pour te contenter.

— Nous partons ?

— Nous tâcherons de partir, je chercherai un moyen d'arranger les choses ; mais nous avons encore toute la saison devant nous.

— Pourquoi pas tout de suite?

— N'insiste pas, je te prie. Partir en ce moment m'est absolument impossible. Je ne peux pas sacrifier les intérêts de notre maison à une fantaisie. Mais compte sur moi ; tu sais combien je suis heureux quand je te vois heureuse. Toi, de ton côté, n'est-ce pas? fais ce que je te demande, et donne-moi le plaisir de te voir gracieuse et souriante avec tout le monde. C'est non seulement pour les autres que je te demande cela, mais c'est encore pour moi. Avec ta mélancolie que tu portes partout, tu as l'air d'une femme malheureuse ou incomprise : cela me peine et m'humilie. Tu n'es pas malheureuse, n'est-ce pas? tu n'es pas incomprise?

Il la prit dans ses bras et l'embrassa tendrement.

Restée seule, elle se cacha la tête entre ses mains, et pendant longtemps elle garda cette attitude : c'était la femme abandonnée de tous, écrasée après une lutte contre l'impossible.

Enfin, elle se releva, et machinalement, sans savoir ce qu'elle faisait, elle alla s'accouder sur le balcon de sa chambre.

A ses pieds s'étalait le jardin, qui descendait jusqu'à la Marne ; au delà de la rivière, la campagne remontait pour former les coteaux de Champigny et de Chènevières, dont les arbres semblaient se perdre dans le ciel pâle.

Chènevières ! Elle resta les yeux longtemps fixés sur la masse blanche que formaient ses maisons groupées autour de l'église, dont le petit clocher brillait au soleil.

— Personne, dit-elle ; aucun secours, rien !

Et elle demeura perdue dans une sombre méditation.

Tout à coup elle tressaillit : une voix joyeuse, des cris d'enfant venaient de retentir dans les allées du jardin.

— Lui ! par lui ! s'écria-t-elle.

Et rapidement elle descendit dans le jardin ; puis, courant après son fils, elle le prit dans ses bras et l'embrassa passionnément, follement.

Madame Daliphare et Adolphe se promenaient dans l'allée où jouait l'enfant. En voyant cette explosion de maternité, madame Daliphare haussa les épaules et s'approcha vivement de sa belle-fille.

— Prenez donc garde ! dit-elle, vous allez l'étouffer,

Adolphe, lui aussi, s'était approché.

— Juliette, dit-il à mi-voix à sa mère, est un peu nerveuse ; laisse-la, maman.

Mais, sans l'écouter, madame Daliphare avait pris l'enfant et l'avait mis sur ses jambes en secouant sa veste fripée.

A ce moment, Airoles parut au bout de l'allée.

Juliette resta un moment immobile ; puis, marchant au-devant du peintre et lui tendant la main :

— Soyez le bienvenu, dit-elle.

Pendant que le peintre saluait madame Daliphare, Adolphe s'approcha de sa femme.

— C'est bien, dit-il à voix basse; tu m'as fait plaisir, tu es une brave petite femme.

XVII

Comme tous les gens comprimés qui n'ont jamais eu d'autorité, Adolphe était très sensible au triomphe de sa volonté. Voir qu'on faisait ce qu'il avait demandé était pour lui la plus vive des satisfactions, celle qui le caressait dans sa vanité et l'exaltait dans son amour-propre.

Aussi avait-il été très heureux et très fier de l'accueil que sa femme avait fait au peintre : elle avait eu égard à ses désirs et s'était rendue à ses raisons. C'était vraiment une brave petite femme.

Et, pour lui témoigner sa reconnaissance et son plaisir, il avait voulu avancer l'époque de son voyage en Suisse.

Mais aux premiers mots de ce projet madame Daliphare s'était opposée à sa réalisation.

Bien qu'elle eût ostensiblement abandonné sa maison de commerce, elle en avait en réalité conservé la direction. Pendant l'heure qu'elle venait chaque jour passer à Paris, elle trouvait le temps de se faire rendre compte par les divers employés de toutes les affaires qui avaient une certaine importance, et elle indiquait, en quelques mots écrits sous sa dictée, la façon dont elles devaient être traitées. Adolphe n'avait à exercer qu'un rôle de surveillant; le véritable, le seul maître, c'était toujours madame Daliphare. En apparence, on semblait obéir au fils, mais toutes les fois qu'une circonstance sérieuse se présentait, on attendait la venue de la mère pour prendre une détermination. Cela se faisait discrètement et de telle sorte qu'Adolphe ne pouvait pas s'en fâcher; le plus souvent même il ne s'en apercevait pas.

Si Adolphe avait manœuvré adroitement avec sa mère,

6.

il est très probable que celle-ci eût approuvé cette idée de voyage en Suisse : mais, dans son indépendance, il avait procédé franchement, et madame Daliphare lui avait aussitôt démontré que ce voyage était impossible. La maison avait en ce moment plusieurs affaires très sérieuses qui nécessitaient sa présence à Paris ; s'il s'absentait, ce ne pouvait être que pour aller pendant quelques jours à Amsterdam, où l'appelait le règlement d'une faillite.

Au lieu d'aller en Suisse, il était donc parti pour Amsterdam. Juliette avait voulu l'accompagner, mais il avait refusé de la prendre avec lui ; il voyagerait jour et nuit, sans s'arrêter, et il était ridicule de s'imposer les fatigues du voyage sans en tirer aucun plaisir.

— Si vous allez avec votre mari, avait dit madame Daliphare, vous ne pourrez faire autrement que de visiter les tableaux d'Amsterdam et de La Haye ; vous lui ferez perdre un temps précieux. Quand les intérêts d'une maison sont en jeu, on ne pense pas au plaisir. J'ai besoin d'Adolphe à Paris.

Le dimanche, comme à l'ordinaire, Airoles était venu passer une partie de la journée à Nogent, et Adolphe lui avait annoncé son départ pour le lundi soir par l'express de Bruxelles.

Pendant cette absence, Juliette, qui bien entendu n'avait que faire à Paris, devait rester à Nogent.

Le mardi, après le départ de madame Daliphare pour Paris, elle vint s'installer dans son atelier pour passer là en toute liberté les deux ou trois heures qu'elle avait devant elle.

Il y avait à peine dix minutes que sa belle-mère était partie, quand on frappa à la porte de l'atelier.

Qui pouvait venir la déranger ? Un domestique sans doute.

— Entrez, dit-elle sans retourner la tête.

Mais les pas qui résonnèrent sur le parquet n'étaient pas ceux d'un jardinier chaussé de gros souliers ; elle se retourna vivement.

Airoles ! C'était le peintre.

Elle s'était levée : ils restèrent en face l'un de l'autre assez longtemps, se regardant sans rien dire.

Enfin le peintre prit la parole.

— Veuillez me pardonner si je viens ainsi vous surprendre.

Elle ne répondit rien.

— J'ai reçu ce matin, dit-il en continuant, une lettre qui va m'obliger à m'éloigner de Paris pendant quelque temps.

— Ah ! vous partez ?

— Je dois partir. Alors avant d'entreprendre ce voyage, qui va durer je ne sais combien, j'ai voulu terminer ce tableau et je suis venu.

Elle le regarda ; il était pâle sous son teint bistré et ses lèvres étaient agitées par des frémissements.

— Alors je vais vous laisser travailler, dit-elle en faisant un pas vers la porte.

Mais il lui barra le passage et étendit la main vers elle.

— Mon Dieu, dit-il, je vous serais reconnaissant de ne pas me laisser seul. Ce travail est œuvre de restaurateur plutôt que de peintre ; je procède par tâtonnements, par à peu près, en cherchant ce qui est le moins mauvais, et je serais heureux... je veux dire je serais bien aise d'avoir votre sentiment pour m'appuyer ou m'avertir.

— Mon sentiment a bien peu d'importance.

— Ah ! je vous en prie, dit-il d'une voix vibrante, plus émue qu'elle n'aurait dû l'être en prononçant des paroles si simples.

— Alors je dois rester.

Elle alla s'asseoir sur la chaise basse où elle était placée quand le peintre était arrivé.

Pour lui, il ouvrit sa boîte, prit sa palette, prépara ses couleurs et se mit au travail.

Pendant plus d'un quart d'heure, ils restèrent silencieux, lui travaillant, elle tournant les feuillets d'un album.

Puis tout à coup il posa sa palette et ses brosses sur un tabouret, et brusquement il vint se placer devant Juliette.

— Ne trouvez-vous pas étrange ce départ précipité?

— Je ne me permets pas de le juger; j'avoue cependant que j'en suis surprise.

— Surprise, n'est-ce pas? rien que surprise? Moi qui vous l'annonce et qui l'ai décidé, je n'y crois pas; et cependant il doit s'accomplir, il faut qu'il s'accomplisse. Mais cela est dur, et cette résolution m'est cruelle à prendre. De là l'émotion avec laquelle je vous parle et qui m'empêche de dire ce que je voudrais dire pour vous l'expliquer.

— Mais vous n'avez rien à m'expliquer.

— Pour vous, cela en effet est peut-être inutile; mais pour moi il le faut. Vous voyez devant vous un homme cruellement tourmenté, plein d'inquiétude et d'angoisse, qui vous demande d'être indulgente pour sa fièvre, pour sa folie.

Juliette voulut se lever; mais, avec un regard qui la toucha au cœur, avec un geste qui la domina, il la maintint devant lui, la tête tendue vers la sienne, les yeux fixés sur les siens.

— La première fois que vous êtes venue à Chènevières, reprit-il, je vous ai dit une partie de ma vie et je vous ai raconté comment j'étais arrivé à Paris avec mon tableau même que voilà. Mais alors je ne vous ai pas tout dit. Pendant le séjour que je fis à cette époque à Paris, je vis plusieurs fois une jeune femme, une jeune fille, qui produisit sur moi une impression profonde.

— Monsieur Airoles...

Il ne se laissa ni interrompre ni imposer silence, et devant son regard ce fut Juliette qui faiblit.

— Je ne lui parlai point, dit-il, et ce fut une sorte de vision, une étoile éblouissante qui passe dans un ciel sombre. J'emportai son image et je mêlai son souvenir à mes rêves: l'amour, la gloire, ce fut pour moi une même espérance. Mais cette espérance ne se réalisa pas comme elle avait été conçue, elle se divisa. Je m'étais dit, réunissant et confondant mes espérances, que si mon tableau réussissait à me faire un nom, je reviendrais à Paris et me rapprocherais de cette jeune fille; porté par le succès, j'aurais le droit de lui parler de mon amour. Vous savez quel accueil fut fait à mon tableau, et de ce côté a réalité dépassa mes espérances. Je revins à Paris, je pouvais parler; mais celle que j'aimais était mariée.

Juliette avait baissé les yeux. Devant Airoles, penché sur elle, elle se tenait frémissante, ne pouvant pas parler, ne pouvant pas faire un geste pour l'arrêter. Il lui semblait que sous ces yeux scintillants qui la brûlaient, sous ces bras étendus vers elle qui l'enveloppaient, elle était fascinée : un engourdissement délicieux et mortel la paralysait.

Il reprit :

— Je repartis pour ma province et j'y restai à travailler. C'est ici que dans ma vie d'artiste se place un fait curieux, dont vous avez peut-être été frappée, puisque vous connaissez presque tous mes tableaux : la femme est absente de mon œuvre, jamais je n'ai point une femme. N'avez-vous pas fait cette remarque?

— C'est vrai.

— Pourquoi me suis-je imposé ce renoncement au côté le plus intéressant, le plus brillant de l'art? C'est que pour moi il n'existe qu'une femme au monde, ma vision, celle dont depuis cinq années je porte l'image là.

Il se frappa le cœur, et, se retournant, il fit quelques pas dans l'atelier, comme s'il avait peur de céder à son émotion et voulait se remettre.

Juliette respira, mais ce moment de délivrance fut court; il revint vers elle.

— J'aurais pu, n'est-ce pas? dit-il en continuant, m'inspirer de cette image et la reproduire dans tous mes tableaux; elle était sans cesse devant mes yeux, et ma main, j'en suis certain, eût fidèlement traduit ma pensée. Mais, je vous l'ai dit, elle est mariée, et je n'ai pas le droit de crier mon amour à tout le monde. Personne ne le connaît, cet amour, pas même celle qui l'a fait naître; car, bien que je l'aie revue depuis, bien que j'aie vécu avec elle dans une certaine intimité, je ne lui ai point dit que je l'aimais.

— Pourquoi l'auriez-vous dit, puisqu'elle ne pouvait pas vous entendre?

— Elle ne pouvait pas m'entendre, c'est là ce que vous pensez, vous, madame, vous qui êtes femme, vous qui avez toutes les délicatesses du cœur, toutes les générosités.

— Sans doute puisqu'elle est mariée.

— C'est ce que j'ai pensé aussi, c'est ce que je me suis dit, et voilà pourquoi je pars; car je ne pourrais pas vivre plus longtemps près d'elle sans parler, et vous me confirmez ce que je redoutais : elle ne peut pas m'entendre.

Il se cacha la tête entre ses mains, mais presque aussitôt il reprit :

— Cette situation est cruelle, mais d'autres que moi ont supporté ces souffrances courageusement, et je pourrai peut-être faire comme eux. Connaissez-vous le sonnet d'Arvers? C'est une plainte analogue à la mienne, et je l'ai tant de fois répété en travaillant que je veux vous le dire; il vous exprimera, mieux que je ne pourrais le faire, ce que je ressens.

Mon âme a son secret, ma vie a son mystère,
Un amour éternel en un moment conçu :
Le mal est sans espoir, aussi j'ai dû le taire,
Et celle qui l'a fait n'en a jamais rien su.

Vous voyez, la situation est exactement la même : elle n'a rien su.

Hélas! j'aurai passé près d'elle inaperçu,
Toujours à ses côtés et pourtant solitaire,
Et j'aurai jusqu'au bout fait mon temps sur la terre,
N'osant rien demander et n'ayant rien reçu.

Pour elle, quoique Dieu l'ait faite douce et tendre,
Elle ira son chemin, distraite, sans entendre
Ce murmure d'amour élevé sur ses pas;

A l'austère devoir, pieusement fidèle,
Elle dira, lisant ces vers tout remplis d'elle :
« Quelle est donc cette femme? » et ne comprendra pas.

Il se fit un long silence. Airoles, debout devant Juliette, la voyait, frémissante d'émotion, respirer avec effort comme si elle étouffait.

Il étendait les bras vers elle pour l'enlacer, puis il reculait de quelques pas, puis il revenait vers elle.

— Croyez-vous, dit-elle enfin d'une voix étouffée, qu'on passe inaperçu de celle qu'on aime, alors qu'on est toujours à ses côtés?

— Mon Dieu !

— Croyez-vous que cette femme, si elle a un cœur, suit son chemin sans entendre le murmure d'amour élevé sur ses pas ?

— Que dites-vous?

— Je dis que cette femme, si elle est vraiment douce et tendre, entend ce murmure d'amour.

— Alors ?

— Alors, comme elle est fidèle à son devoir, elle plaint celui dont elle a involontairement troublé le cœur, et volontairement elle sympathise à sa souffrance. Mais comme elle ne peut pas la guérir, si ce malheureux lui annonce qu'il part parce qu'il n'a plus la force de la voir et de se taire, elle... le laisse partir.

— Oh ! non, Juliette, non, vous ne me laisserez pas partir.

Et de ses deux bras, qu'il tenait suspendus au-dessus d'elle, il l'enlaça. Elle voulut se lever, il la serra contre sa poitrine ; elle voulut parler, il lui ferma les lèvres par un baiser.

Alors elle s'abandonna dans ses bras, et au baiser qu'elle avait reçu elle répondit par un baiser long et passionné.

Pendant quelques secondes ils restèrent ainsi, les yeux dans les yeux, les lèvres sur les lèvres.

Mais tout à coup elle se redressa, le repoussa doucement, et, sortant vivement de l'atelier, elle courut vers la maison.

XVIII

Il était venu jusque sur le seuil de l'atelier ; il aurait suivi Juliette s'il n'avait pas aperçu devant lui, planté dans l'allée, un jardinier qui le regardait avec stupéfaction.

Alors, tandis que Juliette disparaissait au tournant de cette allée, il était rentré dans l'atelier.

Il étouffait de bonheur. Elle l'aimait, c'était vrai, elle l'aimait ! Sur ses lèvres il sentait encore son baiser ; autour de ses épaules il sentait encore l'étreinte de ses bras.

Il se mit à marcher à grands pas dans l'atelier, tournant machinalement sur lui-même, s'arrêtant de temps en temps pour respirer le parfum que ses mains, qui avaient pressé cette tête adorée, gardait subtil et enivrant.

Il était fou.

Allait-elle revenir ?

Évidemment elle avait voulu le fuir et lui échapper. C'étaient sa pudeur de femme, son honneur, sa pureté, qui luttaient contre son amour.

Il sortit de l'atelier et se dirigea vers la maison.

Une femme de chambre lui ouvrit la porte du vestibule.

— Je vais aller savoir si madame peut recevoir monsieur, dit la femme de chambre.

Bientôt elle redescendit annonçant que madame était indisposée, et qu'à son grand regret elle ne pouvait pas recevoir M. Airoles.

Il ne se retira pas, mais il renvoya la femme de chambre en la chargeant d'insister ; il n'avait qu'un mot à dire, un mot important.

Cette fois, la femme de chambre fut plus longtemps à redescendre, et dans cette attente il épuisa toutes les émotions de l'espérance et de l'angoisse.

Enfin la femme de chambre reparut ; elle tenait une lettre à la main.

— Madame est bien fâchée, mais elle est trop souffrante pour recevoir. Voici une lettre qu'elle envoie à monsieur.

Airoles déchira vivement l'enveloppe, fermée d'un cachet de cire. Cette lettre ne contenait que trois lignes :

« Je vous aime. Si vous m'aimez, je vous en conjure,
» partez, et ne cherchez jamais à me revoir !

» Juliette. »

Il sortit de la maison, et dans la rue il relut une seconde fois cette lettre, puis une troisième.

« Je vous aime. »

Il répétait ces trois mots. Et le nom mis au bas de ces lignes, il se le répétait aussi : « Juliette. » Combien ce nom lui était doux à prononcer !

Elle avait signé ; bravement elle avait mis son nom sous son aveu.

Ce n'était point une coquette, une de ces femmes avisées qui prennent leurs précautions en vue d'un avenir changeant.

Il ne partirait point.

Pouvait-il s'éloigner quand il se savait aimé ?

Au lieu de retourner à Paris, il alla à Joinville ; puis, après avoir acheté un chapeau de paille à larges bords, il descendit à la Marne et loua un bateau.

Son plan était bien simple : il remontait la Marne jusqu'à Nogent ; il amarrait son bateau vis-à-vis la propriété de madame Daliphare, et quand il apercevait Juliette se promenant dans le jardin, il débarquait pour la rejoindre. Par ce moyen, il la surprenait et il échappait aux regards curieux des domestiques.

Rien n'est plus naturel que de voir un bateau sur la rivière, et sous son chapeau de paille on ne le reconnaîtrait point.

Il était quatre heures lorsqu'il amarra son canot aux

racines d'un saule, en face de la maison de Juliette, et il était là depuis un quart d'heure à peine, quand il remarqua un mouvement de va-et-vient du côté des écuries. C'était madame Daliphare qui rentrait de Paris avec son petit-fils, et l'on remisait la voiture.

Bientôt sans doute Juliette allait descendre dans le jardin, elle aurait son fils avec elle. Mais qu'importait! Il ne voulait lui dire qu'un mot qu'il trouverait bien moyen de lui glisser dans l'oreille ; il ne voulait qu'une chose, la voir et plonger son regard dans ses grands yeux profonds, qui se mouvaient avec des irradiations brûlantes sous leurs longs cils recourbés.

— Mais Juliette ne parut point.

Autour de lui, sur la rivière, des bateaux passaient et repassaient sans cesse, montant le courant, le descendant ; — des équipes qui s'entraînaient pour les prochaines régates et souquaient ferme sur la rame ; — des femmes sentimentales qui laissaient tremper leurs mains dans l'eau en chantant des romances ; — des jeunes gens en bottes montantes et en chemise rouge qui sonnaient du cor.

Mais, insensible à tout ce qui l'entourait, il n'avait d'yeux que pour le jardin ; il n'entendait même pas les rires et les plaisanteries des canotières, qui tâchaient « d'allumer » ce pêcheur mélancolique.

Cependant le temps s'écoula et le soleil disparut derrière les arbres du bois.

Etait-elle vraiment malade, comme elle l'avait fait répondre ?

A cette pensée il voulut aborder et interroger un jardinier ou un domestique ; mais la prudence l'emporta sur l'inquiétude. Bientôt d'ailleurs la nuit allait venir, et si Juliette était malade, on allumerait de la lumière dans sa chambre. Précisément les fenêtres de cette chambre ouvraient sur les jardins, et de sa place il les voyait en face. Il n'avait qu'à attendre la nuit.

L'ombre s'épaissit ; la couleur dorée qui emplissait le

couchant s'affaiblit, des étoiles s'allumèrent çà et là dans le ciel : c'était la nuit.

Mais il ne se montra pas de lumières dans la chambre de Juliette ; les fenêtres de cette chambre étaient ouvertes d'ailleurs, et ordinairement on ne laisse pas, quand vient le soir, toutes les fenêtres ouvertes dans la chambre d'une malade.

Connaissant parfaitement la disposition de la maison, il pouvait par le mouvement des lumières conjecturer à peu près sûrement ce qui se passait à l'intérieur : au premier étage, à l'extrémité du bâtiment, était la chambre de Juliette, qui, par deux portes vitrées, communiquait avec une vaste terrasse garnie d'arbustes grimpants, des glycines et des bignonias. Après cette chambre venait celle de l'enfant ; puis, après celle-là, se trouvait celle de madame Daliphare.

Bientôt une bougie parut dans la chambre du petit Félix : on couchait l'enfant.

Puis une lampe éclaira vivement les fenêtres de madame Daliphare.

Juliette allait sans doute descendre maintenant au jardin pour respirer la fraîcheur après la chaleur du jour.

Comment la verrait-il ?

La lune, il est vrai, s'était levée derrière les coteaux de Champigny, et elle éclairait en plein de sa lumière blanche la façade de la maison. Mais les allées étaient couvertes par des arbres au feuillage épais, et c'était seulement sur les pelouses frappées par la lune, que la vue s'étendait librement : une grande partie du jardin restait dans l'ombre.

Il allait désespérer et redescendre à Joinville, lorsqu'une forme blanche apparut sur la terrasse et s'accouda sur la balustrade.

C'était Juliette.

Alors il traversa rapidement la rivière et, attachant son bateau à une touffe de roseaux, il escalada le mur de madame Daliphare et se trouva dans le jardin.

Il s'engagea dans l'allée la plus sombre et en étouffant

autant que possible le bruit de ses pas, marchant sur les bordures de lierre et de gazon plutôt que sur le gravier, il monta vers la maison.

Que dirait-il s'il rencontrait un jardinier? Il ne le savait, il n'y pensait même pas : il ne pensait qu'à Juliette.

Lorsqu'il arriva au bout de l'allée, à une courte distance de la maison, il vit que Juliette était toujours à la même place, appuyée sur la balustrade, regardant devant elle vaguement, dans les profondeurs bleues de la nuit.

Caché dans l'ombre, il n'était pas visible pour elle.

Devait-il se découvrir? devait-il attendre que la maison fût endormie?

Il s'arrêta à ce dernier parti. Juliette, il est vrai, pouvait pendant cette attente quitter la terrasse, mais alors il se montrerait au premier mouvement qu'elle ferait pour se retirer.

De sa place, il étudia alors le moyen d'arriver jusqu'à cette terrasse, car il n'osait espérer que Juliette descendît dans le jardin, et son impatience de la voir s'était exaspérée de toutes les difficultés qui successivement l'avaient contrarié ou arrêté.

Cette escalade n'était pas très difficile. Une forte glycine garnissait le mur du bas jusqu'au haut, et ses rameaux palissés horizontalement contre la muraille formaient une succession d'échelons commodes pour les mains et pour les pieds ; gros comme le poignet d'un enfant, ces rameaux offraient toute la solidité désirable.

Enfin tous les bruits s'éteignirent dans la maison ; les lumières, les unes après les autres, disparurent.

Juliette était toujours sur la terrasse ; seulement, au lieu de rester accoudée sur la balustrade elle s'était assise, de sorte que sa tête seule émergeait maintenant du feuillage ; sous le rayonnement de la lune, son visage paraissait d'une pâleur argentée.

Elle réfléchissait, elle songeait.

Qui occupait sa pensée?

Sa tête était tournée dans la direction de Chènevières ;

par moments, ses yeux, frappés par la lumière de la lune, lançaient des éclairs.

Ah ! qu'elle était belle ainsi dans son cadre de feuillage ! La nuit donnait à sa beauté un charme mystérieux, qui emportait l'âme au delà des choses de la terre.

Cette lune, ce calme, ce silence, cette nuit chaude, le parfum des fleurs, le danger même de cette tentative, tout se réunissait pour exalter le peintre.

C'est à lui qu'elle pensait.

Il fit quelques pas en avant, mais sans sortir cependant de l'ombre qui l'enveloppait.

Au bruit que firent ses pas, Juliette tourna la tête de son côté, et ses yeux parurent vouloir percer les profondeurs du feuillage.

Il s'arrêta et se tint immobile.

On a toutes les audaces quand on désire une femme, toutes les timidités quand on l'aime.

Et c'était sincèrement qu'il aimait Juliette ; à la pensée qu'il pouvait ne plus la voir, il se sentait anéanti. Que ferait-il, que deviendrait-il si elle le repoussait ?

Que deviendrait-elle elle-même, la pauvre femme, s'il avait la maladresse de se tuer en gravissant ce mur, ou si tout simplement un domestique curieux, éveillé par le bruit de son escalade, le voyait et le reconnaissait ?

Il fit quelques pas en arrière.

Mais un regard rapide qu'il jeta sur la maison lui montra toutes les fenêtres closes, toutes les lumières éteintes ; on n'entendait pas d'autre bruit que le bruissement des feuilles des peupliers ; personne ne le verrait ; il ne serait pas assez maladroit pour se laisser tomber ; sa main était sûre, son pied était solide ; elle l'aimait. Il sortit de l'ombre et s'avança rapidement vers la maison.

Il ne regardait pas à ses pieds, mais il tenait ses yeux fixés sur la terrasse : il vit Juliette se lever et regarder avec un geste d'effroi de son côté.

— Moi, dit-il en levant la tête vers elle et parlant d'une voix étouffée ; moi, Francis !

Vivement elle jeta ses deux bras en avant comme pour le repousser.

Mais, sans tenir compte de cette défense, il continua d'avancer.

Arrivé au pied de la muraille, il s'accrocha aux branches de la glycine, et avec les mains et les pieds il commença à monter.

Il tenait ses yeux levés vers la balustrade et il voyait Juliette penchée vers lui ; elle restait toujours les deux bras étendus, mais sans remuer et sans lui ordonner de descendre.

Il continua de monter ; la glycine, solidement attachée, résistait sous son poids, et il ne faisait pas grand bruit.

Enfin sa tête atteignit la balustrade et la dépassa.

Juliette allait-elle le repousser ?

Comme il s'adressait cette question poignante, il sentit deux bras qui se posaient autour de son cou et qui l'enlaçaient.

En même temps, Juliette se pencha sur son visage, et dans une étreinte nerveuse elle l'attirait à elle.

XIX

Il escalada vivement la balustrade, et, en arrivant sur la terrasse, il enlaça Juliette dans ses bras.

Il s'était attendu à la résistance, ce fut l'élan et l'abandon qu'il rencontra.

A son étreinte, elle répondait par une étreinte passionnée ; à son baiser violent, par un long baiser.

Serrée contre lui, la tête renversée en arrière, elle plongeait ses yeux dans les siens, et, sous le feu de ce regard aimé, elle défaillait, brûlante et glacée.

Mais l'homme ne sait pas comme la femme se perdre dans le bonheur ; il n'a pas plutôt goûté une joie, que sans attendre qu'elle soit épuisée, il en demande une autre.

— Ainsi, dit-il en détachant ses lèvres des lèvres de Juliette, tu ne m'en veux pas de t'avoir désobéi ?

— Je t'attendais, dit-elle en frémissant.

Et, toujours serrée contre lui, la taille cambrée, les lèvres entr'ouvertes, elle le contempla dans une muette extase.

Puis, desserrant ses bras et le repoussant doucement, elle l'amena sous le rayon de la lune, de telle sorte que la lumière l'éclairât en plein visage.

Alors se reculant d'un pas :

— Laisse-moi te regarder, dit-elle, laisse-moi te voir.

Ils restèrent ainsi en face l'un de l'autre : lui dans la lumière, elle dans l'ombre.

Ils ne parlaient point ; mais, entre deux cœurs qui battent sous une même impulsion, il y a un langage mystérieux mille fois plus éloquent que les paroles les plus ardentes et les plus passionnées. Ils se regardaient, et de l'un à l'autre passait une flamme qui les embrasait.

— Oh ! tes yeux ! tes yeux, dit-elle enfin d'une voix profonde.

Il voulut se rapprocher d'elle, et il s'avança, les bras étendus, les lèvres entr'ouvertes ; mais elle le retint et, le prenant par la main, elle le fit asseoir près d'elle.

— Là, dit-elle, tout près l'un de l'autre, pour nous entendre à mi-voix.

Elle lui abandonna sa main, qu'il enserra dans les siennes.

Puis, pendant quelques minutes encore, ils se contemplèrent en silence.

Autour d'eux tout était calme, la nature était endormie, et cette nuit semblait faite à souhait pour l'éclosion de leur amour. Pas une voix humaine, pas un cri d'insecte, pas un bruissement de feuilles ; partout un silence profond et une immobilité complète. Sur les eaux de la rivière et sur les prairies, une lumière éblouissante ; dans les jardins, sous les arbres, contre les murs, des ombres mystérieuses ; dans l'air paisible, un parfum pénétrant qui se dégageait des fleurs, rafraîchies par la rosée du soir.

— Ainsi, dit-elle, vous m'aimez ?

— Ah ! chère Juliette, je t'adore.

Et, se mettant à genoux devant elle, il resta à la regarder, ne trouvant pas de mots pour parler de son amour et l'exprimer.

— Et cependant tantôt vous vouliez partir, vous éloigner de moi.

— Parce que j'étais à bout de forces et que je ne pouvais plus me taire.

— Et après que vous avez parlé, quand moi je vous ai demandé de partir, vous ne l'avez plus voulu.

— Comment partir quand je savais que tu m'aimais, quand ton baiser me l'avait dit, quand ta main me l'avait écrit ?

— Ah ! mon ami, ne me rappelez pas cette folie.

— Et pourquoi nommer folie cet acte de franchise et de sincérité ? Avez-vous peur de me voir garder cette lettre, et voulez-vous que je vous la rende ?

Il lui tendit cette lettre, mais elle ne la prit pas.

— Non, dit-elle ; je veux qu'elle soit toujours entre vos mains, comme je suis en ce moment entre vos bras, pour affirmer mon amour. Je ne vous aimerais pas, si je n'avais pas foi en vous. Est-ce que l'amour existe sans la confiance ? La folie n'est pas de vous laisser cette lettre ; mais ç'a été folie de l'écrire, folie de vous écouter. Quand je vous ai écrit, j'ai cru que vous écouteriez ma prière et que vous partiriez. Alors j'ai voulu que vous emportiez avec vous une parole de consolation, qui vous ferait vivre loin de moi, comme votre baiser me ferait vivre loin de vous. Mais vous n'êtes pas parti.

— Chère Juliette !

— Vous n'avez point écouté ma prière.

— Le pouvais-je ?

— Vous avez accepté mon aveu, mais vous avez repoussé ma demande.

— Je n'ai eu qu'une pensée, te revoir et entendre de tes lèvres ce mot qui brûlait mes yeux, Juliette.

Elle lui prit la tête entre ses deux mains, et s'approchant de son visage, elle le regarda longuement.

— Juliette, Juliette?

Elle continua de le regarder.

— Juliette?

— Eh bien! oui, je t'aime; es-tu heureux? je t'aime. Veux-tu l'entendre encore, veux-tu l'entendre toujours? Je t'aime, je t'aime! Ah! tu n'auras pas plus de bonheur à l'entendre que je n'en ai, moi, à le prononcer.

— Et je serais parti! Ah! non. Je ne savais pas quel accueil tu me ferais, mais j'ai voulu te revoir.

Il lui dit alors comment, en sortant de chez elle, il avait été prendre un bateau à Joinville; — comment il était venu se placer vis-à-vis sa maison, — comment il était resté dans les angoisses de l'attente; — comment la nuit venue, il avait désespéré; — comment il avait cependant persisté, — comment il l'avait aperçue; — enfin comment il avait débarqué, résolu, coûte que coûte, à obtenir cet entretien qui devait décider sa vie.

— Ainsi, dit-elle, quand j'ai entendu ce bruit dans l'ombre, c'était vous et l'idée ne m'est pas venue que vous étiez là? Pendant qu'à dix pas de moi vous me regardiez je restais les yeux perdus dans ces profondeurs sombres, là-bas du côté de Chènevières. Je m'efforçais de percer les ténèbres et, par l'esprit, de vous voir. Que fait-il? que pense-t-il? Je me disais : Peut-être vais-je le voir, peut-être va-t-il m'apparaître tout à coup! Mais quand ma raison se fixait sur cette idée, je me disais que c'était un rêve de la nuit. Et cependant vous êtes apparu là.

— Et tes bras se sont étendus vers moi pour me repousser.

— Cela est vrai; mais quand tu es arrivé jusqu'à moi, quand mes yeux ont rencontré les tiens, mes mains, qui avaient voulu te repousser, t'ont attiré.

— Alors pourquoi me repoussais-tu?

— Je vous repoussais, comme quelques heures plus tôt

je vous disais de partir. Ce n'était pas mon cœur qui vous repoussait, comme ce n'avait pas été mon cœur qui avait voulu vous éloigner : c'était ma raison. Loin de vous je peux résister à cet amour ; mais près de vous je suis fascinée, entraînée, et ma raison n'existe plus ; je ne suis plus moi, je suis vous.

Peu à peu il s'était rapproché d'elle, et il la tenait si étroitement serrée qu'elle était dans ses bras. Il voulut l'enlacer plus étroitement encore.

Mais elle le repoussa et, s'étant dégagée, elle vint s'adosser à la balustrade en plaçant une chaise entre eux.

— Je vous prie, dit-elle, je vous en supplie, écoutez-moi et laissez-moi toute ma raison pour que je puisse vous dire librement ce que je dois vous dire. Ne me regardez pas ainsi et restez là où vous êtes, dans ce rayon de lumière. Vous ne me croyez pas une femme coquette, n'est-ce pas, et par ce que j'ai été avec vous, vous pouvez juger si je suis capable de calcul ou de tromperie. Oui, je vous aime, je vous l'ai dit et je vous le répète ; oui, je veux vous voir. Mais je ne vous verrai qu'à une condition, et c'est cette condition qu'il faut que je vous explique.

Il fit un pas en avant et voulut écarter la chaise placée entre eux ; mais elle le retint.

— C'est précisément cette ardeur, dit-elle, qui m'oblige à cette explication. Je ne suis pas libre. Non seulement j'ai un mari, mais encore j'ai un enfant. Eh bien ! ce que je veux vous dire, c'est que je ne m'exposerai jamais à être séparée de mon fils.

— Mais je ne veux pas vous séparer de votre enfant, je ne suis pas jaloux de la tendresse que vous ressentez pour lui.

— Vous savez bien que ce n'est pas là ce que j'ai voulu dire, et vous serez assez généreux pour ne pas m'obliger à des paroles pénibles. Ce que je veux, c'est vous voir, et c'est avoir mon fils sans être exposée à le perdre. Si vous m'aimez assez pour consentir au sacrifice que je vous demande, nous nous verrons chaque jour, ma vie sera la vôtre, et tout ce qu'il y a en moi de dévouement, de tendresse, d'amour, sera à vous.

— Et si je ne peux pas m'enfermer à jamais dans ce rôle ?

— Alors ce serait à moi de partir, et je demanderais à mon mari de m'emmener n'importe où, au bout du monde ; il est homme, vous le savez, à ne pas me refuser ; s'il le fallait d'ailleurs je lui dirais la vérité.

Elle s'arrêta, et après l'avoir regardé durant quelques secondes, elle lui dit d'une voix que l'émotion voilait :

— Voulez-vous venir là, près de moi ?

Il hésita un moment.

Mais il l'aimait trop sincèrement et il était d'ailleurs trop heureux pour résister à cette voix.

Il écarta la chaise.

— Me voici, dit-il, et tel que vous le voulez.

Alors elle lui prit la main et, l'ayant forcé à s'asseoir, elle se mit à genoux devant lui.

— Maintenant, dit-elle, causons librement de toi, de moi, si tu le veux, de notre amour, et jouissons jusqu'au bout de cette belle nuit faite pour nous. Est-ce que jamais la lune a été aussi radieuse ? Est-ce que jamais les roses ont exhalé ce parfum ? Il me semble que je nais à la vie, au moins à une vie nouvelle.

Les heures s'écoulèrent vite pour eux ; ils furent tout surpris de voir une lueur blanche poindre du côté de l'orient et peu à peu s'élever dans le ciel : c'était l'aube. Il fallait se séparer.

— Je ne veux pas que tu reprennes le chemin par lequel tu es venu, dit Juliette, et je vais t'accompagner par l'escalier qui de cette terrasse descend au jardin ; la clef doit être dans la serrure.

Mais il n'était pas aussi facile de se quitter qu'ils l'avaient cru, et leurs bras refusaient de se détacher. Ils mirent plus d'une demi-heure à franchir les quinze pas qui les séparaient de l'escalier. Pendant ce temps, l'aube blanche commençait à se teindre en rose ; il fallait se hâter.

Ils arriveront dans le jardin.

— Je vais te conduire jusqu'à la rivière, dit Juliette.

— Et si l'on te voit ?

— Je ne peux pas te quitter.

Elle lui prit le bras et doucement elle s'appuya sur lui.

— Allons lentement.

Ils descendirent à petits pas ; les oiseaux déjà s'éveillaient dans le feuillage.

— Quand nous reverrons-nous ? demanda Airolos.

— Demain, c'est-à-dire ce soir : la nuit qui vient nous appartient encore.

A mesure qu'ils descendaient vers la rivière, Juliette ralentissait le pas. Airolos marchait penché sur elle, et à travers ses vêtements il sentait la chaleur de son corps.

En passant devant une grande corbeille de pivoines qui étaient en fleur, elle s'arrêta.

— Il faut que je te donne une fleur, dit-elle.

Mais ce ne fut pas seulement une fleur qu'elle cueillit ; ce fut tout un bouquet, toute une brassée de magnifiques pivoines rouges, roses et blanches, sur les pétales desquelles roulaient des perles de rosée.

Elle la lui mit dans les bras.

— C'est notre bouquet des fiançailles, dit-elle ; par malheur, il sera bien vite fané ; mais, si tu le veux, tu peux le rendre éternel. En rentrant, mets-le dans un vase et fais-en un tableau que tu me donneras ; je l'aurai sans cesse sous les yeux pour me rappeler cette nuit et notre amour.

Les étoiles s'étaient éteintes, il n'y avait plus une minute à perdre : un jardinier matineux pouvait apparaître d'un moment à l'autre.

Une dernière fois ils s'embrassèrent, et il sauta sur le mur.

— A ce soir !

Mais elle ne voulut remonter l'allée du jardin que lorsqu'elle eut vu le bateau disparaître au loin dans le brouillard qui, comme une fumée blanche, se traînait sur la rivière.

XX

Ce fut une véritable joie pour Adolphe de voir les dispositions et les sentiments de sa femme envers Airoles, changés du tout au tout.

Décidément c'était une « brave petite femme », et, malgré la fermeté de son caractère et sa résolution sur certaines choses, on pouvait très bien lui faire faire ce qu'on voulait : il n'y avait qu'à savoir la prendre. Si on ne la choquait pas, si on s'adressait à sa raison, si on parlait à son cœur, on l'amenait assez facilement à céder. Quel malheur que sa mère n'eût point procédé avec ces ménagements ! Si elle avait pris le chemin qu'il avait su trouver, lui, combien leur intérieur eût été plus agréable !

Ce changement n'était pas le seul d'ailleurs qui le rendît heureux. En même temps que Juliette modifiait son attitude vis-à-vis d'Airoles, elle perdait cet air mélancolique et ennuyé qu'il lui avait si souvent reproché; elle se montrait gaie, rieuse, et, au lieu de l'indifférence habituelle qu'on voyait toujours en elle, on trouvait maintenant de l'entrain ; elle prenait plaisir à tout, même à ce qui naguère lui déplaisait, les promenades en bateau, les longues courses à pied.

D'un autre côté, elle était retournée à la peinture, et après plusieurs années d'un abandon complet, elle avait repris ses brosses. Ce n'était pas encore un tableau comme Adolphe eût aimé à lui en voir entreprendre un qui l'occupait — un bon sujet dramatique ou anecdotique, — mais enfin c'était quelque chose, et du portrait de Black, le chien de Terre-Neuve, qu'elle faisait pour son fils, elle passerait un de ces jours à la vraie peinture. Il aurait le plaisir de voir le nom de sa femme dans un livret, non plus sous son ancienne forme : « Juliette Nélis », mais sous sa nouvelle : « Madame Juliette Daliphare ». Et cette pensée flattait son amour-propre. Sans doute il ne voulait pas que sa femme travaillât sérieusement et vendît ses tableaux — elle n'avait pas besoin de cela ; — mais il serait fier qu'elle eût quelques succès honorables ; pas de tapage, pas de gloire non plus, mais de la discrétion et de la considération.

Au reste, ce sentiment de vanité, qui chez lui était extrêmement vif, trouvait des satisfactions sans cesse renaissantes avec Airoles.

Bien que paysan, Airoles était d'une maladresse invraisemblable en affaires. Il tenait à vendre ses tableaux un prix élevé, parce que ce prix était, jusqu'à un certain point, la consécration de son talent, c'était une reconnaissance de sa valeur et de son rang ; mais, une fois ce prix fixé, il ne s'occupait plus de le faire payer et se laissait exploiter par les marchands de tableaux. Entre le prix convenu et la somme reçue il y avait souvent un écart considérable.

Adolphe avait voulu mettre son expérience commerciale au service de son nouvel ami, et il avait montré tant d'empressement à se charger du règlement d'une affaire litigieuse avec un marchand de tableaux, qu'il avait été impossible de refuser son concours.

Par là, il s'était trouvé mêlé plus étroitement à la vie d'Airoles, et cette intervention lui avait donné une sorte de supériorité sur le peintre.

— Mon Dieu, mon cher, disait-il, que vous êtes naïf en affaires !

Le peintre riait et Adolphe se redressait.

Rien ne pouvait lui être plus agréable que cette protection, car le propre de sa nature c'était la personnalité. Il voulait qu'on comptât avec lui et qu'on eût besoin de ses services. Ceux qu'il obligeait étaient ses amis, et il s'ingéniait de trouver des occasions de leur être utile, ces occasions trouvées, il était reconnaissant à ses débiteurs de lui avoir fourni le moyen de prouver qu'il jouait un rôle dans le monde. Il ne demandait pas de gratitude, il ne demandait même pas qu'on parût heureux de ce qu'il avait fait ; il demandait seulement qu'on lui permît de faire. C'était ainsi qu'il se rattrapait de la dépendance dans laquelle sa mère l'avait toujours tenu.

Pour lui ce fut un grand triomphe de pouvoir rendre service au peintre, et par cela seul celui-ci lui en devint de plus en plus sympathique.

— Quel brave garçon que Francis ! disait-il souvent à sa femme et à sa mère, mais quel maladroit ! Combien il aurait eu besoin d'avoir auprès de lui quelqu'un d'entendu ! Sans moi, je suis certain qu'il aurait perdu plus de trente mille francs avec son marchand de tableaux. Je ne veux pas que dorénavant il fasse une seule affaire sans me consulter.

Madame Daliphare elle-même, ordinairement peu facile à séduire, s'était laissée prendre de sympathie pour le peintre. Il était attentif avec elle et respectueux ; il l'écoutait, il la croyait, il admirait son intelligence et sa volonté. Sans faire attention que le jugement du peintre appliqué aux affaires d'argent et de commerce n'avait pas une grande valeur, elle était flattée de cette admiration chez un homme de talent, et en même temps elle était fière que cet homme de talent se laissât conduire par son fils. Elle aussi, et à un plus haut degré que personne, avait l'orgueil de la protection et de la supériorité.

Ainsi tout se réunissait pour qu'Airoles fût l'ami de la maison. Belle-mère, mari, femme, chacun avait ses raisons particulières pour être heureux de sa présence.

En peu de temps il devint le pivot sur lequel tout roulait, et s'il restait deux jours sans venir à Nogent, Adolphe et madame Daliphare se fâchaient contre lui.

— Que fait donc Francis ? demandait Adolphe ; on ne voit pas Francis.

— M. Airoles devient indépendant, disait madame Daliphare.

Or, devenir indépendant était pour madame Daliphare le plus grand des crimes : quand on avait l'honneur d'être de ses amis, on n'avait pas le droit d'aller ailleurs que chez elle.

Mais Airoles ne devenait pas indépendant, il avait été retenu par une cause quelconque, il donnait son explication, et on lui pardonnait.

Une seule fois madame Daliphare faillit se fâcher sérieusement avec lui.

— On ne vous a pas vu hier, dit-elle avec ce ton cassant qui donnait à ses paroles une valeur qu'elles n'avaient pas par elles-mêmes.

— Je n'ai pas pu.

— J'avais invité deux amis pour vous mettre en relation avec eux, des gens considérables, bons à connaître pour un artiste.

— J'ai été obligé de partir à la chasse des billets de banque.

— Vous avez eu besoin d'argent et vous ne vous êtes point adressé à moi! s'écria madame Daliphare. Nous prenez-vous pour des marchands d'argent, qui font payer les services qu'ils rendent?

— J'ai demandé ce qui m'était dû.

— Nous ne devons pas demander ce qui nous est dû. Quand on a un payement à faire et qu'on a des amis, on s'adresse à ses amis. Vous savez bien que si vous aviez besoin de cinq cent mille francs, vous n'aviez qu'à me les demander. Pourquoi ne l'avez-vous pas fait?

Airoles dut faire des excuses sérieuses, et encore madame Daliphare lui en voulut-elle pendant plusieurs jours.

— Comprends-tu cet artiste, dit-elle à son fils, qui a besoin d'argent et qui ne s'adresse pas à nous : à moi pour une grosse somme, à toi pour une petite? Cette fierté est bête.

— Il n'y aura pas pensé, répliqua Adolphe, qui n'était pas moins fâché que sa mère, mais qui tenait cependant à défendre son ami, « même quand celui-ci avait tort ».

— C'était là précisément ce que je lui reproche : ce n'est pas d'un homme intelligent. Il devait savoir qu'il n'avait pas de refus à attendre de nous, et qu'à un homme dans sa position nous prêterions tout ce qu'il nous demanderait. Il n'a pas voulu demander, voilà la vérité. Je dis que cette fierté est bête, mais il y a longtemps que je sais que les artistes sont des monstres d'orgueil.

Ces mots furent lancés du côté de Juliette, qui dans un coin du salon jouait avec son fils, et qui, depuis qu'il était question d'Airoles, faisait rouler avec frénésie un petit chemin de fer circulaire dont le bruit couvrait la conversation de sa belle-mère et de son mari. Entendit-elle cet axiome formulé à son adresse, ou ne l'entendit-elle pas? Toujours est-il qu'elle n'y répondit pas.

De toutes les personnes qui venaient habituellement chez madame Daliphare, il n'y en avait que deux qui fussent restées en dehors de l'influence exercée par le peintre : l'une était madame de la Branche, l'autre était le vieux M. Descloizeaux.

Mais, tandis que madame de la Branche manifestait ouvertement son hostilité, Descloizeaux la cachait avec le plus grand soin.

Toutes les fois que madame de la Branche se trouvait avec le peintre, elle le poursuivait de ses taquineries et de ses railleries, et elle ne manquait pas les occasions de lui être désagréable d'une façon quelconque.

M. Descloizeaux, au contraire, l'accablait de son amitié démonstrative, et, en sa présence comme en son absence, il parlait de lui dans les termes les plus chaleureux. Plus sensible à la flatterie, Airoles eût pu croire qu'il avait dans le vieux beau un admirateur fanatique et un ami dévoué. C'étaient, à chaque instant et à propos de tout, des démonstrations nouvelles. A table, c'était à Airoles que M. Descloizeaux s'adressait, et il avait une façon d'établir avec lui des apartés qui disaient clairement aux autres convives : « Vous voyez comment nous nous entendons, nous autres gens supérieurs. » Puis, dans les jardins ou dans le salon, il tâchait de l'accaparer, et alors c'étaient des compliments sans fin sur son talent, sur son esprit, sur sa personne, sur tout et à propos de tout. Puis, des compliments, il arrivait tout naturellement aux épanchements intimes, et plus ou moins adroitement il provoquait les confidences du peintre : « Lui aussi avait été jeune et beau garçon ; par malheur, il n'avait pas eu le prestige que prête le talent ; quelle influence sur les femmes donne la gloire ! » Mais Airoles n'avait jamais mordu à ces hameçons, et il s'était toujours tenu avec M. Descloizeaux dans une réserve convenable ; il le traitait en vieil ami de la maison, voilà tout ; bien souvent, s'il ne lui avait pas tourné le dos, c'avait été par respect pour madame Daliphare et aussi un peu par prudence.

Pendant ce temps et chacun de son côté les deux associés avaient continué leurs observations.

Avec Airoles, elles étaient assez faciles, car, par son caractère, il donnait prise à des remarques significatives. Par beaucoup de côtés, le peintre se rapprochait de l'homme primitif. Il n'avait point vécu dans le monde, où tout ce qu'il y a d'original en nous s'use et s'efface au contact de la médiocrité, et pour bien des choses il était resté tel que la nature l'avait créé. Il ne savait commander ni à ses yeux, ni à ses lèvres, ni à ses mains. Dans un mouvement de colère, ses lèvres se contractaient comme pour mordre. Etonné, il levait les mains en l'air : mécontent, il détournait la tête ; heureux, il laissait ses yeux s'allumer.

Par là il se trahissait souvent, surtout pour les regards curieux qui l'étudiaient sans cesse.

Mais cette observation un peu superficielle ne conduisait pas à un résultat précis. Il aimait Juliette, c'à était certain ; mais cette conclusion n'était pas suffisante, il fallait savoir à quel point ils en étaient dans leur amour.

Et cela était plus difficile, car ils ne commettaient ni l'un ni l'autre ces imprudences qui perdent ordinairement les amants.

Heureuse de voir sans cesse près d'elle celui qu'elle

aimait, Juliette s'abandonnait librement à son bonheur, et elle ne prenait pas la peine de cacher la joie qu'elle éprouvait avec Airoles.

Quant à lui, heureux de son amour, il ne demandait pas plus que ce qu'on lui donnait, et un long regard, un serrement de main, un mot de tendresse, un baiser quand ils étaient seuls lui causaient une joie dans laquelle il se délectait. Pourquoi de l'impatience ? pourquoi s'exposer à perdre ce qu'il avait ? pourquoi ne pas attendre dans cet enivrement si doux ?

Cette situation n'était pas faite pour servir les desseins des deux complices. Cependant il arriva un incident qui leur permit enfin de mettre leur plan à exécution et d'agir conformément aux impulsions de leur haine et de leur jalousie.

XXI

Si Airoles s'était montré exigeant, Juliette l'eût maintenu à distance.

Mais précisément parce qu'il demandait peu, elle lui accordait beaucoup; précisément parce qu'il restait dans les limites qu'elle lui avait imposées, elle allait au-devant de lui.

Pendant les trois mois de la belle saison elle habitait tout à fait à Nogent.

Pour être plus près d'elle, Airoles s'était fixé à Chènevières chez sa mère, et de là il venait chaque jour à Nogent, tantôt avec un prétexte, tantôt avec un autre, le plus souvent sans raison aucune, au moins sans raison à donner à ceux qui se seraient inquiétés de ses visites.

Dès la veille il avait été convenu avec Juliette de l'endroit où ils devaient se rencontrer « par hasard »; quelquefois le long de la Marne entre Nogent et Joinville, quelquefois dans le bois en suivant l'allée parallèle à la petite rivière qui de la Faisanderie va former la cascade du lac des Minimes.

Longtemps avant l'heure du rendez-vous il quittait Chenevières, et en arrivant au haut de la côte qui descend à Champigny, il s'arrêtait, et, s'asseyant sur l'herbe, il regardait dans la vallée étendue à ses pieds.

Bien entendu, la distance ne lui permettait pas d'apercevoir celle qu'il attendait, et sa vue se perdait dans la confusion des maisons, des prairies, des jardins et des bois. La rivière comme un large ruban blanc traçait une piste autour de laquelle ses yeux couraient. Il ne voyait pas Juliette, mais il la cherchait, il pensait à elle, et par une sorte de vision intérieure il l'apercevait marchant doucement sur la berge de la rivière, et alors mieux qu'avec les yeux il jouissait de sa démarche gracieuse, de son port de tête, de sa robe de toile qui moulait la forme de ses épaules, de ses petits souliers qui découvraient ses pieds ; quelle séduction dans son attitude, quelle suavité dans ses yeux profonds !

Il s'attardait dans cette contemplation idéale ; puis, tout à coup, le sentiment du temps écoulé lui revenant, il se levait et descendait la côte comme une pierre qui roule. Lorsqu'il passait la rivière, le tablier du pont tremblait sous ses pas précipités et le gardien sortait de sa guérite pour voir celui qui ébranlait ainsi la solidité de son pont. En peu de temps, il gagnait Joinville ; mais alors, regardant à sa montre, il voyait qu'il avait devancé l'heure. Il revenait vers Champigny, puis il retournait vers Joinville, puis il revenait encore en arrière.

Il traversait le village ; ce n'était point encore l'heure fixée par Juliette ; mais, qui sait, peut-être serait-elle en avance. Alors il lui fallait passer le temps, sans attirer l'attention des curieux. Il s'asseyait sur l'herbe et feignait de dormir ; il regardait la rivière couler avec l'air intelligent d'un homme qui crache dans l'eau pour faire des ronds ; ou bien il entreprenait des conversations avec les pêcheurs à la ligne : Fait-il bon temps aujourd'hui ?

cela mord-il? et autres propos de même force. Mais il était obligé d'apporter une certaine attention dans le choix de ses interlocuteurs, car il les avait si souvent plantés là brusquement au milieu d'une explication intéressante, pour courir au-devant de Juliette qui apparaissait tout à coup, qu'il était connu de plusieurs des habitués des bords de la Marne, et ceux-là, indignés de ses façons, lui tournaient le dos lorsqu'il les approchait.

Enfin tout au loin il apercevait une forme blanche, un voile qui voltigeait au vent ; il regardait ; un enfant courait sur l'herbe. C'était elle. Il reprenait sa marche à grands pas, et à mesure qu'il avançait il se délectait à la voir venir au-devant de lui d'un pas lent et mesuré.

Ils se rapprochaient, leurs regards s'embrassaient, leurs mains se joignaient ; ils ne parlaient point, et pendant quelques minutes ils restaient perdus dans leur ravissement.

Enfin ils reprenaient le chemin que Juliette venait de faire, et alors, marchant côte à côte, ils laissaient leurs lèvres formuler librement les paroles qui leur montaient du cœur.

Combien de choses à se dire depuis la veille !... M'aimes-tu ? A quoi pensais-tu hier, à huit heures du soir ?

L'enfant courait devant eux ; personne ne les écoutait, personne ne les dérangeait ; avec quel dédain ou quelle indifférence ils regardaient les gens auprès desquels ils passaient !

Ils parlaient du passé, de l'avenir, de ce qu'ils feraient le lendemain, des moyens de se voir et de s'assurer des heures de liberté comme celle dont ils jouissaient en ce moment.

Ils parlaient d'eux-mêmes et de projets en projets, de rêves en rêves, perdant le sentiment de la réalité, au-dessus de laquelle ils s'élevaient, ils s'arrangeaient une vie de félicité où l'amour était tout. C'était une sorte de ravissement, ils planaient au-dessus de la terre et, se soutenant, s'excitant l'un l'autre, ils se maintenaient dans des espaces imaginaires, — un paradis d'amour.

Cependant il fallait rentrer dans la vulgarité des choses ordinaires, car on arrivait à Nogent.

Alors ils s'exhortaient réciproquement à la modération et à la prudence.

— Voile ton regard, disait-elle.

— Eteins l'éclat de ton visage, disait-il ; tes mains tremblent.

— Soyons calmes, soyons sages !

Et ces jours-là en effet ils mettaient de la modération dans leur parole et de la prudence dans leur attitude : heureux du bonheur qu'ils avaient goûté, ils pouvaient se contenir et s'observer.

Mais il y avait des jours au contraire où ils n'avaient pas pu s'assurer une seule minute de solitude et où ils ne pouvaient se voir qu'en public, devant les importuns qui emplissaient la maison, et alors le calme et la sagesse étaient oubliés.

Ils ne pouvaient pas se parler, ils ne pouvaient pas se regarder ; pas une seconde d'intimité, pas un mot de tendresse. Comme si leur cœur n'était pas plein d'amour, ils restaient à côté l'un de l'autre, n'échangeant que des paroles insignifiantes, dont l'accent même devait être contenu.

Alors Juliette, le voyant malheureux, voulait lui faire oublier ce supplice, et elle cherchait les occasions de lui jeter un mot d'amour à l'oreille, de lui presser la main dans une caresse furtive, de le serrer dans ses bras dans un élan passionné. Elle ne voulait pas qu'il partît mécontent et désolé.

Mais les occasions qu'on cherche ainsi et qu'on violente sont pleines de périls.

Il était difficile de s'isoler et de se mettre à l'abri des regards curieux.

Il l'était surtout d'échapper à la surveillance de madame de la Branche et de M. Descloizeaux. Si Juliette croyait s'être assuré quelques minutes de tête-à-tête, elle voyait survenir madame de la Branche qui s'attachait à elle et ne la quittait plus. Si Airoles croyait être parvenu à se débarrasser des fâcheux qui l'empêchaient de rejoindre Juliette, il trouvait presque toujours M. Descloizeaux qui lui barrait le chemin et qui, lui prenant le bras affectueusement, tenait à lui « en raconter une bien bonne ».

Cependant ils parvenaient encore à se soustraire quelquefois à cette curiosité et à cette surveillance, mais ce n'était qu'au prix d'alertes et de dangers qui leur donnaient de vives émotions.

Un dimanche qu'ils avaient ainsi passé la journée entière sans pouvoir échanger un seul mot, Juliette, voyant l'heure de la séparation s'approcher, fut entraînée à l'une de ces imprudences qu'elle blâmait, mais qu'elle ne pouvait s'empêcher de commettre. A un certain moment, se croyant seule avec Airoles dans une allée du jardin et ne voyant personne autour d'eux, elle se jeta dans ses bras et le serra sur son cœur dans une étreinte folle.

Cela se passa avec la rapidité d'un éclair ; ils s'enlacèrent, leurs lèvres s'unirent, et ils se séparèrent ; puis, s'efforçant de prendre un air indifférent, ils rentrèrent à la maison.

Sous le vestibule, ils se trouvèrent face à face avec M. Descloizeaux, et il sembla à Juliette que celui-ci les regardait avec un étrange sourire, railleur et méchant. Mais elle n'y fit pas autrement attention : son cœur bondissait encore dans sa poitrine, elle était emportée dans un tourbillon de joie.

Mais le lendemain, en apprenant que M. Descloizeaux demandait à la voir à l'heure précisément où madame Daliphare était à Paris, elle eut le pressentiment qu'il avait dû les surprendre la veille, et ce fut avec une certaine inquiétude qu'elle descendit au salon.

Elle le trouva debout, plus coquet encore dans sa tenue qu'à l'ordinaire : son pantalon gris ne faisait pas un pli, sa redingote bleue boutonnée le serrait finement à la taille, son linge était d'une blancheur éblouissante, et ses moustaches frisées, teintes depuis le déjeuner, n'avaient rien perdu encore de leur noir.

— Vous êtes surpris de me voir, dit-il en tendant la main à Juliette; je viens pour vous...

Elle retira sa main, qu'il voulait garder.

— Pour vous rendre service. Voulez-vous me permettre de m'asseoir ?

Elle lui montra un fauteuil et s'assit elle-même sur une chaise, à une distance respectueuse.

— Vous savez, dit-il, quel sentiment vous m'avez inspiré.

Elle se leva vivement, mais il ne se laissa pas interrompre.

— Vous me rendrez cette justice, continua-t-il, que depuis le jour où je vous ai entretenue de ce sentiment et où vous n'avez pas voulu m'entendre, j'ai mis dans mes rapports avec vous toute la discrétion que vous pouviez désirer. Je n'ai point cessé de vous voir, parce que cela m'était impossible ; mais je n'ai point parlé, et, soit par un mot, soit par un regard, je n'ai jamais fait la moindre allusion au secret que je gardais là.

Il frappa sur sa poche de côté, dans laquelle bouffait son mouchoir.

— Je me serais, je l'espère, toujours tenu renfermé dans cette réserve, si le hasard ne m'avait rendu témoin d'un fait qui me délie les lèvres. Vous savez que je suis du département du Nord, et vous savez aussi que dans le nord de la France et en Belgique on a l'habitude d'employer des espions. L'espion, n'est-ce pas ? est un petit miroir placé aux fenêtres et disposé de telle sorte qu'il reproduit l'image de la rue. Cette habitude de jeunesse m'a donné une certaine habileté pour voir, au moyen des glaces et des fenêtres, ce qui se passe loin de mes yeux. C'est ainsi qu'hier, dans cette fenêtre précisément, ouverte de manière à réfléchir ce qui se passait dans cette allée, j'ai été témoin d'une scène que je ne veux pas vous décrire, mais qu'il suffira de vous indiquer pour que vous ne me fermiez plus la bouche maintenant, comme vous me l'avez fermée autrefois.

Juliette pâlit, comme si elle allait tomber en syncope, mais elle ne bougea pas.

— L'allée était déserte, continua le vieux beau; vous vous y promeniez avec M. Airoles, il était cinq heures quarante-cinq minutes.

Il se fit un long silence; Juliette, immobile sur sa chaise, tenait ses yeux baissés, M. Descloizeaux la regardait en souriant, et, de temps en temps, il passait sa langue sur ses lèvres comme le chat qui se délecte à l'idée de croquer la souris qu'il tient entre ses pattes; cependant il ne faisait ce mouvement qu'avec une certaine prudence, pour ne pas mouiller sa moustache et la déteindre.

— Qu'une femme, dit-il, soit irréprochable et imprenable, cela se comprend jusqu'à un certain point : c'est une faiblesse qu'il faut respecter et qu'un galant homme respecte toujours. C'est ce que j'ai fait tant que j'ai cru que vous étiez cette femme insensible. Mais ce que mes yeux ont vu hier m'ouvre les lèvres aujourd'hui. Pourquoi me taire quand un autre parle?

— Monsieur...

— Vous voulez dire que c'est précisément parce qu'un autre a parlé que je dois me taire. Eh bien! non; car je ne suis pas jaloux, au moins, je saurais fermer les yeux sur ce que je ne dois pas voir. Qu'est-ce que je vous demande? Un peu de tendresse, de la bonté, de la complaisance; me souffrir près de vous en ami, en conseil. L'amour d'un vieillard, chère Juliette, n'est pas ce que vous croyez : il est plein d'indulgences que vous ne soupçonnez pas; il est toujours soumis; il n'est pas compromettant; il reçoit ce qu'on veut bien lui donner et n'exige rien de ce qu'on lui refuse. Avec lui, pas de soupçons, pas de dangers d'aucune sorte.

Juliette était restée pendant assez longtemps comme si elle était accablée; la pâleur et la rougeur se succédaient instantanément sur son visage. Tout à coup elle se leva et passa devant M. Descloizeaux, la tête haute. Il éten-

dit sa main pour la retenir, elle le regarda en face :
— Que votre main me suive, dit-elle, et je sonne.
Sans se retourner, elle sortit du salon.

XXII

Avant de remonter à son appartement, Juliette commanda qu'on attelât tout de suite le poney au panier, puis cet ordre donné elle alla habiller son fils pour sortir.

Quand elle redescendit, tenant l'enfant par la main, elle trouva M. Descloizeaux dans le vestibule. Elle voulut l'éviter, et un moment elle hésita si elle ne retournerait pas en arrière ; mais il vint au-devant d'elle. Des domestiques regardaient curieusement ce qui se passait, il fallait se contenir.

Il s'approcha d'elle, et lui parlant à mi-voix :
— Vous n'avez donc pas compris que vous aviez tout intérêt à me ménager? dit-il.

Elle continua de marcher.
— Le désespoir, dit-il, peut nous entraîner bien loin.

Elle ne le regarda même pas, et comme son fils voulait s'arrêter, elle le tira doucement.

Encore quelques pas et elle allait atteindre le perron ; M. Descloizeaux s'avança de manière à lui barrer le passage.

— Est-ce que M. Oizeau vient avec nous ? demanda l'enfant.

— Pourquoi donc veux-tu que j'aille avec toi, mon petit Félix? Est-ce que cela te ferait plaisir?

— Non ; mais, si tu étais venu avec nous, je t'aurais demandé quelque chose.

— Eh bien ! demande tout de suite.

Juliette voulut entraîner son fils, mais celui-ci avait pour habitude de n'en faire qu'à sa tête ; quand il avait une idée, il la suivait jusqu'au bout.

— Pourquoi, demanda-t-il, noircis-tu tes serviettes à table ? Jean dit que tu essuies tes bottines avec, Rachel dit que tu essuies tes moustaches : tu mets donc du cirage à tes moustaches ?

M. Descloizeaux fut un moment décontenancé ; il était dans une situation à ne pas retrouver facilement sa présence d'esprit, cette question d'enfant terrible l'avait exaspéré.

Juliette profita de ce moment de trouble pour franchir la porte et descendre le perron.

Mais Félix ne voulait pas la suivre. Son esprit était logique : il avait posé une question, il tenait à avoir une réponse.

— Est-ce que c'est vraiment du cirage ? dit-il en se campant devant M. Descloizeaux.

Celui-ci abandonna la place et, ayant salué Juliette, il se dirigea vers la porte de sortie.

Juliette prit son fils dans ses bras et l'installa dans le panier : le plaisir d'avoir un fouet à la main fit oublier à l'enfant l'idée dont il s'était féru.

— Hue ! dit-il.

Et il toucha le poney, qui, habitué à ces caresses, se mit pacifiquement en route, en trottant de son pas court, la tête baissée entre les jambes.

Lorsqu'ils furent dans la rue, ils aperçurent M. Descloizeaux à une certaine distance devant eux ; il allait chez madame de la Branche.

C'était une fête pour Félix d'aller à Chènevières, où il était reçu en enfant gâté ; madame Airoles, qui l'avait pris en grande affection, se mettait à ses ordres, elle savait l'amuser, et elle avait toujours pour ses collations du fromage à la crème.

Aussi tout le long du chemin fouetta-t-il le poney et la route se fit assez rapidement.

Airoles n'attendait point Juliette, son premier mouvement fut un élan de joie ; mais lorsque leurs regards se furent croisés, il sentit qu'il devait se passer quelque chose de grave et que cette visite n'était point une simple surprise, un plaisir qu'elle avait voulu lui faire.

— Le paon ! dit Félix.

Et suivi de madame Airoles il entra dans la basse-cour pour jouer avec le paon et décider l'oiseau à faire la roue au soleil.

— Eh bien ! demanda Airoles, lorsqu'il fut seul avec Juliette.

— Allons dans votre atelier, dit-elle.

Il passa le premier ; elle le suivit vivement.

La porte de l'atelier refermée, Airoles recommença sa demande par un regard anxieux ; mais au lieu de lui répondre, elle se jeta dans ses bras.

Il la sentit frémir contre sa poitrine et son angoisse s'augmenta.

— Que se passe-t-il donc ? Parlez, je vous en prie.

— On sait tout.

Elle lui raconta alors comment M. Descloizeaux les avait aperçus dans une vitre.

— Qui vous l'a dit ?

— Lui-même. Il était à la maison il y a une heure à peine, et je l'ai quitté pour accourir ici.

— Chère Juliette, je vous en supplie, ayez le courage d'être franche jusqu'au bout et de tout me dire. Ce M. Descloizeaux m'est suspect depuis la première fois que je l'ai vu près de vous ; il a une façon de vous regarder, il a une façon de vous prendre la main, qui me soulève le cœur. Mes soupçons sont-ils fondés ?

Elle détourna la tête.

— Songez qu'il faut que je sache la vérité entière pour apprécier dans toute son étendue le danger qui nous menace.

— Eh bien, oui, dit-elle en rougissant.

— Il a osé ?

— Depuis ce jour, et il y a de cela plusieurs années, il s'était tenu à sa place, sa présence me gênait, mais c'était tout. Ce qu'il a vu hier lui a de nouveau ouvert les lèvres ; il est venu ce matin pendant l'absence de ma belle-mère, et, sous le prétexte de me faire une visite, il m'a raconté ce qu'il avait vu hier. Je suis accourue près de vous.

— Alors je comprends ; il vous a dit : « Je suis maître de votre secret, comptons ensemble. » Eh bien ! c'est avec moi qu'il devra compter.

— Francis, voulez-vous me perdre ?

— Je veux que votre pureté ne soit pas exposée aux souillures de ce vieillard immonde.

— Pouvez-vous l'empêcher de parler ? aux yeux du monde, avez-vous le droit de me défendre ? et votre intervention seule n'est-elle pas l'aveu de la vérité ?

Il marchait dans l'atelier à grands pas, tournant et retournant sur lui-même.

— Je comprends votre colère, dit-elle en le retenant par la main.

— Ce n'est pas de la colère, c'est du dégoût. Un homme vous aimerait et vous le dirait, je souffrirais tous les tourments de la jalousie ; mais ce serait un homme, et les sentiments qu'il éprouverait pour vous auraient quelque chose de grand et de noble, ce serait de l'amour. Ceux de ce vieillard n'ont que de la bassesse.

— Ecoutez-moi, mon ami ; ne vous laissez pas emporter par la violence. L'impression de dégoût que vous pouvez éprouver n'égalera jamais celle que j'ai ressentie. Mais il ne s'agit pas de M. Descloizeaux en ce moment ; il s'agit de mon enfant, de vous, de moi, de notre amour, de mon honneur. S'il parle, qu'aurons-nous à faire ? C'est cela que je suis venue vous demander.

— On ne le croira pas.

— Mon mari, non ; mais le monde, les curieux, les indifférents, ma belle-mère ? Il y a des choses difficiles à dire et il y a des sujets que je n'aurais pas voulu aborder avec vous ; cependant ces choses il faut les dire maintenant, ces sujets il faut les aborder. Votre regard est trop fin d'ailleurs pour n'avoir pas remarqué que la paix qui paraît régner entre ma belle-mère et moi n'est pas sincère : madame Daliphare me supporte difficilement dans

8.

son intérieur, et il est certain qu'elle saisirait avec empressement toutes les occasions qui pourraient m'en faire sortir.

Elle attendait une réponse, mais Airoles ne parla point. Elle le regarda longuement et vit sur son visage une sorte de sourire ; dans ses yeux elle crut lire plus de satisfaction que d'angoisse. Ils restèrent assez longtemps ainsi.

— Vous ne me répondez rien ? dit-elle enfin.

— C'est que je ne pense pas au présent, mais à l'avenir ; je suis au jour où se réaliserait cette rupture dont vous parlez.

— Et vous croyez que ce jour-là je me réfugierais près de vous, s'écria-t-elle. Voilà donc l'explication de ce sourire que je ne voulais pas voir sur vos lèvres et de ce bonheur que je ne voulais pas lire dans vos yeux !

— Eh bien ! oui, chère Juliette, s'écria-t-il en la saisissant dans ses bras, car ce jour-là tu seras à moi tout entière. Où tu voudras, loin de Paris, loin du monde, à moi, ma femme.

Anéantie par cette étreinte, troublée par cette parole, fascinée par ce regard, brûlée par ces lèvres, elle s'abandonna dans les bras qui la serraient.

Mais ce moment de défaillance ne dura pas une seconde ; elle se dégagea vivement et le repoussant :

— Vous savez bien, dit-elle d'une voix ferme, que je n'abandonnerai jamais mon fils et que je ferai tout au monde pour qu'on ne me sépare pas de lui.

— Alors faites-le dès maintenant.

— Ah ! mon ami, vous, c'est vous en ce moment qui parlez ainsi ?

— Pardonnez-moi ce mouvement de brutalité, je n'ai pas été maître de moi en retombant du rêve que j'entrevoyais dans la réalité où vous me rejetiez, vous avez raison ; ce n'est pas de cet homme qu'il s'agit, ce n'est pas de moi, ce n'est pas de l'avenir ; c'est du présent, c'est de vous, c'est de votre enfant, c'est de votre honneur. Cherchons ce qu'il faudra faire, soyez sûre que je le ferai sans hésitation, sans plainte. C'est par mon amour que vous êtes menacée, c'est à mon amour de se sacrifier.

Elle lui tendit la main, et, le regardant avec toute la passion qui l'exaltait :

— Ah ! oui, te voilà, dit-elle ; c'est toi ! Je ne suis pas digne de ton amour.

Et elle s'accusa elle-même.

Ils se mirent à chercher les moyens qui pourraient les mettre à l'abri du danger dont ils étaient menacés. Mais quoi trouver ? Ils ne pouvaient pas empêcher M. Descloizeaux de parler.

— Ah ! notre amour, dit Juliette ; nos belles journées de liberté, de sérénité !

Il fut convenu cependant qu'ils ne changeraient rien à leurs relations apparentes ; seulement, dans l'intimité, ils apporteraient plus de prudence et plus de réserve. A ce moment, Félix entra dans l'atelier, suivi de madame Airoles. Il tenait à la main une cage d'osier dans laquelle on voyait deux petits paonneaux couverts d'un duvet jaune.

— Tiens, maman, dit-il en courant à sa mère, madame Airoles me donne des petits paons ; partons vite pour que je les lâche dans ma basse-cour. Ils ont déjà une aigrette, tu sais, sur la tête. Viens, viens !

Il n'y avait pas à résister. Airoles, du regard, tâcha de la retenir ; mais elle se laissa entraîner par son fils et elle remonta en voiture.

XXIII

Félix était un de ces enfants pour lesquels le « faire voir » est beaucoup plus que « l'avoir ».

Ce qui l'enchantait dans le cadeau de madame Airoles, c'était bien plus le plaisir de faire voir ses paonneaux à sa grand'mère que de les avoir.

Aussi hâta-t-il le retour comme il avait hâté l'aller mais pour une raison différente.

En descendant de voiture, il demanda si sa grand'mère était revenue de Paris; on lui répondit qu'elle était arrivée depuis quelques instants, mais qu'elle était en ce moment avec madame de la Branche.

— Attends que madame de la Branche soit partie, dit Juliette.

Mais l'enfant ne voulut rien écouter; il tenait la cage dans ses bras, il voulait la porter à sa grand'mère. L'empêcher d'entrer dans le salon, c'eût été provoquer une révolte.

— Conduisez Félix au salon, dit-elle à la femme de chambre.

Et elle descendit dans le jardin pour attendre son fils devant la porte de la basse-cour.

Il existait, en effet, entre elle et madame de la Branche une profonde antipathie, et toutes les fois qu'elle pouvait éviter sa présence, elle se hâtait d'en saisir l'occasion.

Petite, maigre et noire, le teint bis, la peau grenue, les cheveux rares, les dents jaunes, madame de la Branche haïssait d'instinct les femmes qui avaient de la taille, de l'éclat dans la carnation, des cheveux et des dents. Il fallait être laide à faire peur pour trouver grâce devant ses yeux; alors, tout en reconnaissant largement vos défauts physiques, elle exaltait vos qualités morales. Juliette était assez belle pour avoir mérité cette haine instinctive, mais la beauté n'était pas le seul grief que madame de la Branche eût contre elle. Juliette avait un garçon, et elle venait d'avoir quatre filles en quatre ans; elle était dévote, et Juliette ne l'était pas; elle élevait ses enfants sévèrement, durement, et Juliette laissait toute liberté à son fils. Il y avait de quoi exaspérer un caractère comme le sien, et cette exaspération déjà vive s'était encore aggravée par l'alliance qu'elle avait faite avec le vieux Descloizeaux.

Dans ces conditions les relations entre deux femmes si différentes de nature, de caractère et d'humeur, devaient être difficiles, et pour se maintenir dans les limites des convenances il avait fallu d'une part l'indifférence dédaigneuse de Juliette, et d'autre part la souplesse d'intelligence, la finesse d'esprit de madame de la Branche.

Juliette s'était éloignée de quelques pas à peine dans la direction de la basse-cour, lorsqu'elle entendit derrière elle les pleurs et les cris de son fils.

Elle revint vivement : l'enfant, tenant toujours la cage dans ses bras, pleurait et trépignait des pieds.

Il fallut longtemps à Juliette, et elle dut employer toute sa tendresse et toutes ses gâteries, pour obtenir l'explication de ce désespoir.

— Grand'mère n'a pas voulu venir avec moi, elle n'a pas voulu regarder mes paons ; elle m'a renvoyé, et comme je ne voulais pas m'en aller, elle m'a pris par le bras et m'a mis à la porte.

Puis ses pleurs reprirent.

— Elle... m'a... fermé... la porte... sur le dos, hi, hi ! C'est la faute de madame de la Branche, qui a voulu rester seule avec elle.

— Madame de la Branche n'est pour rien là-dedans, dit Juliette, qui ne voulait pas que son fils partageât ses sentiments d'hostilité.

— Si, maman, si ; elle a dit : « Laisse-nous », et c'est elle qui a obligé grand'mère à me mettre à la porte, la porte sur le dos, hi, hi ! Elle a dit : « Nous avons besoin de parler. » Tu vois bien que c'est elle.

Juliette était dans une disposition où l'esprit surexcité va rapidement et sûrement au fond des choses.

Madame de la Branche était là pour mettre à exécution les menaces de M. Descloizeaux.

Comment madame de la Branche se faisait-elle la complice de cette vengeance ? Juliette ne pouvait pas le deviner ; mais s'il lui était impossible de voir comment cette alliance s'était conclue, elle était certaine du but que les deux associés poursuivaient.

Mille choses qui ne l'avaient pas frappée alors qu'elles s'étaient produites lui revenaient maintenant, et s'éclairant les unes par les autres, se confirmant surtout par ce concours précipité de faits : la tentative de M. Descloizeaux près d'elle, son entrée chez madame de la Branche, la visite de celle-ci à madame Daliphare, ne lui laissaient aucun doute. On voulait la perdre, et en ce moment même on travaillait à cette perte.

En conjecturant que madame de la Branche n'était qu'un instrument aux mains de M. Descloizeaux, Juliette ne se trompait pas.

Mais la mission était si délicate que la femme du notaire, malgré toutes les ressources de son esprit, s'était trouvée embarrassée pour entamer ses confidences, et jusqu'au moment où Félix était entré dans le salon, elle était restée enfermée dans des banalités qui n'avaient pas même permis à madame Daliphare de soupçonner le but de cette étrange visite.

Pour madame Daliphare, les gens qui lui demandaient une entrevue particulière et qui tournaient autour des phrases sans s'expliquer franchement, étaient des emprunteurs qui venaient réclamer d'elle un service d'argent.

— Est-ce que de la Branche est mal dans ses affaires ? se dit-elle, ou bien cette petite femme a-t-elle une note chez a couturière ?

Et comme elle n'avait pas pour habitude d'aller au-devant des gens, elle avait pris un secret plaisir à laisser madame de la Branche s'entortiller dans ses discours.

Mais enfin la sortie de Félix et ses pleurs avaient fourni à madame de la Branche l'occasion qu'elle cherchait inutilement depuis dix minutes.

— Ce pauvre enfant, dit-elle lorsque la porte fut refermée, combien je suis fâchée du chagrin que je lui cause ; et cela me désole d'autant plus que, jusqu'à un certain point, c'est pour lui que je suis venue vous faire cette visite qui peut-être vous surprend.

— Pour Félix ?

— Pour lui, pour vous, pour M. Adolphe, pour cette chère Juliette. Vous savez, n'est-ce pas, sans qu'il soit besoin que je vous le dise, tout l'intérêt que vous et votre famille vous nous inspirez?

Madame Daliphare eut une légère contraction dans la bouche. Inspirer le respect la flattait; l'admiration, l'envie même, lui était agréable; mais inspirer l'intérêt produisait en elle un tout autre sentiment : elle n'avait besoin de personne. Sur ce point son amour-propre était féroce.

— Nous vous sommes bien reconnaissants, dit-elle en pinçant les lèvres.

— C'est à mériter cette reconnaissance, poursuivit madame de la Branche, qui s'était servie de son mot avec intention et qui jouissait de l'effet qu'il avait produit, — c'est à mériter cette reconnaissance que je veux m'attacher par ma franchise. Seulement ce que j'ai à vous dire est si délicat, si difficile, que je ne pourrai parler que si vous me promettez votre indulgence.

Madame Daliphare n'était pas patiente, et ces circonlocutions avaient eu pour effet de l'exaspérer.

— En un mot, dit madame de la Branche en baissant la voix, c'est de Juliette que je veux vous parler.

— Et pourquoi alors vous adressez-vous à moi et non à elle? Dans une affaire délicate et qui la touche personnellement, ma belle-fille a assez de raison pour prendre elle-même le parti qu'elle juge bon ; je n'ai pas l'habitude de me mêler de ses affaires ni de l'influencer en rien.

— Ce n'est pas de sa raison que je me défie ; mais Juliette, qui est avec vous, chère madame, d'une patience et d'une douceur que tout le monde remarque, serait sans doute moins facile avec moi ; elle n'aurait pas pour m'écouter cette bienveillance que je rencontre en vous, et il me serait impossible de m'expliquer d'ailleurs.

— Enfin de quoi s'agit-il? Encore une fois, si cela est possible, expliquez-vous franchement; je sais ce que parler veut dire, et avec moi toutes ces précautions sont inutiles.

Il s'agissait d'une chose affreuse, épouvantable, qui avait été cruelle à entendre et qui était terrible à répéter.

Il s'agissait des propos du monde, de ses accusations, de ses calomnies.

Assurément elle ne croyait pas, elle, madame de la Branche, un seul mot de ces accusations ; mais enfin, par intérêt pour la famille Daliphare, elle se croirait obligée à répéter au chef de cette famille ces calomnies.

Pour tout dire sans phrases et sans détours, on s'occupait beaucoup de l'amitié intime qui s'était établie entre madame Adolphe Daliphare et M. Airoles.

Sans doute, si ces calomnies ne s'appuyaient sur rien de positif, il faudrait les mépriser ; mais précisément elles paraissaient avoir une base qui permettait d'établir les insinuations les plus pernicieuses.

Ainsi « on » s'étonnait que presque tous les jours, madame Adolphe et le peintre se rencontrassent sur les bords de la Marne, où ils se promenaient longuement, comme des gens qui parlent d'autres choses que de la pluie ou du beau temps ; « on » avait aussi rencontré M. Airoles, la nuit, devant le mur du jardin ; enfin, dans la maison même, « on » avait fait des remarques significatives.

Quelles étaient ces remarques, c'était ce que madame de la Branche ignorait, car pour elle elle n'avait jamais rien vu que de parfaitement innocent. Mais enfin d'autres personnes en savaient plus long qu'elle là-dessus.

Il fallut que madame Daliphare lui fît presque violence pour la décider à nommer ces personnes, et ce fut après une longue défense qu'elle se décida à parler de M. Descloizeaux, qui plus d'une fois s'était étonné de cette intimité entre une femme jeune et belle comme Juliette et un homme dangereux comme le peintre.

En quoi M. Airoles était-il dangereux, c'était ce que madame de la Branche ne voyait pas ; mais tel était le sentiment de M. Descloizeaux, et elle croyait qu'on devait avoir égard à cette opinion qui s'appuyait sur une grande expérience du monde et de la vie.

Là-dessus elle s'était levée et, après mille protestations d'amitié, de dévouement, de discrétion, elle avait laissé madame Daliphare véritablement intriguée.

XXIV

Assurément madame Daliphare n'était pas disposée à regarder sa belle-fille comme un miroir de perfection ; mais, parmi tous les griefs plus ou moins justes qu'elle nourrissait contre elle, il ne s'en trouvait pas de nature à lui faire admettre comme probable ce que madame de la Branche lui apprenait.

Cela n'était pas possible.

Tout en elle se réunissait pour l'empêcher de croire à une pareille accusation.

Que Juliette fût coquette, qu'elle fût trompeuse, cela elle l'admettait ; mais qu'elle eût un amant, c'était impossible.

Par sa nature, par son genre de vie, par ses habitudes, par le milieu qu'elle avait fréquenté, madame Daliphare n'était pas préparée à croire à la passion et à ses entraînements.

Comment Juliette eût-elle pu aimer un autre homme que son mari ? N'était-elle pas heureuse, et ne jouissait-elle pas dans son ménage de tout ce que la fortune et la considération peuvent donner ?

Pourquoi en eût-elle aimé un autre, alors que ce mari avait pour lui toutes les qualités : la jeunesse, la force, la santé, la beauté ? Airoles préféré à son fils ? C'était tout simplement absurde. Juliette avait des yeux pour voir et une intelligence pour comprendre. Adolphe était bel homme ; Airoles était laid. Adolphe était correct dans sa mise, bien peigné, bien rasé ; Airoles était ébouriffé comme un sauvage, les manchettes de sa chemise étaient toujours fripées.

Mais, d'un autre côté, madame de la Branche avait cité des faits particuliers qui ne permettaient pas de traiter cette accusation à la légère.

Si invraisemblables que fussent ces faits, tout est possible en ce monde, et Juliette, depuis qu'elle était devenue sa belle-fille, lui avait montré qu'elle était capable de bien des choses dont autrefois on n'aurait pas osé la soupçonner. Elle avait bien oublié la reconnaissance qu'elle leur devait; pourquoi maintenant n'oublierait-elle pas la foi jurée à son mari ? Toutes les fautes s'enchaînent.

Pour être juste envers madame Daliphare, on doit dire que sa première pensée, lorsqu'elle en arriva à accepter la possibilité de cette trahison, fut pour son fils. Le malheureux ! comme il souffrirait, déshonoré par celle qu'il avait élevée jusqu'à lui ! Quelle honte ! Trompé par celle qu'il aimait, quel désespoir !

Mais, après cette première pensée, il lui en vint une seconde, et celle-là fut personnelle.

Si cette trahison était vraie et si elle pouvait se prouver, on en venait à une séparation.

Alors elle était débarrassée de cette femme qui s'était introduite dans sa maison, où elle voulait être maîtresse.

Alors elle avait son fils tout à elle, et seule, toute seule, elle avait désormais le soin d'élever son petit-fils.

Son fils, son petit-fils, sa maison, que de satisfactions dans cette séparation !

A peine son esprit s'était-il posé sur cette idée, qu'un changement se fit en elle : ce qui tout d'abord lui avait paru impossible devint instantanément possible, plus que possible, probable.

Pourquoi pas? Juliette était capable de tout ; le peintre devait être son amant. S'il n'y avait rien de coupable entre eux, comment expliquer leur intimité subite?

Il était certainement son amant, cela ne faisait plus de doute, et tout prouvait que madame de la Branche ne s'était pas trompée. Décidément c'était un service qu'on lui devait ; elle avait montré de l'amitié, du dévouement, en prenant la responsabilité de cette confidence. Il faudrait l'en récompenser.

Mais ce n'était pas assez de cette certitude morale,

c'étaient des preuves matérielles qui étaient nécessaires maintenant ; car les séparations ne se prononcent pas sur des inductions plus ou moins solides, il faut des faits.

« On » avait dit, « on » avait vu, « on » avait cru : tout cela était bien vague. Ce n'est pas avec ces « on » qu'on fait des témoins.

Mais, dans ses propos plus ou moins insaisissables, madame de la Branche avait cité un nom : M. Descloizeaux sans doute serait plus précis.

Il fallait voir M. Descloizeaux et l'interroger : personne mieux que lui ne pouvait répondre à une question de ce genre.

Le lendemain, elle partit de meilleure heure pour Paris, et, au lieu d'aller directement rue des Vieilles-Haudriettes, elle se fit d'abord conduire au boulevard Montmartre, chez M. Descloizeaux.

Entre le passage Jouffroy et la rue Drouot, il habitait depuis vingt ans à l'entre-sol un petit appartement dont les fenêtres donnaient sur le boulevard. C'étaient ces fenêtres qui lui avaient fait choisir et garder ce logement, qui avait toutes les laideurs et toutes les incommodités : un plafond bas, des pièces petites, des portes mal jointes. Mais ces fenêtres avaient pour lui des avantages qui le faisaient passer par-dessus tous les inconvénients dont il souffrait. Là, en effet, tous les jours, entre cinq et sept heures en été, entre quatre et cinq heures en hiver, on le voyait assis, derrière les vitres, quand il faisait un temps abominable, la fenêtre ouverte quand il faisait à peu près beau. En grande tenue, la moustache teinte, les cheveux frisés, la redingote serrée à la taille, il passait la revue des femmes qui descendent chaque jour du quartier des Martyrs par la rue du Faubourg-Montmartre et manœuvrent sur le boulevard à la recherche d'un dîner. Il les connaissait toutes par leur nom, il savait leur adresse et pouvait raconter quelques bribes de leur histoire. Lorsqu'elles passaient devant ses fenêtres, elles lui lançaient un regard oblique. Si elles étaient seules, il restait impassible ; mais si elles étaient pendues au bras d'un provincial ou d'un étranger d'apparence cossue, il leur adressait un sourire d'approbation. Si cet étranger avait des pierreries aux doigts, il allait même quelquefois jusqu'à faire un geste d'applaudissement que la femme seule pouvait comprendre : « Plume-le bien, ma belle, bravo! ne le lâche pas. » Et quand, plus tard, il la rencontrait à Mabille, au casino Cadet ou aux Folies-Bergère, il s'inquiétait de cet étranger : « En avait-on été contente? » Et on lui racontait (si l'on s'en souvenait) l'histoire de cet étranger, car on n'avait pas de secrets pour lui. Dans ce monde, où l'on n'avait cependant jamais vu la couleur de son argent, il était estimé et aimé ; un mot d'approbation de sa bouche était reçu avec plaisir, et on lui demandait conseil, la seule chose qu'il donnât d'ailleurs.

Madame Daliphare, qui depuis vingt ans le recevait chez elle, n'était jamais venue chez lui. Elle fut obligée de demander des explications au concierge.

A son coup de sonnette, la porte lui fut ouverte par un petit groom de treize ou quatorze ans, qui tout d'abord ne voulut pas la laisser entrer.

Une vieille femme ! il n'en était jamais venu chez son maître.

Ce groom complétait M. Descloizeaux, qui n'avait jamais eu à son service que des enfants de onze à quinze ans. Quand ils arrivaient à leur quinzième année, si dévoués, si intelligents qu'ils fussent, il les renvoyait : ils coûtaient trop cher et ils prenaient trop d'autorité ; il voulait le bon marché et la liberté. D'ailleurs, comme il ne mangeait jamais chez lui, et cela autant par économie que par horreur de la solitude, il n'avait pas besoin d'un domestique capable : un enfant docile et de petit appétit lui suffisait.

Madame Daliphare insista, mais l'enfant tint bon.

— On ne pouvait pas voir M. Descloizeaux, qui était occupé.

Il aurait pu ajouter : « Mon maître sèche en ce moment » ; mais, comme il était discret, il s'enferma dans sa consigne ; il fallut que madame Daliphare donnât son nom pour qu'il la fît entrer dans le salon.

Elle attendit une grande demi-heure ; enfin M. Descloizeaux parut ; il était désolé, désespéré, il avait été bien malgré lui retenu.

— Mais aussi, dit-il, comment me serais-je attendu à votre visite ? Il ne se passe rien de fâcheux, rien de grave, n'est-ce pas ?

— Au contraire, il se passe une chose très grave pour laquelle j'ai besoin de vous.

— Enfin, je vais donc pouvoir vous montrer combien je vous suis dévoué. Parlez, chère madame.

Et il s'assit vis-à-vis de madame Daliphare, après lui avoir serré les deux mains chaleureusement : il était discret, il ne faisait pas de protestations inutiles, mais si elle avait besoin d'un cœur dévoué, elle pouvait compter sur le sien ; cela tenait dans cette étreinte sympathique.

Alors madame Daliphare raconta la visite de madame de la Branche, et en quelques mots elle lui rapporta leur entretien.

— Comment ! s'écria-t-il, madame de la Branche a commis l'indiscrétion de me mêler à cette affaire fâcheuse ?

— Il me semble que madame de la Branche a agi en amie sincère.

— Je n'accuse pas madame de la Branche, et je suis bien certain qu'elle n'a obéi qu'aux inspirations de sa conscience. Ce qui me désole, c'est qu'elle ait prononcé mon nom.

— Et pourquoi cela? Lui avez-vous parlé de ma belle-fille, ou ne lui en avez-vous pas parlé ?

— Assurément je lui en ai parlé ; je suis trop ami de la sincérité pour dire le contraire. Mais dans mes paroles il n'y avait pas ce que madame de la Branche a cru y voir.

— La présence de M. Airoles chez moi vous paraît innocente ? dit madame Daliphare.

Le ton avec lequel ces paroles furent prononcées frappa

M. Descloizeaux ; il semblait qu'il y avait plus de déception chez madame Daliphare que de satisfaction. Il la regarda avec surprise, mais il ne sut rien lire sur son visage.

— Je n'ai jamais dit, répondit-il, que les assiduités de M. Airoles me paraissaient innocentes. Elles me paraissent au contraire très dangereuses, et c'est ce que j'ai expliqué à madame de la Branche, un jour que le hasard de la conversation nous avait fait aborder ce sujet. J'ai dit que je trouvais imprudent d'exposer une jeune femme belle et charmante comme madame Juliette, aux séductions d'un homme tel que M. Airoles. J'avoue même que j'ai ajouté que j'étais surpris qu'avec votre sagesse, votre intelligence, votre connaissance du cœur humain, vous tolériez cette intimité, innocente en ce moment, je le crois, mais qui un jour ou l'autre pourrait devenir coupable.

— Ainsi cette intimité est pour vous innocente ?

— Oh ! cela ne fait pas de doute ; au moins je n'ai rien vu qui me fasse croire le contraire. D'ailleurs ce que je sais de votre belle-fille ne me permet pas d'admettre le soupçon. Mais, si je reconnais l'innocence de cette intimité pour le moment, je la crois dangereuse pour l'avenir. Ce qui fait la faute, c'est presque toujours l'occasion. Pourquoi offrir à votre belle-fille l'occasion de tomber dans cette faute ? C'est là ce que j'ai expliqué à madame de la Branche en véritable ami de votre famille, par amitié pour vous et pour ce cher Adolphe ; et même nous avons alors agité la question de savoir si je ne devais pas vous faire part de mes craintes. Elle m'a devancé, j'en suis bien aise, car ce rôle d'avertisseur est délicat à remplir ; je regrette seulement qu'elle ait forcé la note à mon endroit. Je prévois, je ne vois pas : voilà la nuance, elle est importante.

Madame Daliphare resta un moment silencieuse : ce n'était point là ce qu'elle était venue chercher. Mais la pensée de son fils lui fit oublier cette déception.

— Si vous m'aviez donné l'avertissement que vous avez

différé, dit-elle enfin, vous auriez conclu à quelque chose. Quelle aurait été votre conclusion ?

— D'éloigner M. Airoles.

— Mais comment ? par quels moyens ? La chose est difficile, puisque je ne peux pas en parler à mon fils.

— Evidemment, dit M. Descloizeaux.

Et ils se mirent à agiter cette question, mais sans arriver à une conclusion satisfaisante, car tous les moyens mis en avant avaient leurs dangers. Enfin M. Descloizeaux demanda quelques heures de réflexion, et il promit d'aller le soir même à Nogent avec une réponse longuement méditée.

Grande fut la surprise de Juliette quand elle le vit arriver avant le dîner ; elle voulut l'éviter, mais il parvint à la joindre.

— Votre belle-mère est venue tantôt pour m'interroger, dit-il, car elle a des soupçons.

A ce mot, Juliette, qui cherchait à s'échapper, s'arrêta.

— Je n'ai rien dit, continua-t-il, et ne dirai jamais rien. Oubliez mon emportement désespéré d'hier. C'est votre estime que je veux et votre amitié ; plaignez-moi.

XXV

M. Descloizeaux ne s'attendait pas précisément à une réponse, il ne fut donc qu'à moitié surpris du silence dédaigneux de Juliette.

Ce qu'il avait voulu, c'avait été donner une explication quelconque de ses menaces de la veille et de son retour. Sans doute cette explication eût pu être meilleure, car Juliette, qui l'avait vu entrer chez madame de la Branche et qui avait dû connaître la visite que celle-ci avait faite à madame Daliphare, pouvait avoir des soupçons et deviner à peu près d'où venait le coup qui la frappait. Mais enfin c'était une explication, et son système était qu'il fallait toujours en donner une : bonne, elle arrangeait les choses; médiocre, elle les embrouillait. Or, pour lui, une affaire embrouillée n'était pas une affaire rompue, et, en manœuvrant bien, on pouvait, avec de la patience et de l'adresse, la remettre en bon chemin.

Qu'allait-il arriver quand Juliette serait séparée d'Airoles? A quels coups de tête une femme désespérée ne se laisse-t-elle pas entraîner? La douleur est mauvaise conseillère. Si elle acceptait des conseils, si elle se laissait entraîner et égarer par le chagrin, il fallait être là pour profiter de toutes les occasions et au besoin pour les faire naître.

Il avait vu des lèvres, ouvertes par les pleurs, se laisser fermer par un baiser, et il ne comprenait pas que ce qu'il avait vu autrefois ne fût pas toujours possible. Il avait vieilli et n'était plus l'homme qu'il avait été autrefois. Qui disait cela? Son acte de naissance. Mais son acte de naissance se trompait, on n'a que l'âge que l'on se sent avoir, et il se sentait aussi jeune qu'il l'avait jamais été. Ceux-là seulement sont vieux qui ne mangent plus, qui ne dorment plus, qui n'aiment plus, et ce n'était pas son cas. Pourquoi Juliette serait-elle plus difficile que tant d'autres? Ce qu'il demandait, ce n'était pas de la passion; et pour amener un moment d'oubli, l'expérience d'un homme qui connaît la vie et les femmes vaut mieux que la timidité et la retenue de la jeunesse.

Après le dîner, il s'approcha de Juliette, comme s'il voulait avoir avec elle un entretien particulier, et cette manœuvre produisit l'effet qu'il en attendait : Juliette s'en alla au jardin en emmenant avec elle son mari et son fils.

— Vous ne venez pas, monsieur Descloizeaux? demanda Adolphe.

Mais madame Daliphare, qui n'avait rien compris à cette tactique et qui voulait garder M. Descloizeaux, s'opposa à sa sortie.

— Eh bien ? demanda madame Daliphare lorsqu'on ne put plus l'entendre.

— Eh bien ! j'ai longuement réfléchi à ce qu'on pouvait faire, et voici ce que j'ai trouvé. Si vous parlez à Adolphe de vos soupçons et si vous lui demandez de s'unir à vous pour consigner M. Airoles, cela l'inquiétera et le rendra malheureux : il est toujours mauvais qu'un mari ait des doutes sur sa femme, si légers que soient ces doutes.

— Adolphe est la confiance même, et cette révélation serait pour lui un coup terrible ; il faut autant que possible le lui éviter.

— C'est mon avis ; à quoi bon savoir la vérité quand elle est désagréable ?

— Je ne pense pas comme vous là-dessus ; la vérité est toujours bonne à connaître. Si, au lieu d'avoir un soupçon, nous avions une certitude, je n'hésiterais pas une minute à avertir mon fils.

— Les maris accueillent généralement assez mal ces avertissements.

— Mon fils ne serait pas de ces maris ; en tout cas, moi, je ne serais pas femme à supporter silencieusement le déshonneur de notre nom : Juliette coupable serait impitoyablement punie ; elle n'est que légère, voilà pourquoi je veux des ménagements et de la prudence.

— Nous tenons donc votre fils en dehors de notre action, cela est entendu ; mais alors une difficulté se présente.

— La difficulté m'importe peu, c'est la solution que je veux.

— J'en ai trouvé une : c'est celle qui est indiquée par la situation même. Qu'exige cette situation ? Une rupture. Comment amener cette rupture ? En la provoquant vous-même. Si vous avez une discussion avec M. Airoles ; si dans cette discussion vous l'amenez à vous manquer de respect d'une façon grave, personne ne pourra prendre sa défense, ni Adolphe ni madame Juliette, et alors il sera bien forcé de renoncer à venir ici. Vous voyez bien que rien n'est plus simple.

— Pour le résultat, oui ; mais pour l'exécution ?

— L'exécution est entre vos mains, et vous êtes trop habile pour ne pas la mener à bonne fin. Une femme a toujours mille moyens de pousser un homme à bout. M. Airoles est vif et emporté, il y a des points sur lesquels il souffre difficilement la contradiction. Ce sera à vous de trouver un de ces points. Exaspéré, il perdra la tête.

— Et s'il ne la perd pas ?

— S'il ne veut pas se mettre lui-même à la porte par un moment d'oubli, vous l'y pousserez par un coup de violence. Dans une discussion un peu vive, tout s'embrouille facilement, et l'on ne sait bientôt plus de quel côté sont les torts. Malgré son amitié pour le peintre, il est bien certain qu'Adolphe ne balancera pas entre vous et lui : ce sera de votre côté qu'il se rangera, et ce sera à vous qu'il donnera raison. Cela obtenu, le reste ira tout seul.

Il fut donc convenu qu'on chercherait une querelle à Airoles, et ce fut à trouver le prétexte de cette querelle que madame Daliphare employa les trois ou quatre jours qui suivirent cet entretien. Le peintre devait dîner à Nogent le dimanche suivant, il fallait qu'à ce moment la mine qu'on préparait sous ses pas fût prête à éclater.

Quoique jusqu'alors madame Daliphare et Airoles se fussent toujours parfaitement entendus, il y avait un point cependant sur lequel ils avaient été et ils étaient en désaccord ; sur ce point seul Airoles, qui cédait toujours et se montrait en tout plein d'une déférence qui allait jusqu'à la docilité, avait tenu bon, gardant son sentiment et le défendant.

C'était à propos de la maternité.

Madame Daliphare, qui était très fière de la fortune qu'elle laisserait à son fils et qui faisait toujours intervenir sa personnalité dans toutes les questions, soutenait que la mère qui se contente d'aimer et de soigner ses enfants en se dévouant pour eux n'est qu'une femelle qui prend soin de son petit ; ce sentiment maternel est un instinct bestial. La mère vraiment digne de ce nom au contraire était celle qui, tout en paraissant moins aimer ses enfants, savait leur préparer la vie en leur gagnant une fortune.

Sans se fâcher, Airoles répliquait que la fortune n'avait rien à voir là-dedans, et que riche ou pauvre on était également bonne mère, pourvu qu'on eût le dévouement, qui, selon lui, était la maîtresse qualité de la maternité.

Maintes fois ils avaient discuté ce sujet, et, s'ils ne s'étaient point convaincus, au moins ne s'étaient-ils jamais fâchés.

Le dimanche, Airoles arriva chez madame Daliphare à son heure habituelle, et la journée se passa sans que rien se produisît d'extraordinaire. Se sachant observés, Juliette et Airoles se tinrent seulement dans une réserve plus prudente ; mais rien dans l'attitude de ceux qu'ils craignaient ne put leur donner à croire qu'ils étaient sous le coup d'un danger immédiat.

Madame Daliphare se montrait avec le peintre ce qu'elle était généralement ; madame de la Branche gardait le silence, et M. Descloizeaux se tenait en repos, sans s'attacher comme toujours à Airoles.

Tout allait bien, M. Descloizeaux n'avait pas parlé, et pendant le dîner ils se regardèrent plus d'une fois pour se confirmer dans cette croyance rassurante et s'exciter mutuellement à la tranquillité.

Pour passer de la salle à manger dans le salon, Juliette prit le bras d'Airoles et, au milieu de quelques propos insignifiants prononcés de manière à être entendus par ceux qui les précédaient et les suivaient, elle put lui glisser à l'oreille ces quelques mots :

— Rassure-toi ; je t'aime.

Et ils se séparèrent heureux.

Pendant que Juliette servait le café, madame Daliphare alla s'asseoir dans le coin du salon qu'elle affectionnait, et M. Descloizeaux d'un côté, madame de la

Branche de l'autre, vinrent se placer près d'elle sur son canapé.

Tout à coup Juliette, qui ne pensait à rien, entendit sa belle-mère appeler Airoles d'une voix cassante et, à l'accent de cette voix qu'elle ne connaissait que trop bien, elle sentit qu'il allait se passer quelque chose de grave.

— Monsieur Airoles, disait madame Daliphare, je voudrais bien avoir votre avis sur une histoire qu'on me raconte en ce moment : il s'agit d'une mère qui s'est si bien dévouée à ses enfants, et qui les a aimés d'une façon si intelligente que ceux-ci l'ont ruinée, de sorte qu'elle n'a plus un morceau de pain à leur donner et qu'elle n'en a même plus pour elle. Trouvez-vous qu'elle n'eût pas mieux fait de les soigner un peu moins et de soigner davantage sa fortune ?

— Mon Dieu, madame, dit Airoles en souriant, pourquoi me demander mon avis ? Vous savez que nous ne pouvons pas nous mettre d'accord sur cette question.

— C'est précisément parce que je veux cet accord. Il me déplaît que, sur une question de cette importance et qui me touche personnellement, on me fasse de l'opposition chez moi, à ma table.

Airoles, qui tout d'abord n'avait rien soupçonné, comprit qu'il était en plein dans le danger, et il s'inclina sans répondre.

— Me ferez-vous l'honneur d'une réponse ? continua madame Daliphare, que ce silence exaspéra, car il pouvait faire échouer son plan.

Adolphe, surpris de cette étrange algarade, voulut intervenir, mais sa mère le renvoya brusquement.

— Laisse-moi régler mes affaires avec M. Airoles, dit-elle ; moins que personne tu dois intervenir, car, au fond de cette querelle, c'est de toi qu'il s'agit. Ce qu'on blâme en moi, ce n'est pas tant mes idées que l'application de ces idées à nos rapports.

Ceux des convives qui n'étaient pas au courant du but poursuivi étaient stupéfaits, tandis que M. Descloizeaux et madame de la Branche se regardaient avec un mauvais sourire.

Airoles, debout au milieu du salon, était décontenancé : que répondre? Ses yeux se tournèrent vers Juliette, et dans le regard que celle-ci lui lança il lut cette réponse qu'il cherchait.

— Coûte que coûte, maintiens ta dignité, lui avait dit Juliette; ne te laisse pas insulter, ne t'humilie pas.

— Madame, dit-il en s'avançant vers madame Daliphare, je vous demande la permission de ne pas continuer cet entretien en ce moment.

— Et moi je vous demande de ne plus m'exposer à le reprendre jamais.

Elle s'était levée, et son geste précisait ses paroles, qui cependant n'avaient pas besoin d'être soulignées.

Airoles s'inclina.

Mais à ce moment Adolphe voulut intervenir une seconde fois.

— Qui veux-tu défendre, dit madame Daliphare, ta mère ou ton ami?

Il s'arrêta.

Cette scène s'était passée en quelques secondes, car les paroles s'étaient précipitées avec rapidité; chacun était resté à sa place, prenant une attitude conforme à son caractère : l'un, la tête baissée, ne voulant rien voir; l'autre causant avec son voisin comme s'il n'entendait rien.

Airoles, ayant salué de la main, se dirigea vers la porte.

Juliette alors s'avança vers lui et, marchant à ses côtés, elle le conduisit jusqu'à la porte.

Là, s'arrêtant et lui tendant la main :

— Demain, dit-elle à voix basse, dans le bois, à une heure.

Tous les yeux étaient fixés sur elle, mais personne ne put voir le mouvement de ses lèvres, car, penchée dans l'ouverture de la porte, elle tournait le dos au salon.

XXVI

Lorsque Juliette revint dans le salon, personne n'aurait pu lire sur son visage pâle mais impassible qu'elle éprouvait en ce moment l'émotion la plus poignante de sa vie.

Elle marchait sans regarder autour d'elle, sans savoir même qu'elle marchait.

Au silence qui avait accompagné la sortie du peintre avait succédé un brouhaha, car chacun, pour échapper à son embarras, avait éprouvé le besoin de se lancer dans des conversations à bâtons rompus.

Seule madame Daliphare continuait de parler de ce qui venait de se passer, et madame de la Branche l'écoutait en souriant, tandis que M. Descloizeaux gardait une attitude diplomatique qui lui permettait de dire qu'il blâmait ou qu'il approuvait, selon qu'il avait affaire à l'une ou l'autre partie.

— Comprend-on une insolence pareille? disait madame Daliphare : se permettre d'intervenir entre mon fils et moi!

Adolphe s'était rapproché de sa femme. Il se pencha vers elle.

— Tu as bien fait de donner la main à Airoles, dit-il ; tu es une brave petite femme. Tout à l'heure je vais parler à maman et arranger cette sotte affaire.

Pour la première fois elle méprisa son mari : il l'approuvait dans une chose qu'il n'avait pas osé faire lui-même.

Sans lui répondre, sans le regarder, elle quitta le salon et monta à la chambre de son fils.

L'enfant dormait dans son petit lit blanc ; elle se jeta à genoux, et le prenant dans ses bras elle l'embrassa follement.

Il s'éveilla effrayé ; mais après le premier mouvement

de surprise il reconnut sa mère, et lui passant le bras autour du cou :

— Je t'aime bien, dit-il ; bonne nuit, maman ! Tiens-moi la main.

Et se tournant vers la muraille, il se rendormit ; sa main, dans laquelle il tenait celle de sa mère, se desserra peu à peu.

Elle ne redescendit point au salon et, immobile sur la chaise basse où elle s'était assise, elle resta près du lit de son fils.

Ce fut seulement après minuit qu'Adolphe vint la rejoindre ; il fut obligé de l'appeler à deux reprises pour l'arracher à sa méditation.

— C'est pour me laisser la liberté de parler avec maman, dit-il, que tu n'es pas descendue au salon ? Je viens de lui parler, mais je n'ai rien obtenu ; je ne sais pas ce que cela veut dire. Maman persiste à soutenir qu'Airoles a voulu l'offenser. Comprends-tu quelque chose à cette scène étrange ?

Elle resta sans répondre, comme si elle n'avait pas entendu.

— Je te demande si tu comprends ce qui a poussé maman à chercher querelle à Airoles.

— Je comprends que madame Daliphare a voulu mettre M. Airoles à la porte.

— C'est évident. Mais pourquoi ? Maman et Airoles avaient agité vingt fois cette question sans se fâcher ; pourquoi cette rupture aujourd'hui ? Sais-tu si maman a des griefs particuliers contre Airoles ?

— Que t'a dit ta mère ? demanda-t-elle sans répondre à cette interrogation.

— Maman dit que depuis longtemps elle était blessée de voir Airoles lui faire de l'opposition dans ses sentiments les plus chers, et qu'aujourd'hui, par son attitude et ses sourires, il l'a tout à fait exaspérée. As-tu remarqué cette attitude provocante chez Airoles ? Moi, je n'ai rien vu.

— J'ai vu une grande surprise chez M. Airoles.

— C'est ce que j'ai dit à maman en m'efforçant de lui faire comprendre qu'elle avait été beaucoup trop loin. Elle n'a rien voulu entendre, et elle m'a même fort mal reçu ; nous avons failli nous fâcher. Elle m'a reproché d'avoir pris le parti d'Airoles, et elle pose la question en termes tels, que pendant quelque temps il nous sera impossible de le voir. Aussi je suis de plus en plus satisfait que tu n'aies pas eu la même retenue que moi : tu as très bien fait de tendre la main à Airoles et de l'accompagner.

— J'ai fait plus que cela, je lui ai dit que je le verrais aujourd'hui.

C'était presque malgré elle que Juliette avait dit ces quelques mots, c'était une sorte de défi que l'attitude de son mari lui arrachait ; elle fut stupéfaite de l'effet qu'elle produisit.

— Très bien, dit Adolphe ; alors tu pourras expliquer la situation à Airoles. Cela me tire d'embarras. J'aurais été gêné pour m'expliquer avec lui, car je n'aurais pu le faire qu'en blâmant maman, et cela ne me convient pas ; même quand elle a tort, je dois la soutenir. Airoles est assez intelligent et il aime assez sa mère pour ne pas m'en vouloir. Tu lui diras que ce n'est pas entre nous une rupture, mais une simple interruption de relations pendant quelque temps ; encore serai-je heureux de le voir toutes les fois que l'occasion nous fera nous rencontrer ; enfin tu lui donneras l'assurance de mon amitié, en lui témoignant mes regrets pour ce qui arrive.

Pendant longtemps encore il insista sur ces recommandations : il était véritablement désolé et tout à fait malheureux de cette querelle pour lui incompréhensible. Mais Juliette n'était pas dans des dispositions où ce désespoir pouvait la toucher.

Le lendemain, à midi et demi, elle arrivait dans le bois au bord de la petite rivière, et au bout de l'allée elle apercevait Airoles. Tous deux avaient eu la même idée : Il arrivera de bonne heure, s'était-elle dit. — Elle sera sans doute en avance, avait-il pensé.

En quelques secondes ils franchirent la distance qui les séparait : ils avaient des ailes.

Pendant plusieurs minutes ils restèrent les mains dans les mains, les yeux dans les yeux, sans parler : leurs cœurs étaient dans leurs regards, dans leurs doigts.

Les pas d'un promeneur qui s'avançait en faisant craquer le sable de l'allée, les ramenèrent dans la réalité.

— Donne-moi ton bras, dit-elle.

Et elle se serra contre lui ; l'un et l'autre ils tremblaient.

Ils prirent une longue allée droite, en ce moment déserte, et pendant assez longtemps ils marchèrent doucement, sans échanger un seul mot.

— C'est de M. Descloizeaux que vient le coup, dit-elle enfin.

— Je l'ai compris, et voilà pourquoi je n'ai pas tenu tête à madame Daliphare : j'étais condamné d'avance. Ce que j'aurais tenté pour ma défense n'aurait pu que vous compromettre. Votre regard par bonheur s'est trouvé d'accord avec ma propre pensée ; je suis sorti.

— Dignement, j'ai été fière de vous.

— Et maintenant ?

— Et maintenant ?

Cette double interrogation, qui était partie en même temps, les rendit silencieux. Ni l'un ni l'autre n'avaient une réponse rassurante à faire.

C'était leur avenir qu'ils devaient décider, leur amour qu'ils devaient assurer ou sacrifier.

— Il est certain, dit-il après quelques minutes d'attente, que vous êtes menacée d'un danger sérieux. Les soupçons de votre belle-mère ont été excités, et tous les moyens lui seront bons pour vous protéger.

— Me protéger ? interrompit Juliette avec un triste sourire.

— Que voulez-vous dire ?

— Rien ; continuez. Je pensais à l'avenir, et en ce moment c'est du présent qu'il s'agit, de demain.

— Si cruelle que soit pour moi l'intervention de madame Daliphare, je ne peux pas ne pas reconnaître qu'elle est légitime ; c'est pour cela qu'hier j'ai courbé la tête. Cette scène, ridicule et grossière pour tout le monde, ne l'était pas pour moi. Votre belle-mère poursuivait un but, et elle prenait les moyens qu'elle trouvait pour me mettre à la porte, sans exciter la jalousie de son fils. Me voici hors de chez elle, sans espérance de reprendre nos relations journalières brusquement rompues. Nous ne pouvons donc plus nous voir chez vous, c'est-à-dire chez votre belle-mère.

— Nous nous verrons ailleurs, ici, dans ce bois, n'importe où ; car je ne consentirai jamais à ne plus vous voir.

— Ici, et croyez-vous que nous serons libres comme nous l'avons été jusqu'à présent ? On s'étonnera de vos sorties, on remarquera nos rencontres, et alors ce sera une nouvelle lutte à soutenir. Seulement cette fois ce sera à vous qu'on s'attaquera, puisqu'on ne pourra pas s'en prendre à moi. Que ferez-vous si un jour votre mari vous reproche nos rendez-vous ?

— Mon mari sait que je suis en ce moment avec vous.

— Vous lui avez dit...

— Que je devais vous voir aujourd'hui.

— Ces entrevues, que votre mari peut admettre pour une fois, l'inquiéteraient si elles se répétaient. Nous ne devons donc pas nous voir ici.

— Mais alors ?

Il s'arrêta et la prenant par les deux mains, de telle sorte qu'elle se trouva en face de lui, sous le feu de son regard :

— Alors il faut nous voir ailleurs, car si je suis prêt à faire tout pour assurer ton repos, chère Juliette, il y a une chose qui serait au-dessus de mes forces : ce serait de ne plus te voir. Il faut que j'aie tes yeux, comme je les ai en ce moment, frémissant sous les miens ; il faut que quand je suis loin de toi, je retrouve en moi ton étreinte comme un parfum dont je me serais imprégné en t'approchant, et que j'emporte. Nous voir ici dans ces conditions est impossible. Il faut donc nous voir ailleurs à Paris, dans la solitude.

— Mais ce que tu me demandes là, c'est ma perte, c'est celle de mon enfant.

Elle se défendit obstinément.

Pendant plusieurs heures ils se promenèrent dans cette partie du bois qui est comprise entre la Faisanderie et le lac des Minimes.

Elle priait, mais à sa prière il répondait par une autre prière. Elle entassait les raisons pour lui démontrer l'impossibilité d'accorder ce qu'il voulait, mais lui répondait par des raisons meilleures.

Mieux que ses paroles d'ailleurs, ses regards émus, ses mains tremblantes, parlaient pour lui. Que pouvait-elle contre un amour qu'elle partageait?

Enveloppée, fascinée, elle finit par céder, et elle le laissa dire qu'ils se verraient à Paris plus tard.

Où? il n'en savait rien; mais il chercherait, et quand il aurait réuni toutes les conditions de sécurité, il l'avertirait.

En attendant, ils se verraient dans ce bois, une fois encore, la dernière, le samedi suivant.

XXVII

Airoles se trouva assez embarrassé lorsqu'il voulut mettre son idée à exécution.

Il ne s'agissait pas en effet d'amener Juliette dans une maison quelconque, prise au hasard, et où elle ne reviendrait pas.

Il fallait au contraire que cette maison fût choisie avec soin, dans des conditions de sécurité telles que Juliette, pleinement rassurée, n'eût pas de répugnance à y revenir une seconde fois, puis une troisième, puis toujours.

Il savait que Juliette allait, deux fois par semaine, le

mardi et le vendredi, voir sa mère; il devait donc chercher sur le chemin qui conduit de la rue des Vieilles-Haudriettes au boulevard Malesherbes, et le quartier de la Madeleine lui parut propre à la réalisation de son plan. Les allants et venants sont assez nombreux dans les rues de ce quartier pour qu'une femme élégante n'attire pas l'attention, et, au pis aller, si Juliette était rencontrée et reconnue, elle aurait une justification toute prête : elle revenait de chez sa mère.

Il se mit en quête, sans bien savoir ce qu'il prendrait : un hôtel, une maison meublée ou un logement particulier et, après avoir parcouru tout le quartier, il trouva, rue de Sèze, une maison meublée qui lui parut réunir les conditions convenables ; elle n'appelait point l'attention par une peinture blanche trop voyante, et elle était d'apparence décente.

Un garçon vint au-devant de lui et écouta sa demande avec un air moitié discret, moitié encourageant.

— Je vois ce qu'il faut à monsieur, dit-il ; précisément nous avons un petit appartement au rez-de-chaussée qui plaira à monsieur, j'en suis certain d'avance.

Airoles fut satisfait d'être si bien compris, et il suivit le garçon d'un air renfrogné, se demandant à quoi on pouvait deviner qu'il cherchait un appartement pour y recevoir une femme. Il avait cependant été circonspect et réservé dans ses questions ; mais, n'ayant point l'habitude de ce genre de recherche, il ne savait pas combien les garçons de ces maisons meublées sont fins pour toiser les gens : c'est chez eux affaire d'instinct autant que de tradition.

— Monsieur remarquera, continua le garçon en montrant à Airoles le logement dans lequel ils étaient entrés, combien cet appartement est commode. L'entrée est noire il est vrai ; mais cela n'est pas toujours un inconvénient. Le salon que nous trouvons d'abord, empêche qu'on entende du dehors les bruits de la chambre... Je veux dire qu'on entende dans la chambre les bruits du dehors. Les fenêtres de la chambre donnent sur la cour ;

elles sont garnies de volets à l'intérieur, comme monsieur peut le voir : c'est une sûreté. Enfin l'ameublement est frais. Si monsieur a besoin de liqueurs, de champagne, de fruits et de pâtisseries, il trouvera ici tout ce qu'il pourra désirer.

Airoles n'avait besoin ni de liqueurs ni de pâtisseries, mais il voulait des fleurs, et il en fit apporter une pleine voiture. Le garçon lui offrit de les placer, mais il n'accepta pas son aide, et seul il les disposa dans tous les coins de l'appartement, les groupant, les étageant avec le goût d'un peintre et avec le soin d'un amoureux. Dans le salon et dans les endroits sombres, il plaça les palmiers, les dracæna, les phormium et toutes les plantes à feuillage ; sur les cheminées, sur les consoles, les plantes aux corolles brillantes, les roses, les amaryllis, les achimènes. L'appartement, qui était obscur, s'en trouva éclairé.

Dès le mercredi, l'appartement était prêt à recevoir Juliette.

Il y revint cependant tous les jours passer une heure ou deux, pour arroser les plantes ou enlever une fleur fanée ; il y vint surtout pour rêver, pour penser à elle ; les heures qu'il passait là étaient les meilleures de sa journée.

Il la voyait, elle était devant lui ; il la tenait dans ses bras, et il se laissait emporter par l'hallucination de son amour.

Enfin le samedi arriva, et, à midi et demi, il se trouva dans le bois, au rendez-vous convenu ; mais il ne vit venir Juliette qu'à une heure seulement.

Elle marchait lentement, les jambes fléchissantes, comme si elle était accablée par le poids d'une émotion plus forte que son courage.

Il courut au-devant d'elle.

— Malade ? dit-il d'une voix tremblante.

— Mourante d'angoisse après cinq jours de fièvre. Ce que vous m'avez demandé est impossible, rendez-moi ma promesse.

Son premier mouvement fut un mouvement de colère. Eh quoi ! c'était ainsi qu'elle tenait sa parole et respectait ses engagements ? Il se laissa emporter, et, en quelques mots ardents, il peignait le sacrifice qu'il s'était imposé depuis qu'il l'aimait. Avait-elle un reproche à lui adresser ? ne l'avait-il pas aimée comme elle voulait être aimée ? ne l'avait-il pas adorée, respectée ?

— Je n'étais pas l'amant de votre chair, s'écria-t-il, mais celui de votre esprit, de votre cœur, de votre âme. Cette vie de renoncement, je l'avais acceptée, et jamais vous ne m'avez entendu me plaindre. Est-ce ma faute à moi si les conditions de notre intimité sont changées ?

— Est-ce la mienne ?

— Non, et je ne vous fais pas responsable de ce qui arrive ; mais ce que je vous reproche, c'est de ne pas tenir aujourd'hui la promesse que vous m'avez faite il y a quatre jours. Alors vous avez vu mon désespoir et en avez été touchée ; au moment de la séparation qui vous menaçait, vous avez eu un élan d'amour.

— Ce n'est pas élan qu'il faut dire, c'est faiblesse : comme toujours j'ai cédé à votre parole, j'ai été entraînée.

— Il ne fallait pas m'enlever dans le ciel, si c'était pour me rejeter sur la terre : la chute est pour moi d'autant plus dure qu'elle s'accomplit de plus haut. Si vous saviez quel a été mon bonheur pendant ces quatre jours, quels ont été mes rêves !

Alors il lui raconta comment il avait employé ces quatre jours, il lui dit ses joies et ses espérances.

Mais à mesure qu'il parlait, il vit une telle tristesse dans les yeux qu'elle fixait sur lui, que peu à peu sa colère s'apaisa et qu'il se laissa attendrir ; elle était si visiblement désolée, si malheureuse !

— Oui, dit-elle quand il cessa de parler, vous avez raison, je ne suis pas digne de vous, je ne mérite pas un si grand amour. Accablez-moi, abandonnez-moi. Je ne peux pas vous sacrifier mon enfant. Si vous me pressez, si vous m'entraînez par vos paroles et par vos regards qui me font perdre la raison, je vais vous promettre tout ce que vous me demanderez; mais quand vous ne serez plus là, quand je ne serai plus sous votre influence, je penserai à mon fils, et cette pensée me retiendra. Si je vous ai promis de sortir, je ne sortirai point. Je ne peux pas m'exposer à perdre mon enfant, et si je vous cédais, je suis certaine qu'un jour ou l'autre, demain peut-être on me l'enlèverait.

— Je ne vous abandonnerai pas, je ne m'éloignerai pas de vous, vous le savez bien.

— Je vous écrirai souvent, tous les jours si vous le voulez; je chercherai les moyens de vous voir, et j'en trouverai; lesquels? je n'en sais rien en ce moment, mais j'en trouverai; vous savez bien que je ne peux pas vivre sans vous voir.

Mais ce qui devait se réaliser dans un avenir incertain et plus ou moins éloigné n'était pas pour le satisfaire; ce qu'il fallait à son impatience et à son inquiétude, c'était quelque chose de positif et d'immédiat.

Elle finit par promettre d'aller voir sa mère, déjà rentrée à Paris, le mardi suivant, et en chemin elle le rencontrerait.

— Place de la Madeleine, à trois heures?

Ses lèvres ne parlèrent point, mais ses yeux ratifièrent cet engagement.

Le mardi, avant l'heure fixée, il était en observation.

C'était précisément jour de marché aux fleurs : au milieu de la foule, il aurait peine à la reconnaître de loin. Mais il ne se plaignit pas de ce contre-temps, qui pour elle était une sécurité.

Quelle toilette aurait-elle? Il avait oublié de le lui demander. Aussi tous les chapeaux de femme qu'il apercevait dans le lointain lui faisaient-ils battre le cœur à grands coups. C'était elle. Puis, quand il reconnaissait qu'il s'était trompé, il tirait sa montre pour se rassurer. Elle ne pouvait pas arriver encore; mais elle avait déjà quitté sa maison, elle était en route, elle allait venir.

Comme les aiguilles de sa montre qu'il tenait dans le creux de sa main étaient lentes à marcher!

Il regardait les fleurs, et, pour tuer le temps, il tâchait d'écouter les propos des amateurs et des marchands; mais les paroles résonnaient dans son oreille comme si elles avaient été prononcées dans un idiome étranger, il ne les comprenait point.

Le temps s'écoulait cependant, trois heures sonnèrent.

Il alla jusqu'au boulevard afin de voir plus loin; mais dans la confusion de la foule qui le croisait, il ne voyait rien qu'un fourmillement, et à force d'ouvrir les yeux avec fixité, il finit par avoir des éblouissements : tout se brouillait devant lui, les gens marchaient la tête en bas. Pour avoir la perception exacte des choses, il était obligé de fermer les yeux durant quelques secondes.

Elle ne venait pas : allait-elle encore manquer à sa parole? A cette pensée, il se sentit anéanti.

Mais à ce moment même il eut le sentiment qu'une main gantée allait se poser sur son épaule : il ne la vit pas se lever, il ne la sentit pas s'appuyer, et cependant il en reçut la commotion.

Il se retourna vivement, et ses yeux dans un éclair se croisèrent avec ceux de Juliette.

Machinalement, sans savoir ce qu'il faisait, il leva la main pour la saluer; mais elle lui prit le bras.

— Marchons, dit-elle avec un sourire plus enivrant qu'un baiser.

Puis, comme elle vit qu'il était étonné de sa détermination :

— Notre rencontre ne peut-elle pas s'expliquer tout naturellement? dit-elle; si l'on raconte qu'on m'a vue avec vous, je n'aurai ni à m'en cacher, ni à mentir.

Ils se mirent à marcher lentement.

— N'est-ce pas curieux ? dit-elle en lui serrant le bras, c'est toi qui trembles.

— Ce n'est pas seulement la crainte qui fait trembler; c'est aussi l'émotion, le bonheur, le désir.

— Achète-moi un bouquet de violettes, dit-elle comme si elle ne voulait pas l'entendre.

Mais lorsqu'il eut donné ce bouquet, il reprit le cours de sa pensée interrompue.

— Si tu voulais, dit-il, nous sommes à deux pas de la rue de Sèze. Une minute seulement, et tu partiras.

— Ah! Francis, c'est mal.

— Je t'en prie!

Et son regard acheva sa prière.

Elle ferma les yeux, et ce fut elle à son tour qui commença à trembler.

XXVIII

Bien que marchant à petits pas, ils ne tardèrent pas à arriver devant la maison meublée de la rue de Sèze.

— C'est ici, dit Airoles.

Une fois encore elle voulut dégager son bras et elle murmura quelques paroles inintelligibles; mais ni l'effort de sa volonté ni celui de son bras n'étaient bien puissants. Elle était sous la domination de celui qu'elle aimait, et, subjuguée, entraînée par lui elle était incapable de résistance; un engourdissement délicieux l'avait saisie; elle ne se sentait plus vivre de sa propre vie, elle n'était plus elle-même. Ses impressions et ses perceptions avaient pris une acuité surnaturelle : le petit bouquet de violettes qu'elle portait à la main l'enivrait, le bras d'Airoles la brûlait.

Le garçon si perspicace à qui Airoles avait eu affaire était devant la porte, les mains dans son tablier blanc; il prenait l'air. En voyant son locataire arriver avec une femme au bras, il laissa paraître un sourire de satisfaction comme si cette jeune femme lui plaisait et lui paraissait digne d'entrer dans cette maison respectable; mais, après un rapide coup d'œil, il tourna sur ses talons, et, livrant le passage, il alla dans la cour se placer devant le tableau des sonnettes. Sa pantomime était parlante. « Si monsieur a besoin de quelque chose, il n'a qu'à sonner : champagne, liqueurs, pâtisseries, il sera servi aussitôt. »

Airoles portait la clef de son appartement dans sa poche. Il ouvrit et fit passer Juliette devant lui, puis vivement il referma la porte. Juliette entendit un bruit de serrure et de verrou qui lui fit froid au cœur.

Mais elle n'eut pas le temps de se laisser aller à cette impression. Airoles s'avançait vers elle les bras tendus, les yeux brillants, les lèvres ouvertes. Avant qu'elle pût faire un mouvement, ces bras l'étreignirent ; avant qu'elle prononçât un seul mot, ces lèvres lui fermèrent la bouche.

Sans penser qu'elle voulait le repousser et se défendre, elle lui jeta les bras autour des épaules, et, le serrant dans une étreinte passionnée, elle se renversa contre lui la tête en arrière, les yeux clos, éperdue, défaillante.

Doucement et sans desserrer l'étreinte par laquelle ils étaient unis, il l'entraîna dans la chambre ; ils glissaient sur le parquet comme s'ils n'avaient plus tenu à la terre.

Il la fit asseoir sur le canapé et il commença à lui ôter son chapeau et son manteau ; mais ses mains tremblaient et, dans un mouvement maladroit, il détacha le peigne qui retenait le chignon de Juliette, et alors les cheveux en deux grosses nattes se déroulèrent.

C'était la première fois qu'il voyait cette chevelure dans sa splendeur naturelle ; il prit les nattes dans ses mains et respira leur parfum en les embrassant.

S'étant reculée, elle le regardait avec un doux sourire.

— Tu es fou, dit-elle.

— Je t'adore !

Il se mit à genoux devant elle, les mains jointes, prosterné.

Mais tout à coup, en même temps, ils baissèrent les yeux, ils se sentaient rougir ; leur amour les entraînait, et, par un sentiment de retenue instinctive, ils voulaient lui résister.

Relevant les yeux pour la première fois depuis qu'elle était entrée, elle regarda autour d'elle.

— Que de fleurs! dit-elle pour détourner le cours de leurs idées.

— J'ai cru qu'elles te plairaient.

— C'est le goût avec lequel elles sont arrangées qui me plaît surtout.

Elle voulut se lever pour aller voir les fleurs de plus près, mais il la tenait par le poignet et il la retint doucement.

— Et moi? dit-il; c'est moi qu'il faut regarder, c'est à moi qu'il faut donner ces grands yeux.

Elle se tourna vers lui et le regarda avec ravissement.

— Et tu ne voulais pas venir? s'écria-t-il; il a fallu te tromper, t'entraîner. Regrettes-tu d'être venue maintenant?

— Tu as bien fait. Il faut toujours m'entraîner; il y a en moi un sentiment qui m'oblige de te résister; mais ton influence est plus puissante que ma résistance, tes yeux sont plus forts que les miens; il y a en toi un charme qui me dompte... et me ravit. Loin de toi je me reproche de t'avoir cédé, mais près de toi je te cède avec bonheur.

Elle lui passa les deux bras autour du cou.

Ils restaient ainsi perdus dans leur enivrement, lorsque tout à coup un cri d'enfant retentit auprès d'eux.

Juliette releva la tête et écouta: c'était la voix d'un enfant de quatre ou cinq ans qui pleurait dans la cour sur laquelle ouvraient les fenêtres de la chambre.

— Qu'as-tu? demanda-t-il, n'étant pas touché par ce cri qui pour lui n'était qu'un bruit comme un autre, et qu'il n'avait pas plus remarqué qu'il ne remarquait le roulement des voitures.

Elle ne répondit pas et resta la tête levée, l'oreille tendue.

— Viens, dit-il, viens, chère Juliette.

Elle le repoussa doucement.

— Qu'as-tu? qu'as-tu donc?

Elle se dégagea vivement. Les cris de l'enfant avaient redoublé et la voix avait pris un accent lamentable.

— Une voix d'enfant! dit-elle. Oh! c'est impossible.

Il voulut la retenir.

— Francis, je vous en supplie, s'écria-t-elle, laissez-moi; écoutez cette voix d'enfant, qui me rappelle à moi-même. Je ne suis pas libre, je ne suis pas une femme; je suis une mère!

Parlant ainsi en mots entrecoupés, l'œil hagard, les mains tremblantes, elle relevait ses cheveux et les tordait en un simple nœud; puis elle prenait son chapeau et son manteau.

Il la regardait avec stupéfaction.

Elle avait mis son manteau et réparé tant bien que mal le désordre de sa toilette.

Elle se dirigea vers le salon, il la suivit.

— Ouvrez-moi cette porte, dit-elle.

Et comme elle vit qu'il tenait les yeux fixés sur elle avec une expression d'étonnement :

— Pauvre ami! dit-elle.

Et elle lui tendit la main :

— Non, je ne suis pas folle; mais il faut que j'aille à Nogent, c'est mon enfant qui m'appelle. Laisse-moi partir, ouvre cette porte.

Il voulut dire quelques mots, il voulut la retenir; mais elle était dans un état de surexcitation à ne rien entendre, à ne rien comprendre.

— La porte, répétait-elle, la porte.

Ému par la pitié, poussé par la colère, il ouvrit la porte.

— Passez, dit-il.

Elle prit son bras.

Lorsqu'ils arrivèrent dans la rue, un coupé de remise passait; elle fit signe au cocher d'arrêter, et celui-ci vint se ranger le long du trottoir.

— Monte, dit-elle à Airoles; tu viens avec moi.

Puis s'adressant au cocher :

— A Nogent, dit-elle, et vite!

Puis elle monta dans la voiture, et, comme si elle s'était trouvée au milieu d'un bois solitaire, au lieu d'être dans une rue pleine de passants et de curieux, elle prit la main d'Airoles et la baisa.

— Pardonne-moi, dit-elle.

Ils étaient déjà sur le boulevard, et cinquante personnes pouvaient les voir, dix pouvaient les reconnaître, car les stores de la voiture n'étaient pas tirés et les glaces étaient ouvertes.

Airoles, qui avait conservé son sang-froid, les ferma.

— Je n'ai pas peur, dit-elle ; si l'on nous voit, tant pis ; je ne veux pas que tu puisses douter de mon amour.

Il ne doutait pas de cet amour, mais il était au fond du cœur blessé de la façon dont il se manifestait. Cet accès de maternité l'avait exaspéré.

Cependant, après le premier mouvement de la surprise et de la colère, il se laissa toucher par l'émotion de cette pauvre femme éperdue qui, pour prouver son amour et bien marquer ses regrets, l'eût volontiers serré dans ses bras devant tout Paris.

D'ailleurs il avait mieux à faire que de l'accuser ou de se plaindre, c'était de faire renaître l'occasion qui venait de lui échapper et de préparer une nouvelle entrevue.

Ce fut à cela qu'il employa son temps pendant leur voyage de Paris à Nogent.

Mais ils étaient déjà arrivés dans le bois, et la voiture avait dépassé le chalet de la Porte-Jaune qu'il n'avait rien obtenu.

Des paroles vagues, des assurances d'amour, des serments appuyés par des caresses et des regards passionnés ; mais pas un engagement formel précisant le lieu, le jour et l'heure de leur prochain rendez-vous.

— Je te verrai, je te le jure ; je trouverai des moyens.

Il avait voulu parler de la rue de Sèze ; mais elle s'était si vivement défendue, qu'il n'avait pas pu insister : elle était encore sous le coup de l'émotion qui venait de la frapper, et ce n'était point le moment pour la faire revenir des préventions qu'elle pouvait avoir.

10.

Cependant ils allaient atteindre les premières maisons du village, il fallait prendre une détermination quelconque.

Elle promit de le voir, le vendredi suivant, dans le parc Monceau, en sortant de chez sa mère.

Elle fut exacte à ce rendez-vous, et, pendant plus d'une heure, ils se promenèrent côte à côte dans les allées du parc, croisant mille personnes, parmi lesquelles il pouvait s'en trouver qui les connaissaient.

Airoles lui représenta ce danger en lui démontrant qu'une entrevue dans une maison, quelle qu'elle fût, les exposait cent fois moins ; mais elle ne voulut rien entendre. Elle lui promit de revenir le mardi suivant, et d'ici là de lui écrire si elle irait au théâtre ou dans un autre lieu public où ils pourraient se rencontrer.

Alors commença pour eux une vie étrange, pleine de joies imprévues et de périls imprudemment bravés. Elle se fit conduire par son mari à tous les théâtres, et chaque fois elle avertit Airoles par une lettre de se trouver dans un coin de l'orchestre. Puis ils se virent régulièrement aussi le mardi et le vendredi, ils passèrent une heure en tête-à-tête soit dans le parc Monceau, soit en voiture, en promenades sur les boulevards extérieurs.

Chaque fois, Airoles, qui poursuivait son but, lui démontrait le danger de ces entrevues, mais elle fermait l'oreille...

— Faut-il ne plus nous voir? dit-elle.

Cependant ce danger lui fut signalé d'une façon qui lui donna sérieusement à réfléchir.

Un jour M. Descloizeaux lui dit devant son mari :

— Je vous ai rencontrée hier, boulevard Magenta, en voiture.

— Vous avez vu double, dit Adolphe ; ma femme a été seulement au boulevard Malesherbes. Vous n'avez plus vos yeux de vingt ans ; il faut mettre des lunettes.

M. Descloizeaux, sans se fâcher, accepta les plaisanteries d'Adolphe.

— J'ai bien vu, dit-il, et madame était dans le coupé n° 2893.

Juliette ne daigna pas se défendre, et elle tourna la tête sans prêter plus d'attention à cet entretien que s'il ne la touchait pas.

M. Descloizeaux n'insista pas ce jour-là ; mais le lendemain il revint à la charge, cette fois en arrière d'Adolphe.

Il avait l'habitude de venir en effet très-souvent rue des Vieilles-Haudriettes, et, sous prétexte de profiter d'une bonne occasion et de saisir au passage une pièce rare qu'on apportait à la fonte, de s'installer dans les bureaux.

Au moment où Juliette traversait la grande salle pour entrer dans le cabinet de son mari, il l'arrêta.

— Le n° 2893 a été pris avant-hier boulevard Malesherbes, dit-il, par une dame seule ; un monsieur est monté avec cette dame au coin de la rue de Constantinople. Il est resté avec la dame jusqu'au coin du boulevard Magenta et du boulevard extérieur ; là il est descendu, et la dame s'est fait conduire rue de Rambuteau où elle a quitté sa voiture. Sans doute vous n'étiez pas la dame, puisqu'il y avait un monsieur. Je suis disposé à reconnaître que je me suis trompé. Mes yeux de vingt ans ! comme disait Adolphe. Le voulez-vous ?

Sans répondre, sans même le regarder, elle passa dans le cabinet de son mari.

XXIX

Cet avertissement ne fut pas le seul qu'elle reçut, et quelques jours après l'intervention de M. Descloizeaux, il lui en vint un second qui lui prouva que de tous côtés, autour d'eux, chez elle comme au dehors, une active surveillance était organisée.

Depuis qu'elle aimait, elle s'était départie de sa vérité pour Flavien, et quand elle traversait maintenant le bureau, elle ne mettait plus d'affectation à détourner les yeux pour ne pas rencontrer ceux du jeune commis. Sans aller jusqu'à lui sourire ou jusqu'à l'encourager, elle le regardait avec une secrète sympathie : le pauvre garçon, comme il doit être malheureux d'aimer sans espérance ! Assez souvent elle parlait de lui avec Adolphe, qu'elle interrogeait ; elle était touchée d'apprendre que les autres commis appelaient Flavien « mademoiselle » pour se moquer de sa vie régulière. Elle eût presque voulu qu'on lui dît qu'il avait une maîtresse ou tout au moins qu'il s'amusait.

— Ce que c'est que la manie poétique, disait Adolphe en plaisantant. Voilà un garçon de vingt ans qui, au lieu de profiter de ses dimanches pour aller canoter à Asnières ou cavalcader à Montmorency, s'enferme dans sa chambre, sous les toits, pour faire des vers. J'ai beau le gronder, il ne veut rien entendre ; mais il est si bon enfant qu'on ne peut pas se fâcher contre lui.

Et Adolphe, qui était « bon enfant » lui-même, faisait ce qu'il pouvait pour être agréable à ce jeune employé qu'il avait vu grandir chez lui ; il le chargeait spécialement de ses affaires personnelles, il l'envoyait toucher ses coupons, il lui confiait le soin de faire relier ses volumes ; il lui donnait sa bibliothèque à ranger, ses papiers à classer, et quelquefois il le gardait à dîner.

Ainsi Flavien, plus qu'aucun autre, se trouvait introduit dans la maison, et il avait des occasions de voir Juliette que ses camarades n'avaient pas. Ceux-ci en riaient, le seul Lutzius excepté, qui s'en fâchait dans son obséquiosité envieuse. Pourquoi ce gamin de Paris plutôt que lui Lutzius, homme grave, avec qui on pouvait causer sérieusement ?

— C'est parce que le patron a épousé une artiste, disait-il, qu'il se croit obligé d'avoir pitié de vos vers. Vous feriez bien mieux de surveiller vos additions que de faire des vers auxquels, pour mon compte, je ne comprends rien.

— Heureusement, répliquait Flavien en riant.

— C'est une insolence, n'est-ce pas, que vous me dites là ? Eh bien, je vous répondrai sur le même ton que j'aime mieux savoir que 4 et 3 font 7, que de faire rimer *tête* et *fête*.

— Ça rime aussi avec *bête*.

— Vous n'êtes qu'un Français, c'est-à-dire un insolent et un vaniteux.

Quand Juliette se trouvait avec Flavien en compagnie d'une tierce personne, elle lui adressait la parole; au contraire, si elle le rencontrait seul, elle ne lui parlait pas; lui-même agissait ainsi avec elle, et toutes les fois qu'un hasard les mettait en tête-à-tête, il quittait aussitôt la place sans dire un mot.

Un jour qu'il cataloguait des livres dans le cabinet d'Adolphe, tandis qu'elle-même se trouvait seule dans le salon, elle fut très surprise de le voir ouvrir la porte qui fait communiquer ces deux pièces.

Elle lui lança un regard qui aurait dû le faire rentrer aussitôt dans le cabinet ; cependant il ne referma pas la porte, mais s'avançant au contraire d'un pas dans le salon :

— Pardonnez-moi, madame, dit-il en s'inclinant avec toutes les démonstrations du plus profond respect, de pénétrer ainsi chez vous ; mais c'est pour une chose tellement grave que j'ai...

De sa main levée, elle lui montra la porte.

Mais il ne bougea point.

— Non, madame, je ne peux pas sortir, et votre regard, si cruel qu'il me soit, ne me fera pas quitter cette place.

— Alors, monsieur, c'est à moi de quitter la mienne, dit-elle en se levant.

Avant qu'elle eût pu faire cinq ou six pas pour sortir, il vint vivement se placer devant elle et lui barrer le passage.

Alors, avec une résolution qui commandait l'attention :

— Ce n'est pas de moi qu'il s'agit, madame, c'est de vous, c'est de votre repos, de votre honneur, et il a fallu cette puissante raison pour m'inspirer cette hardiesse. Je vous en supplie, madame, pour vous, pour votre fils, écoutez-moi. Oubliez le passé pour un instant, et croyez que vous avez devant vous un... homme respectueux, dévoué, qui ne pense qu'à vous servir.

Elle avait cru tout d'abord à une déclaration désespérée ; ces quelques mots lui montrèrent qu'elle se trompait.

Elle lui fit signe de parler.

— Si vous voulez bien m'écouter, dit-il, je vous prie de venir dans la bibliothèque. Ma présence ici ne serait pas justifiable, il ne faut pas qu'on puisse soupçonner que je vous ai parlé en particulier. Il est tout naturel que vous veniez dans la bibliothèque, tandis qu'il ne l'est pas que je pénètre dans le salon ; si l'on survenait pendant notre entretien, vous n'auriez pas d'explications à donner.

Elle le suivit, intriguée de ce mystère, et jusqu'à un certain point inquiète.

Si elle avait hâte d'écouter, Flavien était pressé de parler.

— Vous savez, dit-il, comment je suis entré dans la maison de madame Daliphare : j'étais tout enfant, et ce fut un acte de bonté, de générosité de m'accepter comme employé appointé.

Un geste de Juliette ne l'arrêta pas ; il continua au contraire avec plus de vivacité :

— Il faut que je rappelle ces faits, qui paraissent me toucher exclusivement, pour que vous compreniez comment madame Daliphare a pu me faire la proposition que je crois devoir vous dénoncer. Encore une fois, madame, je vous jure qu'il n'est pas et ne sera pas question de moi. A juste titre, madame Daliphare me considère comme son obligé, et c'est parce qu'elle a cru pouvoir disposer de moi qu'elle m'a fait appeler hier dans son cabinet. M. Adolphe était sorti et vous-même, madame, n'étiez pas à la maison. Je devrais peut-être vous rapporter notre entretien mot à mot ; mais j'ai été tellement troublé, que je craindrais de ne pouvoir le faire avec fidélité. Et puis aussi, pour être sincère, je dois avouer que je serais gêné pour vous répéter certaines paroles de madame Daliphare, car vous savez qu'elle n'a pas peur de s'exprimer librement avec ceux qu'elle regarde comme étant au-dessous d'elle.

Flavien entassait visiblement les mots par-dessus les mots, pour ne pas arriver à ce qu'il avait à dire.

Cependant le moment était venu où il ne pouvait plus différer : Juliette le pressait du geste et du regard.

Il tourna les yeux et baissant la voix :

— Madame Daliphare, dit-il, m'a demandé de vous suivre quand vous sortez.

Il y eut un assez long intervalle de silence. Juliette se tenait le visage caché entre les mains, et Flavien restait toujours les yeux baissés. Enfin il les releva et continuant :

— C'est bien terrible pour moi que madame Daliphare ait pu me croire capable d'une pareille infamie ; et quand j'ai commencé à comprendre ce qu'elle me proposait, mon premier mouvement a été de me défendre comme je le devais ; si je l'ai écoutée jusqu'au bout, c'est parce que l'idée m'est venue qu'il pouvait vous être utile de savoir ce qu'on machine contre vous, madame. C'est cette pensée aussi qui m'a décidé à vous faire cette confidence, quoique cette indiscrétion soit une sorte de trahison envers madame Daliphare. Mais en me figurant que vous étiez exposée à des dangers qu'un avertissement donné à temps pouvait détourner, je n'ai pas hésité. Ah ! madame, si vous saviez combien je voudrais vous servir et vous faire oublier, par une vie de dévouement, une minute de folie !

Elle lui tendit la main.

Il tomba à genoux et, prenant cette main, il la porta à son front dans un mouvement de respect et d'adoration.

— Que puis-je pour vous ? dit-il. Ah ! madame, commandez, ma vie est à vous.

— Vous taire, dit-elle ; ne parlez à personne de la proposition qui vous a été faite, jamais !

— Jamais, je le jure.

— Et si vous voulez faire quelque chose pour moi, oubliez l'entretien que nous venons d'avoir ou tout au moins ne me laissez jamais voir que vous vous en souvenez.

— Mais vous êtes entourée de périls. Un cœur dévoué peut vous servir ; faites-moi la grâce, donnez-moi la joie de m'employer pour vous.

Elle secoua doucement la tête avec un sourire désolé.

— Cette proposition que je n'ai pas voulu écouter, d'autres l'écouteront peut-être. Il y a ici des gens qui pour plaire à madame Daliphare seront heureux de remplir la mission dont je n'ai pas voulu me charger. Il me répugne d'accuser quelqu'un qui ne peut pas se défendre ; cependant il faut que je vous dise qu'après m'avoir mis durement à la porte en me reprochant ma bêtise et mon ingratitude, « madame » a appelé Lutzius. Or Lutzius n'a le dégoût d'aucune besogne, et, par habitude et par caractère, ce genre d'espionnage lui convient. Il serait bon, il me semble, que vous fussiez prévenue de la surveillance de Lutzius, si elle s'exerce.

Juliette lui imposa silence de la main.

— Encore une fois, dit-elle, je vous demande de ne pas nsister. Tout ce qui touche ce sujet me blesse ; vous avez assez de cœur et de délicatesse pour le comprendre. Comptez que je n'oublierai jamais ce que vous avez fait pour moi ; si je ne le rappelle jamais en paroles, je m'en souviendrai toujours au fond du cœur. D'ailleurs ces dangers dont vous parlez ne sont pas si grands que vous les imaginez.

— Ah ! je n'ai rien imaginé, j'ai vu qu'on machinait quelque chose contre vous, et j'ai été effrayé. Si mon avertissement suffit pour détourner ces dangers, j'en serai heureux : ce sera la grande joie de ma vie.

Et, s'inclinant, il se dirigea vers la porte de sortie.

— Je vous remercie, dit Juliette ; de tout cœur, je vous remercie.

— Ah ! madame.

— Au revoir, monsieur Flavien.
— Adieu, madame.
— Non, pas adieu; au revoir. Ne craignez pas que votre présence me mette jamais mal à l'aise, car au-dessus de la honte que le souvenir de cet entretien pourra soulever en moi, brillera toujours le service que vous m'avez rendu. Au revoir !

Elle le conduisait jusqu'à la porte. Arrivé dans le vestibule, il leva les yeux et la regarda un moment comme s'il voulait parler; puis ses yeux se mouillèrent. Alors, se détournant vivement, il s'éloigna à grands pas.

— Pauvre enfant, dit Juliette; pour lui, quel supplice !

Mais elle n'était pas dans des conditions où il lui était loisible de s'apitoyer longuement sur les souffrances des autres; il fallait qu'elle pensât à elle-même et à celui qu'elle aimait; car il n'y avait plus d'illusion à se faire, ils étaient menacés, sérieusement menacés.

Pour que sa belle-mère employât de pareils moyens, il fallait qu'elle fût arrivée au dernier degré de l'hostilité, et il fallait en même temps qu'elle fût bien certaine de pouvoir saisir un jour ou l'autre la preuve qu'elle poursuivait.

Sa belle-mère d'un côté, M. Descloizeaux de l'autre, tous deux unis peut-être, c'était trop.

Il ne fallait plus s'exposer au rendez-vous du parc Monceau et aux promenades en voiture.

Dans une pareille conjoncture, le plus prudent eût été de renoncer à se voir, et ce fut la première idée qui se présenta à son esprit.

Mais précisément ils avaient un rendez-vous fixé pour le lendemain. Que dirait Airoles s'il ne la voyait pas arriver? Une lettre, si explicite qu'elle pût la faire, ne le rassurerait pas : il aurait des inquiétudes, des doutes.

Ne le faisait-elle pas déjà trop souffrir?

Elle le verrait quand même.

D'ordinaire, quand elle lui écrivait, elle le faisait ostensiblement, car alors même qu'Adolphe serait entré pendant qu'elle faisait sa lettre, il n'eût pas regardé par-dessus son épaule.

Mais la confidence de Flavien avait jeté dans son âme un effroi vague ; elle ferma à deux tours les doubles portes, et elle écrivit les quatre lignes suivantes :

« Demain à trois heures, dans l'atelier dont vous m'avez parlé ; arrivez-y à deux heures et attendez-moi sans vous montrer. Que la clef soit sur la porte ; je sais le chemin. Nous sommes menacés. A demain. »

XXX

L'atelier où Juliette devait rencontrer Airoles était celui-là même où, quelques années auparavant, elle avait vu pour la première fois le tableau des *Semailles,* l'atelier du sculpteur Roelz. Parti depuis un mois pour passer la saison d'hiver à Rome, Roelz avait remis la clef de son atelier à son ami Airoles, qui avait eu l'intention de travailler là à une grande machine. La machine n'était pas encore commencée, la toile même qu'il devait couvrir n'avait pas été commandée chez le marchand ; mais enfin, depuis un mois, la clef de cet atelier lui avait été remise.

C'était cette clef qui lui avait donné l'idée d'amener Juliette à Passy.

Retourner rue de Sèze, il n'y fallait pas songer : Juliette y arriverait sous une impression de trouble et de crainte. D'ailleurs cet ameublement d'hôtel lui répugnait, en même temps que le sourire des garçons le révoltait. Ce n'était point au milieu de ces meubles, qui avaient servi à des myriades de voyageurs, qu'il voulait que Juliette se donnât ; les souvenirs qu'il emporterait de là se trouveraient mêlés à des souillures.

A Passy, au contraire, il pouvait faire disposer l'atelier de son ami suivant les fantaisies de son amour : plus de garçon à éviter, plus de meubles flétris sous les yeux.

Et, tout plein de cette idée, avant même d'avoir le consentement de Juliette, mais croyant l'obtenir un jour ou l'autre, il avait transformé l'atelier du sculpteur. Un bourgeois amoureux eût attendu d'avoir une certitude, mais Airoles n'avait pas pris la vie par le côté modéré. Il avait fait transporter dans la chambre de Roelz tout ce qui garnissait l'atelier, et ensuite il avait meublé cet atelier à son goût : un large divan en satin noir, un tapis de Smyrne, des jardinières pour mettre des fleurs, une grande glace pour que Juliette pût arranger ses cheveux, et devant le châssis vitré un immense store doublé de serge épaisse, de sorte que quand il était déroulé, il interceptait la lumière aussi bien que des volets matelassés.

Juliette pouvait venir, le nid pour l'abriter était digne d'elle.

Là au moins il n'aurait pas honte de la recevoir, et en même temps il serait rassuré contre tout danger extérieur. On savait dans tout le quartier que cet atelier appartenait au sculpteur Roelz. Si l'on y voyait entrer Juliette, on ne devinerait donc pas qui elle venait voir, car lui-même n'y paraîtrait que les jours de rendez-vous, et, comme le pavillon dans lequel se trouvait l'atelier avait deux entrées, l'une sur le boulevard Suchet, et l'autre sur l'avenue Raphaël, les soupçons des curieux, s'il y avait soupçons et curieux, seraient déroutés. Ils n'arriveraient pas ensemble; tandis que Juliette gagnerait la station de Passy, lui irait à Auteuil. Comment pourrait-on les surprendre? Jamais tant de précautions n'avaient été réunies.

Aussi, malgré le mot inquiétant par lequel elle se terminait, la lettre de Juliette le transporta-t-elle de joie.

Enfin l'heure était venue, enfin elle allait être à lui.

Car il n'était plus au temps où il pouvait attendre plus ou moins patiemment qu'elle se donnât : de brûlantes convoitises l'enflammaient, et, dans cette longue alternative d'espérance et de déception, ses désirs s'étaient exaspérés. Il ne l'aimait plus comme aux premiers jours ; il l'aimait avec toutes les fièvres, tous les emportements de la passion contrariée. Il fallait qu'elle fût à lui, et, si elle ne voulait pas se donner, il était bien décidé à la prendre.

D'ordinaire, lorsque Juliette venait chez sa mère, elle attendait pour sortir que madame Daliphare fût retournée à Nogent avec son fils, c'est-à-dire qu'elle ne quittait la rue des Vieilles-Haudriettes que vers deux heures, pour arriver à deux heures et demie boulevard Malesherbes; elle restait une heure avec sa mère, et vers trois heures et demie elle rejoignait Airoles aux environs du parc Monceau.

Mais, pour aller au rendez-vous de Passy, elle fut obligée de changer ses habitudes, et elle ne put pas attendre que sa belle-mère fût partie.

Quand elle descendit dans le cabinet de son mari, elle trouva madame Daliphare travaillant à son bureau.

— Tu sors? dit Adolphe, qui loin de s'inquiéter des absences de sa femme, trouvait qu'elle ne faisait pas assez de visites.

— Je vais chez maman.

— Déjà? dit madame Daliphare; ce n'est pas votre heure habituelle.

— C'est mon heure d'aujourd'hui.

— Voilà précisément pourquoi j'ai fait mon observation.

— Trouvez-vous étrange que je sorte maintenant?

— Pas du tout; je croyais seulement qu'avant d'aller chez madame Nélis vous aviez peut-être quelque autre visite à faire.

— Vous vous trompiez dans vos conjectures, je vais chez ma mère directement.

Cela fut dit d'un ton si sec, qu'Adolphe s'inquiéta; il prit la main de sa femme et lui fit signe de se calmer. Mais Juliette n'avait pas envie d'insister; c'était presque malgré elle qu'elle avait par l'accent donné tant de valeur au mot « vos conjectures ».

Madame Daliphare resta un moment déconcertée, et Juliette comprit qu'elle se demandait sans doute si Flavien ne l'avait pas trahie. Mais elle avait une façon de dissimuler ses émotions qui ne permettait pas de les surprendre: elle se plongeait dans une addition, et, la plume à la main, elle descendait une colonne de chiffres de manière à cacher son visage.

— Voulez-vous emmener Félix avec vous? dit-elle en relevant la tête ; je ne compte pas partir aujourd'hui avant deux heures.

— Je craindrais de vous faire attendre ; car je ne reviendrai pas directement ici, j'ai des visites à faire.

— Quand tu voudras, dit Adolphe.

— Vous voyez donc bien, poursuivit madame Daliphare, que j'avais raison de m'étonner de votre départ précipité. Que cette visite se fasse avant d'aller chez votre mère ou qu'elle se fasse après, c'est toujours une visite.

Juliette sortit assez troublée par cette insistance de sa belle-mère. Peut-être était-il dangereux d'aller à Passy? Mais il était trop tard maintenant pour prévenir Airoles ; elle ne pouvait pas lui écrire, elle ne pouvait pas lui envoyer un commissionnaire. Que penserait-il s'il ne la voyait pas arriver? Il devait déjà être inquiété par la lettre qu'il avait reçue ; jusqu'où n'irait pas cette inquiétude, cette angoisse, après deux heures, après trois heures d'attente vaine? Elle devait aller à Passy.

Elle ne voulait rester que quelques minutes chez sa mère ; mais quand elle se leva pour partir, celle-ci se fâcha.

On l'abandonnait, on la laissait vivre dans l'isolement. C'était pourtant bien assez terrible de se sentir mourir de jour en jour, sans encore avoir la douleur de se voir mourir seule ; mais elle ne se plaignait pas, c'était là le sort de la vieillesse. Si seulement on lui donnait son petit-fils ; mais non, c'était madame Daliphare qui l'accaparait. De quel droit? Est-ce qu'elle, madame Nélis, n'était pas capable d'élever un enfant, de lui donner de bonnes manières, de l'habituer à des usages convenables? Etait-il décent de voir un enfant dire à table : « Je veux de ça ! ou « Je ne veux pas de ça ! »

Pendant plus d'une demi-heure Juliette avait dû écouter ces plaintes.

Enfin elle avait pu partir.

En arrivant au boulevard Malesherbes, elle avait renvoyé sa voiture de place, car elle se défiait maintenant des cochers. Elle en prit une autre au coin du parc et se fit conduire à la station de Courcelles.

Si on la suivait, il serait bien difficile de ne pas la perdre dans cette gare de jonction où l'on peut prendre toutes les directions.

Avant de demander son billet pour Passy, elle attendit qu'il n'y eût personne autour du guichet, et ce fut d'une voix étouffée qu'elle fit sa demande.

Huit minutes après, elle traversait la pelouse du Ranelagh, se dirigeant vers l'avenue Raphaël. Il était trois heures cinq minutes, elle ne serait pas en retard.

Arrivée au milieu de la pelouse, elle retourna la tête : elle ne vit que des gens paisibles, qui n'avaient pas l'air de s'inquiéter d'elle.

Cependant si rassurée qu'elle fût contre un danger immédiat, elle se sentait dans un état de surexcitation extraordinaire ; son cœur, qui battait violemment, s'arrêtait par moments tout à coup. Elle était à la fois brûlante et glacée.

C'est que ce rendez-vous auquel elle marchait ne ressemblait en rien à ceux qui l'avaient précédé. L'arrivée d'Airoles à Nogent, sur la verandah, avait été une surprise ; les quelques minutes pendant lesquelles elle était restée rue de Sèze avaient été une surprise aussi. Mais maintenant ce rendez-vous était préparé, il était attendu.

Et les sentiments qui en ce moment agitaient Airoles, enfermé dans l'atelier, la troublaient aussi elle-même. La distance qui les séparait était encore grande, et cependant une affinité mystérieuse, quelque chose de plus subtil, de plus puissant qu'un courant électrique passait déjà de l'un à l'autre, et faisait que sans la parole ils s'entendaient, sans le regard ils se voyaient, sans les bras ils s'étreignaient ; par l'imagination, par le désir, ils étaient l'un à l'autre.

Elle parcourut rapidement la longue allée qui de l'avenus conduit à l'atelier, et vivement elle tourna la clef qui était à la serrure.

Mais après avoir poussé la porte elle s'arrêta avec surprise : l'atelier était sombre, elle ne voyait rien devant elle.

Francis n'était-il pas là ? Devait-elle entrer, devait-elle sortir ?

Comme elle se posait cette question, elle aperçut Airoles dans le rayon de lumière que laissait passer l'entrebâillement de la porte.

Puis presque instantanément la porte fut refermée, et elle se trouva dans l'obscurité. Deux bras vigoureux la soulevèrent, elle se sentit emportée.

— A moi, chère Juliette, à moi !

Elle ne se défendit pas, mais aux lèvres d'Airoles ses lèvres répondirent par un long baiser.

Six heures avaient sonné depuis assez longtemps déjà lorsqu'elle sortit de l'atelier. Il faisait nuit.

Mais elle n'avait conscience ni de l'heure ni de la nuit: elle marchait dans un rêve ; elle ne pensait à rien, elle ne craignait rien : elle était anéantie, et elle ne se sentait vivre que par les secousses délicieuses, les vibrations toutes-puissantes de ses nerfs agités.

XXXI

Flavien s'était trompé en croyant que madame Daliphare, après le refus qu'il lui avait opposé, s'était retournée vers Lutzius.

Lutzius n'était pas l'homme qu'il fallait pour réunir ces preuves. Sans doute, avec ses habitudes d'espionnage, il pourrait mieux qu'un autre suivre Juliette adroitement sans être remarqué par elle, savoir dans quelle maison elle allait et qui elle rencontrait dans cette maison ; mais pour cela il faudrait qu'il fût libre, et il ne l'était pas.

Retenu à la caisse, il ne pourrait pas comme Flavien, sous un prétexte quelconque ou même sans prétexte, sortir quand Juliette sortirait. Cette liberté, il ne l'avait que le soir, et ce n'était pas de la soirée que madame Daliphare se défiait : c'était de la journée, des heures pendant lesquelles Juliette sortait seule.

C'était pendant ces heures que Juliette devait voir Airoles ; où et comment ? madame Daliphare n'en savait rien, mais elle était convaincue que ces rendez-vous avaient lieu.

Serait-elle donc arrêtée par un simple défaut de constatation matérielle, et avec de l'argent, beaucoup d'argent, ne pourrait-elle pas obtenir cette constatation ?

Ce besoin de preuves était devenu chez elle une véritable manie qui jour et nuit l'obsédait : elle en rêvait.

Après son entretien avec M. Descloizeaux, elle s'était maintes fois adressée au vieux beau pour tâcher d'avoir par lui quelques indices qui la guidassent.

Mais M. Descloizeaux s'était tout d'abord renfermé dans une réserve qu'elle n'avait pas pu vaincre.

— Nous avons obtenu l'essentiel, disait-il : M. Airoles chassé de votre maison, le danger est conjuré.

— Mais s'ils se rencontrent ailleurs?

— Qui peut vous faire supposer cela ?

— Ce n'est pas chez moi une supposition, c'est une certitude.

— Vous avez des preuves?

— Non, mais j'ai la conviction que ces preuves existent et qu'il n'y aurait qu'à les chercher pour les trouver.

— Je ne pense pas comme vous ; je crois que, rencontrant des obstacles, ils ont cessé de se voir. Une véritable passion pourrait seule expliquer des rendez-vous au dehors, et je n'admets pas cette passion. Chez qui la voyez-vous? chez le peintre? Les hommes comme lui ont autre chose à faire que de perdre leur temps dans les mille difficultés d'un amour contrarié; cela est bon pour un oisif, et il ne l'est pas. Chez votre belle-fille? Je ne l'en crois pas capable ; c'est une personne froide qui ne fera jamais de folies. Elle a pu prendre un certain plaisir à jouer au sentiment, alors que cette comédie se passait chez elle. Mais s'exposer à des ennuis, à des dangers, je vous répète que je ne le crois pas.

Plusieurs fois, aiguillonnée par son idée, elle était revenue à la charge, mais les réponses de M. Descloizeaux avaient été toujours les mêmes.

Ne voulant pas rompre entièrement avec Juliette, malgré l'accueil plein de mépris que celle-ci lui faisait, et espérant toujours qu'une occasion se présenterait pour lui de mettre son plan à exécution, il ne pouvait pas s'allier ostensiblement à madame Daliphare.

Mais après l'incident de la voiture de place qui lui avait paru devoir amener Juliette dans ses mains et qui, en fin de compte, avait tourné à sa confusion, il n'avait plus eu de ménagements à garder. Jamais, ni par l'intimidation, ni par l'habileté, ni par la surprise, il ne pourrait triompher de Juliette ; il ne lui restait donc qu'à se venger d'elle, et, quand il se vengeait, il n'était pas scrupuleux sur les moyens qu'il employait : tous lui étaient bons. Juliette, par ses refus et plus encore par son dédain, l'avait profondément blessé ; il voulait une vengeance qui la fît cruellement souffrir dans sa fierté.

Le dimanche suivant, en arrivant à Nogent, il raconta à madame Daliphare cet incident de la voiture.

— Vous voyez si j'avais tort, s'écria madame Daliphare, et si mes soupçons étaient fondés !

— J'avoue que j'ai été un niais, et que votre perspicacité était beaucoup plus sûre que la mienne. Mais je ne pouvais pas croire madame Juliette capable de commettre une pareille imprudence, car je persiste à ne vouloir admettre que l'imprudence.

— C'est là qu'est la niaiserie, mon cher monsieur Descloizeaux.

— Pour admettre la faute, il faudrait que je la visse de mes propres yeux, et comme je ne la verrai jamais, je ne la croirai jamais.

11.

— Et pourquoi ne la verrez-vous jamais ? Il me semble qu'il doit y avoir des moyens pour surprendre une femme qui trompe son mari. S'il le faut je m'adresserai à la police : je ne reculerai devant rien.

— La police ne vous écoutera pas : elle a autre chose à faire qu'à s'occuper des femmes qui prennent la route la plus longue quand elles sortent. Si elle avait à organiser cette surveillance, elle n'y suffirait pas.

— Je saurai faire agir des influences toutes-puissantes.

— Toutes les influences ne serviraient à rien ; il n'y a qu'un moyen de mettre la police en mouvement dans ces circonstances.

— Lequel ?

— Vous n'en voudriez pas, et Adolphe ne l'accepterait jamais. Il faudrait qu'il déposât une plainte en adultère pour que la police constatât le flagrant délit.

Madame Daliphare avait eu un moment d'espérance, mais elle comprit que ce moyen était impraticable. Son fils, déposer une plainte contre sa femme ! il ne fallait pas songer à cela une seconde.

— Si la police ne peut pas organiser ces surveillances, continua M. Descloizeaux après un silence assez long, il y a, dit-on, des gens qui, dans un intérêt particulier et moyennant argent, remplacent la police.

— Vous en connaissez ?

— Non ; mais j'en ai entendu parler, et il y a quelque temps j'ai reçu la circulaire d'un de ces industriels.

— Vous avez cette circulaire ?

— Non ; c'est-à-dire, pour être moins affirmatif, que je l'ai peut-être, mais je n'en sais rien. Elle peut avoir été jetée, comme elle peut avoir été gardée. C'est à vérifier.

— Rendez-moi le service de faire dès demain cette vérification, et, si vous trouvez la circulaire, envoyez-la-moi.

— Est-ce que vous voudriez recourir au ministère d'un de ces gens ?

— Sans doute.

— Je ne vous y engage pas. Bien que je ne connaisse pas ce genre d'industrie, il me semble qu'il n'inspire pas la confiance. Non seulement on est exposé à perdre son argent sans obtenir un résultat, mais encore on court un danger plus sérieux.

— Quel danger ?

— Celui de se compromettre. Il faut en effet se livrer, donner son nom, entrer dans des renseignements plus ou moins graves, et cela peut avoir des inconvénients terribles pour la famille ; encore je ne dis rien de la honte qu'on doit éprouver à faire sa confession à ces gens-là, qui, je me le figure, ne doivent pas sortir de la diplomatie pour adopter ce métier.

— Envoyez-moi toujours cette circulaire, dit madame Daliphare, et pour le cas où vous ne la trouveriez pas chez vous, tâchez, je vous prie, de vous en procurer une autre. Je ne dis pas qu'elle me servira à quelque chose, mais je ne dis pas non plus qu'elle ne me servira pas. Je suis tellement indignée de la conduite de ma... belle-fille, que je suis décidée à faire cesser ce scandale coûte que coûte.

— Pensez à votre fils.

— C'est à lui que je pense. Mon pauvre enfant ! et c'est lui qui a voulu ce mariage ! Ah ! comme j'avais raison de m'y opposer !

— Il est vrai que si vous obtenez ces preuves, vous pourrez le rompre.

Le hasard permit que M. Descloizeaux n'eût pas égaré cette circulaire, et le lendemain madame Daliphare la reçut par la poste. Elle était dans une enveloppe, sans un seul mot d'envoi, et l'adresse de cette enveloppe n'était pas de la main de M. Descloizeaux.

Trouvant une lettre autographiée, madame Daliphare fut pour la jeter au panier, et elle la tenait déjà au bout du bras, quand les mots *sécurité, incognito, renseignements intimes* frappèrent ses yeux. Ce devait être la circulaire de M. Descloizeaux ; elle l'ouvrit alors vivement et la lut :

« Monsieur,

» Je viens d'ouvrir, sous le titre d'*Agence des familles*, une maison qui doit rendre les plus grands services à la société, en assurant le triomphe de la morale publique et en permettant à ceux que cela intéresse de faire un bon mariage ou d'en rompre un mauvais.

» En s'adressant à notre agence, une personne qui désire se marier peut obtenir tous les renseignements utiles pour assurer son mariage, de même qu'une personne déjà mariée peut obtenir tous ceux qui peuvent contre-balancer les erreurs d'un mauvais choix.

» L'intuition absolue de la chose unie à une discrétion extraordinaire nous a déjà rendus dignes de l'estime de toutes les classes de la société sans exception ; et le temps n'est pas loin où il ne se conclura pas un mariage et où il ne se prononcera pas une séparation de corps sans qu'on ait eu recours à notre ministère toujours caché.

» Nous organisons des surveillances particulières nocturnes et diurnes, citadines et villageoises, qui permettent de savoir ce qu'on soupçonne ou même de concevoir des soupçons qu'on n'avait pas. Ces soupçons éveillés, nous nous attachons à les vérifier et nous mettons aux mains de nos clients des preuves certaines qui peuvent déterminer le jugement des tribunaux.

» Espérant que vous ferez bon accueil à la présente, nous vous mettons à même de juger de l'opportunité des services que vous pouvez réclamer de nous.

» Nous serons toujours à votre disposition.

» *Paiement des honoraires après le succès.*

» Max Profit,
» Fondateur de l'*Agence des familles*,
rue Feydeau. »

Cinq minutes après avoir lu cette circulaire, madame Daliphare partait pour Paris.

XXXII

Madame Daliphare ne s'en tenait pas à M. de la Branche seul pour l'éclairer dans la direction de ses affaires ; à côté du notaire elle avait un autre conseil, et celui-là était d'un genre tout particulier.

Au notaire elle confiait ses grandes affaires, celles qui devaient marcher franchement et en plein jour ; pour les autres, c'est-à-dire pour celles qui présentaient des difficultés de direction, et qui étaient plus ou moins véreuses, elle s'adressait à un vieil homme de loi qu'elle consultait depuis quarante ans.

Le mot seul « homme de loi » dit ce qu'était M. Cerbelaud, qui, n'étant ni notaire, ni avocat, ni avoué, ni huissier, cumulait les diverses attributions de ces officiers ministériels en leur faisant subir, bien entendu, toutes les modifications de forme que son incapacité légale lui imposait. Ainsi, chez lui et sous sa plume, tous les actes que reçoivent les notaires se transformaient en *sousseings*, et tous ceux qui sont du ressort des avoués et des huissiers se changeaient en « transactions ». Par son ministère « on échangeait un papier », et l'affaire était faite ; une feuille de papier timbré écrite par lui, signée par les parties, et toutes les formalités de la loi, si longues, si compliquées, si coûteuses, étaient éludées. Cela valait ce que cela valait, mais au moins cela allait vite et ne coûtait pas cher.

Ces deux qualités, la rapidité et le bon marché, n'étaient pas les seules que Cerbelaud offrit à sa clientèle : il en avait encore une autre d'un plus grand prix, — la facilité de l'abord. Avec lui on n'avait point à faire antichambre, et après des heures perdues dans l'attente on ne se trouvait point en présence d'un monsieur plus ou moins gourmé, qui trop souvent emprunte avec ses clients les procédés de gravité et d'intimidation du magistrat. Chez Cerbelaud, qui habitait une vieille maison de la rue du Parc-Royal, on était reçu aussitôt qu'on se présentait, depuis six heures du matin jusqu'à dix heures du soir, et tout de suite on se trouvait à son aise. L'homme qui connaissait les affaires, comme celui qui ne les connaissait pas, était mis à même d'expliquer franchement son cas : Cerbelaud entendait tout, comprenait tout ; avec lui pas de réticences ; les consciences comme les langues sentaient d'instinct qu'elles n'avaient pas besoin de se gêner. Le petit marchand parisien est comme le paysan, il a peur de ceux qui, se tenant au-dessus de lui, veulent lui en imposer. Aussi le nombre de ceux qui vont chez « l'homme de loi » plutôt que chez l'avoué ou chez le notaire est-il considérable.

En s'adressant à Cerbelaud, madame Daliphare obéissait, jusqu'à un certain point, à ce sentiment : elle le dominait ; tandis que chez M. de la Branche, elle était elle-même dominée par la loi, dont le notaire était le représentant immédiat. Avec Cerbelaud, elle n'avait pas besoin de précautions ni de circonlocutions : elle disait ce qu'elle voulait, et ce qu'il lui convenait d'insinuer seulement était aussitôt compris par l'homme de loi, qui lui offrait toujours un moyen pour sortir adroitement et sans bruit de l'embarras qui la tourmentait. Il y a tant de chemins dans les affaires, tant de sentiers détournés dans le labyrinthe de la légalité !

Partie de Nogent pour aller rue Feydeau, madame Daliphare réfléchit en route qu'elle ferait bien de passer d'abord rue du Parc-Royal et de consulter Cerbelaud. Dans les événements qui pouvaient résulter de la constatation qu'elle cherchait, il y avait des points qui l'embarrassaient, notamment quant aux effets produits par la séparation de corps sur les dispositions du contrat de mariage. Depuis qu'elle avait admis la possibilité de cette séparation, elle avait passé plus d'une soirée, en veillant son petit-fils, à feuilleter le Code ; mais comme cela lui arrivait toujours lorsqu'elle voulait interroger la loi, elle s'était embrouillée dans des articles contradictoires, et elle ne voyait pas clairement quels effets cette séparation de corps pourrait avoir quant à la fortune de son fils et surtout quant à la sienne. Elle rêvait des résultats merveilleux ; mais les rêves ne lui suffisaient pas, il lui fallait la certitude : Cerbelaud devait la lui donner.

Quand le vieil homme de loi vit madame Daliphare entrer dans son misérable cabinet, meublé seulement d'un bureau noir et de trois chaises de paille crasseuses, il se leva vivement et, avec toutes les démonstrations de la déférence, il lui offrit le fauteuil sur lequel il était assis : c'était là une marque de respect qu'il ne donnait à personne, mais qu'il croyait devoir à sa riche cliente ; chaque fois madame Daliphare refusait, mais toujours il réitérait son offre d'un ton qui disait : « Je ne fais cela pour personne, mais vous êtes au-dessus du commun des mortels. »

— Qui me vaut l'honneur de votre visite? dit-il en déposant sa calotte de cuir avachie comme un vieux soulier, et en restant debout tandis que madame Daliphare s'asseyait sur une chaise.

— Je viens vous demander un avis.

Il s'inclina et, en attendant que madame Daliphare s'expliquât, il s'occupa à faire tomber dans sa tabatière les grains de tabac qui couvraient le bureau, mêlés à la sciure de bois avec laquelle il séchait son encre.

— C'est un avis, dit-elle, qui ne s'applique pas à une affaire présente, mais à une affaire possible dans un délai éloigné et qui d'ailleurs ne me touche pas personnellement.

— Alors c'est une sorte de cours de droit que vous désirez? Sur quel sujet?

— Sur la séparation de corps.

— Le sujet est long à traiter.

— Il ne s'agit pas pour moi de savoir tous les effets que peut produire la séparation de corps, mais seulement ceux qui peuvent profiter à celui des époux qui l'obtient.

— Pour ne pas faire de la théorie qui nous entraînerait bien loin, il faudrait savoir comment sont mariés les époux, le régime qu'ils ont adopté, et les donations qu'ils ont pu se faire, les successions qui leur sont échues. Voyez-vous des inconvénients à me répondre là-dessus ?

— Aucun. Ils sont mariés sous le régime de la communauté, et il y a eu donation par le mari de la portion disponible ; pas de successions recueillies.

— Bon ! Alors c'est bien simple : la communauté est dissoute, et l'époux contre lequel la séparation est admise perd tous les avantages que l'autre époux lui avait faits.

— Cela est parfait : ainsi la donation de la portion disponible faite par contrat de mariage est annulée ?

— Assurément.

— Quant aux enfants, ils sont remis à celui qui obtient la séparation, n'est-ce pas ?

— Généralement, à moins que pour le plus grand avantage de ces enfants, on ne les remette à une tierce personne.

— Une tierce personne ? Je comprends. Très bien, la loi est bonne.

— La loi est toujours bonne quand elle s'accorde avec nos intérêts ou nos désirs, mauvaise quand elle les contrarie. Heureusement les hommes de loi sont là pour travailler à cet accord, et avec un peu d'adresse on peut réussir.

Ce n'était pas de réflexions philosophiques que madame Daliphare avait besoin, mais de conseils pratiques.

— Si une succession était tombée dans la communauté, dit-elle, ou si elle y tombait avant la séparation, l'époux contre lequel cette séparation serait prononcée en profiterait pour sa part ?

— Assurément.

— De sorte que dans le cas où l'on craint de voir une riche succession tomber dans la communauté, il faut faire tout de suite prononcer la séparation.

— Sans doute. Seulement les séparations de corps ne se prononcent pas ainsi à volonté : il faut des faits certains, des preuves.

— Si l'on prouve qu'une femme va chez son amant ?

— Si elle y va, c'est quelque chose ; mais ce qui est tout, c'est qu'elle y reste, parce qu'alors on peut constater le flagrant délit. Le flagrant délit constaté, le mari dépose une plainte en adultère, et la séparation est tout de suite prononcée. C'est très commode et tout à fait à l'usage des gens du monde qui veulent éviter le bruit ; mais peut-être dans l'espèce ne s'agit-il pas de gens du monde ?

Madame Daliphare se dispensa de répondre à cette demande, que le vieil homme de loi semblait avoir faite d'ailleurs pour montrer qu'il ne soupçonnait pas de quelles personnes il s'agissait.

Depuis qu'elle était renseignée sur les effets légaux de la séparation de corps, elle était torturée par une autre question qui se posait fiévreusement dans son esprit, et à cette question ce n'était pas Cerbelaud qui pouvait répondre.

Elle le quitta donc et regagna sa voiture, où le petit Félix, qu'elle avait emmené avec elle, s'ennuyait et se fâchait.

— Allons voir maman, dit-il quand sa grand'mère remonta près de lui.

— Pas tout de suite ; j'ai des courses à faire encore.

— Je veux voir maman tout de suite, ça m'ennuie de rester dans la voiture ; si tu ne veux pas me conduire tout de suite chez maman, fais-moi monter avec toi là où tu vas.

Elle donna à son cocher l'adresse du docteur Clos.

— Je ne veux pas voir le médecin, cria Félix.

Madame Daliphare l'apaisa en lui promettant qu'il resterait dans la voiture.

— Docteur, dit madame Daliphare en entrant dans le cabinet de son médecin, vous êtes un homme sincère ?

— Je m'en flatte.

— Eh bien ! je viens à vous pour que vous me donniez une marque certaine de cette sincérité.

— Je suis à vos ordres.

— Combien de temps me donnez-vous à vivre ?

— Hé ! ma chère dame, ce n'est pas là une question que l'on fait à son médecin.

— Et à qui voulez-vous que je la fasse ? J'ai besoin, vous entendez, vous comprenez, j'ai besoin de savoir si je ne serai pas morte avant trois mois. Répondez-moi franchement, en toute sincérité ; et si vous croyez que je sois exposée à mourir avant ces trois mois, arrangez-vous, comme vous voudrez, pour me faire vivre jusque-là. Je ferai tout ce que vous ordonnerez, je m'envelopperai dans du coton, je ne mangerai plus, je ne bougerai plus, je dormirai, s'il le faut, jour et nuit. Conservez-moi à l'état de momie, si vous ne pouvez pas faire mieux, mais que je vive.

— Hé ! ma chère dame, s'écria le docteur, qui vous a mis dans la tête que vous deviez mourir ?

— Ne suis-je pas malade ?

— Vous l'avez été ; mais, avec les précautions que nous avons cru devoir prendre, tout danger a été conjuré.

— Il l'a été.

— Il l'est et il le sera, si vous voulez bien continuer ces précautions. Restez à la campagne, ne vous tourmentez point. Pas de fièvre, pas d'émotions, pas de fatigues, et ce n'est pas trois mois que je vous assure, c'est dix ans, c'est vingt ans.

— C'est de trois mois seulement que j'ai besoin ; après, peu m'importe. Mais, pendant ces trois mois, il faut que vous vous arrangiez pour que je puisse supporter la fièvre et les émotions sans en mourir, car ces émotions, je les aurai, je les ai.

Le docteur Clos était habitué aux manières de madame Daliphare et à sa tyrannie, qui prétendait régenter jusqu'à la médecine. Il ne se fâcha pas contre elle, et il lui promit ses trois mois.

— Seulement, dit-il, n'oubliez pas que je vous recommande le calme, et si vous vous donnez la fièvre, soyez prévenue que je ne réponds de rien.

— Il faut que je l'aie, dit-elle, mais je vais m'arranger pour l'avoir aussi peu de temps que possible.

— Nous allons voir maman, répéta Félix lorsqu'elle remonta en voiture.

— Non, pas encore.

— Alors je vais entrer avec toi.

— Non, mon petit Félix, non.

Et, ouvrant la glace, elle donna au cocher l'adresse de la rue Feydeau.

XXXIII

Dans le trajet de la rue du Parc-Royal à la rue Feydeau, Félix revint quatre ou cinq fois à son idée : il voulait monter avec sa grand'mère, et précisément parce que celle-ci le refusait, il s'obstinait dans sa demande.

— C'est parce que tu ne veux pas que je sache ce que tu vas faire, que tu me laisses dans la voiture, dit-il.

— C'est parce que les enfants ne doivent pas aller partout.

— Pourquoi les enfants ne doivent-ils pas aller partout ? Tu as peur que je répète à maman ce que j'entendrais dire.

A ce mot, madame Daliphare, qui n'était pas très tendre, eut un mouvement d'émotion ; elle prit son petit-fils dans ses bras et l'embrassa.

— Alors je vais avec toi, grand'maman ?

— Non, mon enfant ; c'est impossible.

— Bon, je dirai à maman que tu as peur qu'elle sache ce que tu fais.

Madame Daliphare, en quittant Nogent, n'avait pas pensé à ce qu'il y avait d'horrible à se faire accompagner dans ses démarches par l'enfant de celle qu'elle voulait perdre. Cette insistance singulière de Félix lui donna un moment de trouble, mais elle ne la fit pas revenir sur sa résolution : c'était pour lui, c'était pour l'enfant qu'elle agissait.

Comme elle craignait de rester assez longtemps avec M. Max Profit, elle se fit d'abord conduire au passage Jouffroy, où elle acheta une boîte de joujoux ; alors elle essaya un marché avec son petit-fils.

S'il voulait jouer tranquillement dans la voiture, il aurait la boîte ; s'il ne le voulait pas, elle serait pour la petite de la Branche.

— J'aime mieux monter avec toi chez le monsieur, dit Félix.

Et il ne regarda même pas la boîte quand sa grand'mère descendit de voiture.

L'*Agence des familles* occupait une maison sombre de la rue Feydeau ; un écusson en tôle vernie accroché à la grande porte annonçait au public qu'il devait s'adresser au premier étage, l'escalier à gauche au fond de la cour. Cette indication permit à madame Daliphare de ne point parler au concierge, ce qu'elle craignait.

Arrivée devant la porte de l'*Agence des familles*, elle sonna, et un homme à la tournure militaire, un ancien sous-officier décoré, vint lui ouvrir.

Bien qu'elle fût ordinairement décidée d'allure et de parole, elle resta un moment embarrassée pour dire ce qu'elle voulait ; enfin elle demanda à parler à M. Profit.

— En particulier, pour renseignements intimes ?
— Oui.
— Alors, si madame veut bien entrer dans cette pièce, M. le directeur viendra l'y trouver quand la personne avec laquelle il est en conférence et celles qui l'attendent seront parties.

— Est-ce qu'il y a déjà du monde dans cette pièce ?
— Jamais nos clients ne sont exposés à se rencontrer, chacun a sa pièce particulière ; le mari et la femme peuvent venir en même temps.

— Aurai-je beaucoup à attendre ?

— Il y a trois personnes avant madame.

— Je désire passer la première, je ne peux pas attendre.

Disant cela, madame Daliphare, qui savait le prix de l'argent, voulut glisser une pièce de cinq francs dans la main du garçon de bureau; mais celui-ci, après avoir regardé la pièce, refusa de la garder.

— Ce ne serait pas délicat, dit-il. J'ai déjà reçu dix francs d'une personne pour un tour de faveur; si je faisais passer madame la première, je serais obligé de rendre les dix francs.

Madame Daliphare se demanda si ce n'était pas là un moyen adroit de lui arracher une plus grosse gratification que celle qu'elle offrait, mais elle n'avait pas le temps d'attendre: elle changea ses cinq francs contre un louis, et trois minutes après elle vit entrer un petit homme trapu, aux yeux perçants, à la démarche oblique: M. Max Profit.

— J'ai lu votre circulaire, dit madame Daliphare, et je viens vous prier de m'obtenir quelques renseignements qui m'intéressent.

— Une surveillance intime? demanda Profit en jouant avec la chaîne en or qu'il portait autour du cou.

Madame Daliphare s'inclina en signe d'assentiment.

— Alors, madame, continua Profit en prenant la pose d'un troisième rôle de l'Ambigu qui va débiter un sermon, alors, madame, je dois vous demander dans quelles intentions vous vous adressez à mon agence. Je suis peiné d'avoir à vous poser une question de ce genre; mais c'est chez moi une règle de conduite absolue de ne pas me mettre en mouvement sans connaître le but que je poursuis. Mon agence joue un rôle en quelque sorte providentiel dans ce monde; elle prépare les événements et elle détermine nos actions. Il faut donc que nous sachions si les intentions de nos clients sont morales ou immorales: morales, nous agissons avec dévouement; immorales, nous refusons notre concours. Vous me pardonnez de vous parler ainsi?

— C'est votre métier, répliqua madame Daliphare, impatientée de ce bavardage.

— Voilà précisément ce qui m'oblige à tenir ce langage, car si je pouvais jamais m'en dispenser, ce serait avec une personne telle que vous, madame.

Cela fut dit d'un ton de politesse galante qui exaspéra madame Daliphare.

— Pourquoi moi plutôt qu'une autre? dit-elle; me connaissez-vous?

— J'ai cet honneur.

Madame Daliphare laissa échapper un mouvement de colère; s'en tenant aux mots mêmes de la circulaire, elle s'était figuré, sans bien se rendre compte de la situation, qu'elle pourrait garder l'incognito promis.

— Il ne faut pas que cela vous étonne, continua Profit. Qui, ayant été dans les affaires, ne connaît pas à Paris la célèbre madame Daliphare? J'ai eu plusieurs fois des surveillances à organiser dans votre maison; car, avant de fonder cette agence, j'étais employé par la Préfecture de police. J'ose dire que je le serais encore, si dans cette administration, où l'on appréciait mes services et mes talents, il y avait eu de l'avenir pour un homme actif et intelligent. Mais toutes les faveurs sont réservées aux Corses, qui encombrent toutes les routes, et comme je suis natif de Beauvais, j'ai dû abandonner la place et *ma* place.

Sur ce mot qu'il trouva plaisant il se mit à rire silencieusement. Mais, en voyant que madame Daliphare, roide et reiche, n'était pas sensible à sa gaieté, il continua :

— Ce serait un grand honneur pour mon agence, dit-il, d'être chargée de la surveillance particulière d'une maison telle que la vôtre, et avec les fraudes qui doivent s'y commettre, avec les vols faciles dont vous devez être victime, vous auriez, j'en suis certain, un grand avantage à m'employer, et nous pourrions même, si vous le désiriez, faire un abonnement.

Madame Daliphare resta un moment silencieuse, se

demandant si elle devait s'ouvrir à cet homme qui la connaissait. Ses manières cauteleuses et brutales, sa platitude et son insolence, sa grossièreté et sa politesse, lui inspiraient un sentiment de défiance et de dégoût. Devait-elle confier l'honneur de son fils à cet ancien mouchard ? Quel usage ferait-il de ce secret ?

Pendant quelques instants elle balança sa résolution ; mais, à la fin, la haine contre Juliette l'emporta. Si quelqu'un était capable d'obtenir les preuves certaines qu'elle cherchait depuis si longtemps en vain, c'était assurément ce chenapan. Pourquoi refuser son concours ? Un autre auquel elle s'adresserait serait-il plus délicat que celui-là ? S'il avait intérêt à se taire, il ne parlerait point. Il fallait donc éveiller cet intérêt, et alors elle était assurée d'avoir sa discrétion et son dévouement.

— C'est en effet la surveillance de ma maison que je veux vous confier, dit-elle ; seulement, comme je ne sais pas ce que cette surveillance pourra me rapporter, il nous est impossible de fixer dès maintenant le prix de cet abonnement dont vous me parlez.

— C'est à voir.

— Précisément. Après deux ou trois mois nous serons fixés ; et, si vous le voulez, nous prendrons pour base de notre arrangement la valeur des fraudes que vous découvrirez.

— Ce sera alors une remise de tant pour cent.

— Juste.

— Et pendant ces trois mois, sur quel pied marcherons-nous ? Mes frais sont considérables, les hommes que j'emploie me coûtent très cher.

— Vous aurez pour vous tout ce que vous découvrirez, dit madame Daliphare en interrompant cette énumération, qui menaçait d'être longue. Êtes-vous satisfait ?

— Oui, si vous ajoutez un fixe de 200 francs par mois.

— Cent cinquante, pas un sou de plus.

— Pour avoir l'honneur d'être employé par la maison Daliphare, c'est convenu. Quand faut-il commencer ?

— Prochainement, mais j'ai avant certaines dispositions à prendre ; cependant il est entendu que notre arrangement part d'aujourd'hui. Mais comme vous ne voudriez pas être payé pour ne rien faire, je veux vous employer à une surveillance qui me montrera ce que vous pouvez et comment vous procédez.

— Quelle surveillance ?

— Il s'agirait de voir où va ma belle-fille quand elle sort.

— Ah! ah! s'écria Profit en se renversant sur une chaise : on m'avait bien dit que madame Daliphare était une des femmes les plus adroites et les plus fines de Paris ; mais je ne suis pas non plus une bête, si j'ose m'exprimer ainsi en parlant de moi-même. La surveillance de votre maison est un appât et un trompe-l'œil : c'est de madame Daliphare jeune qu'il s'agit réellement.

Madame Daliphare se mordit les lèvres.

— Très naturel, continua Profit, et pour cette surveillance comme pour toutes les autres, je suis à votre disposition. Seulement, pour celle-là, les conditions sont changées : ce n'est plus une remise que je demande, c'est un fixe. La remise, il est vrai, pourrait encore s'arranger ; mais il faudrait la calculer sur l'importance des sommes que la séparation du corps pourra vous faire gagner, et vous ne voudriez pas de cela, je pense.

— Que voulez-vous ? demanda madame Daliphare ; seulement soyez raisonnable. Si vous espérez m'exploiter, rien de fait.

Le directeur de l'*Agence des familles* hésita un instant, partagé entre le désir d'obtenir le plus possible et la crainte de ne rien obtenir du tout.

— Trois mille, dit-il enfin.

— Cinq cents, répliqua madame Daliphare.

On batailla, on discuta, et l'on finit par tomber d'accord à deux mille. Le jour où l'*Agence des familles* pourrait dire ce que Juliette faisait depuis l'heure où elle sortait de la rue des Vieilles-Haudriettes jusqu'au moment où elle y rentrait, on lui compterait deux mille francs.

— Maintenant, dit Profit, il faut que je connaisse madame votre belle-fille et que je la fasse connaître de ceux de mes hommes qui seront chargés de la surveillance. Pour cela, nous avons un excellent moyen : ainsi vous louez une loge à un théâtre quelconque, vous m'envoyez le numéro de cette loge et nous pouvons faire notre examen sans éveiller aucun soupçon. On ne vous voit pas, et quand on se rencontre avec nous plus tard, on ne nous reconnaît pas. La loge vous convient-elle ?

Madame Daliphare accepta ce moyen, et il fut convenu qu'en sortant, elle louerait pour le lendemain une loge au Vaudeville, où l'on jouait en ce moment une pièce à succès.

— Autre renseignement, dit Profit ; sur qui portez-vous vos soupçons ? Si vous pouviez me donner le nom du monsieur, cela serait excellent. Les femmes sont généralement défiantes, et par mille détours elles rendent les surveillances difficiles : les hommes y vont plus franchement. De sorte qu'en les suivant, on est sûr d'arriver à la femme. C'est plus commode et plus rapide.

Madame Daliphare donna le nom et l'adresse d'Airoles. Profit tira un portefeuille pour prendre ces renseignements par écrit.

— Est-il bien nécesssaire d'écrire ? demanda madame Daliphare.

— Cela est sans inconvénient, dit Profit en lui présentant son portefeuille ouvert ; toutes les notes que je prends sont écrites en chiffres et personne autre que moi ne peut les lire. Dans quelques jours j'aurai l'honneur de vous porter à Nogent le résultat de nos premières recherches.

XIV

En sortant de l'*Agence des familles*, madame Daliphare se fit conduire au Vaudeville, où elle loua une loge ; puis ensuite rue des Vieilles-Haudriettes.

L'heure ordinaire de son arrivée était passée depuis assez longtemps déjà, et on l'attendait pour décider plusieurs affaires importantes dont la solution lui avait été réservée. Des rendez-vous avaient été fixés pour traiter ces affaires, et plusieurs personnes qui étaient venues du dehors se promenaient dans la cour ou faisaient antichambre, surprises de ce retard insolite.

Que se passait-il donc? C'était la première fois que madame Daliphare n'était pas à l'heure ; les employés s'interrogeaient avec étonnement, et Juliette était déjà inquiète : son fils était malade.

Au moment où elle allait partir pour Nogent, chercher une certitude, madame Daliphare arriva.

Mais, malgré la présence des personnes qui l'attendaient, malgré l'importance et l'urgence des affaires qui lui avaient été réservées, elle ne voulut s'occuper de rien.

— Décide tout cela, dit-elle à son fils ; je retourne à Nogent.

— Es-tu malade?

— Non, mais je ne veux pas le devenir ; je sens que j'ai besoin de calme et de repos ; je me donnerais la fièvre en traitant ces affaires, et c'est ce que je ne veux pas. J'aime mieux m'en aller tranquillement à Nogent.

Adolphe fit un signe à sa femme.

— Je vais aller avec vous, dit Juliette.

— Non, je vous remercie.

— Mais, si vous êtes souffrante, vous ne pouvez pas rester seule à Nogent.

— Je désire rester seule au contraire et je vous prie de ne pas quitter Paris.

— Mais...

— Vous me désobligez en insistant. Restez à Paris, c'est ce que je désire, ce que je vous demande. Voici une loge au Vaudeville que je viens de prendre pour vous. Quant à moi, j'ai besoin de calme.

— Alors voulez-vous que je garde Félix ?

— Félix ne me gêne jamais, et si vous voulez le voir, rien ne vous empêchera de venir dans la matinée. Ce que je désire, c'est éviter les occasions de trouble et de fatigue.

— Tu te sens donc malade ? insista Adolphe tourmenté.

— Pas pour le moment ; mais je sens que, si je ne prends pas des précautions, je peux l'être, et c'est ce que je ne veux pas. En venant, je suis entrée chez le docteur Clos ; c'est lui qui m'a ordonné la tranquillité. Vous me reprochez toujours de ne pas écouter le médecin ; ne vous fâchez pas si je me conforme aujourd'hui à ses prescriptions.

Elle repartit pour Nogent, en laissant son fils et Juliette stupéfaits : cette façon d'agir était chez elle si extraordinaire qu'ils ne pouvaient pas la comprendre.

Ce fut ce sentiment de surprise qu'éprouvèrent les domestiques de Nogent, quand ils virent madame Daliphare ne quitter sa chambre que pour faire deux fois par jour une promenade à petits pas dans le jardin.

Plus de surveillance, plus d'ordres durement donnés, plus d'observations : c'était une véritable métamorphose.

Et pendant que les choses allaient ainsi à l'aventure dans la maison, madame Daliphare gardait la chambre.

Qu'avait-elle ? c'était la question que chacun se posait avec curiosité, car rien n'indiquait qu'elle fût malade.

Le contraste, en effet, entre cette vie nouvelle et les anciennes habitudes de madame Daliphare était tel qu'il devait frapper les gens les moins observateurs. Cette femme naguère pleine d'activité, toujours en mouvement, et qui semblait ne pouvoir jamais dépenser toute son énergie, restait maintenant engourdie dans l'inaction ; elle ne voulait s'occuper de rien, elle ne répondait à rien, et quand elle marchait, c'était à croire qu'elle avait peur de se casser, tant elle prenait de précautions.

Cette apathie apparente dura plusieurs jours chez madame Daliphare, mais peu à peu elle se dissipa, au moins par moments. Ainsi le jardinier, qui avait remarqué que sa maîtresse marchait comme si elle était de verre, remarqua que dans ses promenades elle n'avait plus cette régularité de mouvements qui l'avait si fort étonné ; parfois elle s'arrêtait brusquement, puis tout à coup elle repartait à grands pas. La femme de chambre fit aussi ses observations, et elle regretta que sa maîtresse n'eût plus le calme et la tranquillité des premiers jours.

C'est que, pendant les premiers jours, madame Daliphare avait attendu assez patiemment le résultat de la surveillance de Profit, tandis que maintenant elle s'exaspérait et se dévorait dans cette attente.

Cette surveillance n'allait-elle rien produire ? Profit était-il capable de l'organiser avec intelligence ? Ne la tromperait-il pas ?

Toutes ces questions et bien d'autres qu'elle examinait du matin au soir, les tournant et les retournant dans sa tête, lui donnaient la fièvre.

Alors, prise d'inquiétude pour sa vie, se rappelant les menaces du docteur Clos, elle voulait se calmer, elle voulait s'engourdir, elle voulait ne vivre que pour vivre. Mais plus les efforts qu'elle faisait étaient grands, plus sa fièvre augmentait.

Allait-elle mourir avant d'avoir obtenu le résultat qu'elle poursuivait ? Mais si elle mourait, sa fortune tombait dans la communauté, et, la séparation de corps arrivant, Juliette se trouvait riche. C'était pauvre, c'était misérable qu'elle la voulait.

Oh ! vivre, vivre seulement trois mois encore, et puis après mourir en laissant son fils riche et libre.

Se rappelant les symptômes de sa maladie et cherchant

dans son souvenir ce qu'elle avait éprouvé, elle s'interrogeait avec angoisse. Lorsqu'elle avait commencé à être malade, une pression sur le cœur la faisait souffrir ; elle se tâtait maintenant cent fois par jour : tantôt il lui semblait qu'elle trouvait une douleur, tantôt au contraire elle ne la trouvait point. Alors elle se rassurait et prenait confiance.

Mais un rien la rejetait dans l'effroi : un poids sur le cœur, une rougeur au visage, une pulsation plus forte qu'à l'ordinaire, un soupir, une toux sèche.

Elle allait mourir, mon Dieu !

Elle ne mourait point, mais elle était terriblement torturée. Et, pour écarter la mort, elle répétait tous les remèdes qu'elle avait faits lors de sa maladie, car elle avait pour habitude de conserver les ordonnances de son médecin, et sans savoir si elle était maintenant dans l'état où elle avait été autrefois, mais par crainte d'y revenir, elle appliquait ces ordonnances : repos, diète, boissons émollientes, applications froides sur le cœur, sinapismes aux pieds.

Les jours se passaient, et elle ne recevait pas de nouvelles de Profit.

Entraînée par l'impatience et ne pouvant plus supporter l'incertitude, elle allait partir pour Paris lorsqu'elle le vit arriver à Nogent.

Il avait une figure grave, sur laquelle on ne pouvait rien lire, si ce n'est qu'on se trouvait en face du directeur de l'*Agence des familles*, homme moral par excellence, personnage providentiel, qui avait conscience du rôle qu'il jouait dans le monde.

— Eh bien ? s'écria madame Daliphare, incapable de se contenir.

Sans répondre, M. Max Profit cligna de l'œil et fit claquer sa langue.

— Que voulez-vous dire ?

Il tendit la main :

— Je viens toucher.

— Vous avez réussi ?

— Vous avez dit que la lumière soit faite, elle est faite.
— Vous avez des preuves?
— J'en ai.
— Donnez, donnez.

Mais, en prononçant ces mots à peine articulés, madame Daliphare se sentit étouffer. Elle eut un moment d'angoisse affreuse.

— Attendez, attendez un peu, dit-elle ; tout à l'heure.
— La douleur? dit Profit en prenant une voix attendrie ; c'est bien naturel, et voilà qui prouve qu'il n'est pas toujours bon d'interroger la Providence : on apprend quelquefois ce qu'on aimerait mieux ne pas savoir.

Pendant que Profit débitait cette maxime qui lui avait déjà servi plus d'une fois, madame Daliphare avait pu se remettre.

— Parlez, dit-elle ; je vous écoute.

Mais le directeur de l'*Agence des familles* étendit de nouveau la main vers madame Daliphare, et il resta dans cette position, les yeux souriants, les lèvres immobiles.

— Eh bien? dit madame Daliphare.
— J'attends ; vous savez, c'est deux mille.

Madame Daliphare était tellement troublée qu'elle fit un mouvement pour prendre sa clef, mais la réflexion lui revint.

— Pour payer ces preuves, il faut que je les aie, et vous ne me les avez pas données.
— Pardon, mais il me semble que vous m'avez dit que vous aviez lu ma circulaire. Ne vous rappelez-vous pas sa dernière ligne : *Paiement des honoraires après le succès?* J'ai obtenu le succès, j'attends les honoraires.

Il étendit de nouveau la main.

— Et moi, j'attends les preuves ; qui me dit que vous les avez?
— L'honorabilité de ma maison. Au reste, je ne procède jamais autrement: on paie après le succès, mais avant les preuves. Autrement on ne paierait jamais. Si vous désirez ces preuves, donnez-moi les deux mille, et je parle ;

sinon je me tais. Quant à la gratification de mes hommes, je la laisse à votre générosité.

Madame Daliphare resta un moment partagée entre la crainte d'être exploitée et le désir d'avoir ces preuves si longtemps attendues ; enfin ce fut le dernier sentiment qui l'emporta.

Elle alla à son secrétaire et en tira deux billets de mille francs, qu'elle tendit au directeur de l'*Agence des familles*.

— Ne refermez pas le secrétaire, dit celui-ci en pliant les billets; car vous voudrez, j'en suis certain, le rouvrir pour la gratification. Ce n'est pas deux mille francs que vaut la chose ; c'est vingt mille, c'est cent mille.

— Pas de ces bavardages inutiles. Vous êtes payé : parlez, et plus vite que cela, je vous prie.

Sans se fâcher, Profit tira de sa poche son carnet d'hiéroglyphes, et le tenant ouvert comme s'il traduisait des notes :

— J'ai voulu, dit-il, vous organiser une surveillance d première classe et digne en tout point d'une famille comme la vôtre. J'ai donc attaché un de mes agents à la personne que je ne veux pas nommer, mais que je désignerai suffisamment en l'appelant « votre parente », et en même temps j'en ai attaché un autre au personnage que je désignerai aussi suffisamment en l'appelant « votre ennemi ». Mes deux hommes devaient agir séparément et sans savoir qu'ils étaient associés : un rapport ainsi contrôlait l'autre. Voici les résultats de leurs surveillances respectives : mardi dernier, « votre parente » quitta la rue où elle habite, à une heure, et en voiture de place, elle vint au boulevard Malesherbes, où elle resta trois quarts d'heure environ. En sortant de cette maison, elle alla à pied à la station de Courcelles, où elle prit un billet pour Passy. A Passy, elle traversa la pelouse du Ranelagh et entra, par l'avenue Raphaël, dans un atelier qui appartient à un sculpteur que je dois, malgré toute ma discrétion, nommer, M. Roelz; elle y resta deux heures, et en sortant elle prit une voiture devant la gare et rentra chez elle.

— Donnez-moi ces noms par écrit, dit madame Daliphare, et cette adresse.

— Mon Dieu! madame, veuillez les écrire vous-même; je n'écris jamais : affaire de principe. « Roelz, avenue Raphaël, Passy. » Pendant ce temps, mon autre agent surveillait « votre ennemi », et il était amené par lui jusqu'à Passy; par le boulevard Suchet, ce personnage entrait dans l'atelier du sculpteur Roelz, un quart d'heure avant que « votre parente » y entrât par l'avenue Raphaël. C'est donc à Passy, dans cet atelier qui a une double entrée, que « votre parente et « votre ennemi » se rencontrent. Que se passe-t-il dans ces entrevues? C'est ce que je vous demande la permission de ne pas même soupçonner. Gazons, n'est-ce pas? glissons, n'appuyons pas. Mercredi, pas de rendez-vous; jeudi, pas de rendez-vous. Vendredi, au contraire, nouvelle rencontre, à la même heure. C'est donc le mardi et le vendredi, à trois heures et demie, que ces deux personnes se voient à Passy, dans l'atelier loué au nom de M. Roelz, — ce qu'il fallait démontrer.

XXXV

Enfin madame Daliphare tenait cette preuve si ardemment désirée, si patiemment cherchée.

Juliette était maintenant entre ses mains, et elle n'avait qu'à serrer la corde qu'elle venait de lui passer au cou pour en être à jamais débarrassée. Pas de défense possible : une expulsion honteuse, la misère. Adolphe libre, Félix tout à elle : quel triomphe et quelle joie! Comme ils seraient heureux tous trois ensemble, lorsque cette étrangère ne viendrait plus à chaque instant se placer entre eux!

Un petit-fils et plus de belle-fille.

Elle oublia ses précautions, et dans un mouvement d'exaltation, ne pouvant plus se contenir, elle se mit à marcher à grands pas dans sa chambre.

Elle ne pensait plus à écouter les battements de son cœur et à se regarder dans la glace pour voir si ses joues rougissaient.

Enfin ! enfin !

Et dans son triomphe elle se disait que ces deux mille francs qu'elle venait de donner ne lui coûtaient pas cher; pour la première fois de sa vie peut-être elle ne regrettait pas son argent dépensé.

Elle avait étudié le Code, au chapitre de la séparation de corps, pendant ces derniers temps, et elle avait vu que Juliette serait obligée de comparaître en personne devant le président. Quelle humiliation pour son orgueil ! Cette comparution seule valait les deux mille francs. En dix minutes, elle serait vengée des cinq années qui venaient de s'écouler. Elle accompagnerait son fils, et ce serait elle-même qui ferait grâce à Juliette du procès en adultère; elle l'accablerait de sa pitié.

Sans réfléchir à ce qu'elle faisait, elle allait d'un bout à l'autre de la chambre, revenant sur ses pas, tournant sur elle-même.

Tout à coup elle s'arrêta brusquement et s'assit sur son fauteuil : elle venait de ressentir une commotion, et elle ne pouvait plus respirer. Si elle allait étouffer ?

Elle s'efforça de se calmer. Elle était folle de se laisser emporter : la joie pouvait la tuer aussi bien que la douleur.

Elle prit un livre qui se trouvait à portée de sa main et, regardant l'heure à la pendule, elle se dit qu'elle ne penserait pas à Juliette avant un quart d'heure ; et, avec cette force de volonté qu'elle avait toujours eue, elle s'absorba dans sa lecture.

Le quart d'heure écoulé, elle revint à Juliette : elle était plus calme, et la nécessité d'examiner froidement ce qu'elle devait faire de la découverte qu'elle venait d'acheter la maintint dans la plénitude de sa raison.

Pour obtenir la séparation de corps, il fallait qu'elle fût demandée par Adolphe, et pour amener celui-ci à cette résolution terrible, il fallait qu'il connût la trahison de sa femme.

Maintes fois elle avait pu mesurer la puissance que Juliette exerçait sur lui, et elle était certaine à l'avance que, si une explication avait lieu entre le mari et la femme, celle-ci trouverait moyen de démontrer qu'elle était injustement accusée.

Il fallait donc éviter cette explication, et arranger les choses de telle sorte qu'Adolphe fût obligé d'ouvrir les yeux et de voir, malgré son aveuglement, la trahison dont il était victime. Pas de paroles qu'on pouvait plus ou moins dénaturer : un fait matériel et brutal, contre lequel il était impossible de se débattre.

Cette ligne de conduite adoptée, elle s'occupa aussitôt de combiner les moyens qui devaient la faire aboutir au but cherché, et elle partit pour Passy ; mais, au lieu de se faire conduire dans sa voiture, elle prit le chemin de fer. Il fallait éviter les indiscrétions et empêcher que le cocher pût bavarder ; par les domestiques, il pouvait revenir à Juliette qu'elle avait été à Passy, et alors celle-ci se tiendrait sur ses gardes.

Son plan était des plus simples, il consistait à acheter le gardien et à obtenir de lui le moyen de pénétrer dans l'atelier.

Quand on lui eut dit que M. Roelz était en ce moment à Rome, elle parut désappointée et, montrant tous les signes de la fatigue, elle s'assit sur une chaise dans le logement du gardien.

— Si madame est fatiguée, dit le gardien, qui avait dû être autrefois valet de chambre dans une maison où il avait pris des manières plates et obséquieuses, elle peut attendre ici le départ du prochain train, dans dix minutes.

Et, se rasseyant dans le fauteuil qu'il occupait, il reprit son journal sur ses genoux, prêt à le lire si on ne lui adressait pas la parole, prêt à le rejeter au contraire si on l'interrogeait.

Du coin de l'œil, madame Daliphare remarqua cette attitude, et elle en augura bien pour le succès de sa négociation. C'était là évidemment un homme qui ne demanderait pas mieux que de se vendre; seulement il faudrait y mettre le prix. C'était un gredin, ce n'était pas un imbécile. Plus d'une fois, dans sa vie de commerçante, madame Daliphare avait eu affaire à des gredins, et elle savait qu'avec eux le meilleur est d'aborder franchement les questions.

— L'atelier de M. Roelz, dit-elle, sert en ce moment de lieu de rendez-vous à un monsieur et à une dame, qui se voient le mardi et le vendredi.

— Ah! madame.

— N'essayez pas de me tromper; je sais tout. J'ai intérêt à faire cesser ces rendez-vous, sans bruit et sans scandale; voulez-vous me donner votre concours?

Le gardien se redressa avec dignité et regarda madame Daliphare d'un air indigné.

— Il sera bien payé, poursuivit madame Daliphare.

L'indignation se changea en un sourire.

— Pour mon compte, dit-il, je serais heureux de voir ces rendez-vous interrompus; cela n'est pas convenable pour moi, et si M. Roelz n'était pas notre locataire depuis sept ans, j'aurais déjà interdit l'atelier à ces personnes. Mais vous comprenez, avec un ancien locataire... cependant je serais tout disposé à intervenir.

— Ce n'est pas vous qui devez intervenir, c'est moi, et je suis prête à reconnaître le service que vous m'aurez rendu.

— Que faut-il faire?

— Me donner les moyens de pénétrer auprès de ces personnes quand elles sont enfermées dans cet atelier.

— Ceci est bien grave, car il faut que je vous confie une clef de l'atelier ou de l'appartement particulier de M. Roelz; cela sera su M. Roelz est très lié avec la personne qui vient ici ; il se plaindra ; je puis perdre ma position.

Puis, après avoir regardé madame Daliphare du haut en bas comme s'il voulait voir d'un coup d'œil si elle était femme à payer cette position, il secoua la tête, mécontent sans doute de son examen et ne trouvant pas dans cette femme à la toilette négligée ce qu'il fallait pour engager une affaire.

— A combien estimez-vous cette position ? demanda madame Daliphare, qui avait compris ce qui se passait dans cette tête hypocrite.

D'exigences en exigences, il finit par obtenir quinze cents francs.

Le marché conclu et cinq cents francs ayant été versés d'avance, il conduisit madame Daliphare dans l'appartement particulier du sculpteur, qui communiquait avec l'atelier par la porte du cabinet.

— Je pourrai vous faire entrer dans ce cabinet, et de là vous verrez tout ce qui se passe dans l'atelier.

— Ce ne sera pas moi que vous ferez entrer, dit-elle, mais une personne que j'enverrai. Cette personne vous tendra un billet de mille francs ; ce sera le signe auquel vous la reconnaîtrez. Aussitôt vous l'amènerez ici.

Il voulut se défendre et soutenir qu'il ne pouvait pas s'engager ainsi envers une personne qu'il ne connaissait pas et qui peut-être ferait du bruit ; mais madame Daliphare ne l'écouta pas. D'un œil curieux elle examinait l'ameublement de l'atelier, les fleurs, les tentures, les tapis. Sur la console qui se trouvait devant la glace, elle prit une épingle à cheveux qui avait été oubliée là.

Une seconde fois elle répéta ses instructions au gardien, puis elle revint à Nogent.

Maintenant elle n'aurait plus qu'à attendre le mardi.

Et rentrée chez elle, elle reprit les précautions dont elle s'enveloppait depuis quelque temps. Elle avait eu tant d'émotion dans cette journée qu'elle était à bout de forces ; cependant elle n'osa pas manger, et, au lieu de se faire servir à dîner, elle se fit couvrir les jambes de sinapismes ; mais elle en avait mis si souvent pendant ces derniers jours, qu'il n'y avait pas une place qui ne fût brûlée.

— La peau est partout frisée, dit la femme de chambre.

— Eh bien ! mettez-les sur les brûlures les plus anciennes.

Et, stoïquement, pendant un quart d'heure, elle endura ces sinapismes ; la sueur lui coulait sur le visage, mais loin de se plaindre, elle souriait à sa pensée intérieure.

Pendant toute la journée du dimanche elle fit le meilleur accueil à Juliette ; son amabilité frappa tout le monde.

— Je vois avec plaisir que madame Daliphare est revenue à de meilleurs sentiments pour vous, dit le notaire à Juliette.

— Est-ce que mon Profit n'aurait rien découvert ? se demanda M. Descloizeaux.

Il interrogea madame Daliphare, et celle-ci lui répondit qu'elle avait en effet employé le directeur de l'*Agence des familles* et qu'elle en était heureuse, car elle avait la preuve maintenant que les sorties de Juliette étaient parfaitement innocentes.

— Ils ne se voient pas, dit-elle ; tout est rompu. Nous en serons quittes pour la peur. C'est une grande joie pour moi.

— Et pour moi donc ! Mais vous me rendrez cette justice, que ce que vous m'apprenez là, je vous l'ai toujours dit : c'était impossible.

— Je suis désolée d'avoir pu soupçonner Juliette.

— Moi, au moins, je l'ai toujours défendue.

Le lundi elle n'alla pas à Paris et elle resta dans sa chambre, étendue dans un fauteuil, sans faire un mouvement, sans respirer pour ainsi dire.

Cette journée fut longue, la nuit fut plus longue encore.

Enfin le mardi, à son heure ordinaire, elle partit pour la rue des Vieilles-Haudriettes.

XXXVI

En arrivant elle trouva son fils qui finissait de déjeuner.

— Où est Juliette ?
— Elle vient de passer dans sa chambre pour s'habiller ; elle va sortir.
— Où va-t-elle ?
— Chez sa mère.

Madame Daliphare descendit au bureau avec son fils. Pour passer le temps, elle se mit furieusement au travail ; les papiers volaient sous sa main tremblante. Lutzius, ayant tardé un moment à avancer à l'ordre, fut secoué d'importance, et, dans le bureau, les commis qui entendaient l'algarade se mirent à rire.

— A qui le tour ? demanda Mayadas. Flavien, c'est à vous.

Mais Flavien, sans répondre, monta au second étage. Il avait des livres à ranger dans la bibliothèque, et sous cette raison plus ou moins bonne, il cachait son désir de parler à Juliette et de la voir un moment, — la voir une seconde, recevoir l'éclair de ses yeux et frissonner.

Il était depuis un quart d'heure dans la bibliothèque lorsqu'il entendit le bruissement d'une robe dans le vestibule. Il ouvrit vivement la porte. C'était Juliette. Il la salua et s'avançant de quelques pas :

— Je vous prie de me pardonner si je vous arrête, dit-il mais j'ai un mot à vous dire que je vous serais reconnaissant d'entendre.

Juliette hésita un moment.

— Parlez, dit-elle enfin.

— J'ai porté contre Lutzius une accusation fausse ; je l'ai observé, il est innocent de ce dont je le soupçonnais. Mais veillez sur vous, madame : vous êtes entourée de gens de mauvaise mine.

— Quels gens?

— C'est ce que je ne saurais dire ; mais, j'en suis certain, un danger vous menace.

— Je vous remercie.

Puis, lui ayant fait de la main un signe amical, elle continua son chemin et descendit l'escalier.

Flavien voulut courir après elle et insister sur son avertissement, mais il ne savait rien de précis ; il avait été inquiété seulement par un homme à mauvaise figure et aux allures louches qu'il avait vu rôder dans la rue des Vieilles-Haudriettes. Dans ces conditions, que dire de plus que ce qu'il avait déjà dit? Ne croirait-elle pas qu'il voulait se faire valoir? Il ne lui convenait pas de se mettre ainsi en avant ni de s'imposer.

Quand Juliette arriva dans le bureau, elle trouva son mari et sa mère qui, assis en face l'un de l'autre, travaillaient.

— Vous sortez? demanda madame Daliphare en posant sa plume.

Adolphe fut frappé de l'émotion qui faisait trembler la voix de sa mère, et il releva la tête.

— Il y a bien longtemps que je n'ai vu madame Nélis ; j'ai presque envie d'aller avec vous.

Juliette ne répliqua pas, mais elle laissa échapper un mouvement que madame Daliphare saisit.

— J'ai encore trois quarts d'heure de travail, voulez-vous m'attendre?

— Sans doute... Cependant cela me mettra bien en retard.

— Ah! pas de retard, dit Adolphe ; nous allons ce soir aux Italiens.

— N'avez-vous pas été hier à la première du Châtelet?

— Oui, ça a fini à une heure et demie du matin ; pas de voitures, nous sommes revenus à pied. Heureusement j'avais mon revolver dans mon pardessus, car j'avais prévu ces retards ; ils n'en font jamais d'autres avec leurs féeries.

— Au revoir, dit Juliette.

— Expliquez à madame Nélis que je voulais la voir, dit madame Daliphare, et que ce n'est pas ma faute si je n'y vais pas aujourd'hui.

Juliette sortit, et madame Daliphare resta la tête penchée sur son pupitre; mais elle ne travaillait pas, ses mains tremblaient.

Pendant une heure au moins, elle resta ainsi sans prononcer une parole, ne relevant la tête que pour regarder la pendule qui était devant elle.

Tout à coup elle quitta sa place et, passant à la caisse, elle prévint Lutzius de ne laisser personne frapper à la porte du bureau de son fils; puis, cet ordre donné, elle rentra après avoir fermé au verrou les doubles portes.

— Qu'as-tu donc, maman? demanda Adolphe.

Sans répondre immédiatement, elle vint jusqu'à lui.

— Mon pauvre fils, dit-elle, il faut être fort, car je vais te porter un coup terrible et te causer la plus grande douleur que tu puisses ressentir.

— Mon Dieu! es-tu malade?

— Ce n'est pas de moi qu'il s'agit, c'est de Juliette.

— Ma femme!

— Où crois-tu qu'elle est en ce moment?

— Mais chez sa mère.

— Ce n'est pas vrai.

— Oh! maman, je t'en prie, n'accuse pas Juliette. Vous avez eu, en ces derniers temps, des difficultés qui m'ont rendu cruellement malheureux; je vous croyais revenues l'une et l'autre à de meilleurs sentiments. Laisse-moi cette croyance.

Elle le prit dans ses bras et le serra fortement.

Il fut profondément ému par cette étreinte; car, bien qu'il connût tout l'amour que sa mère lui portait, il n'était point habitué à cette tendresse expansive.

— Tu me fais peur.

— Je ne peux pas te rassurer, et ce que j'ai à te dire dépassera tout ce que tu peux redouter. Ta femme n'est pas chez sa mère.

Il recula de quelques pas, et, détournant la tête:

— Pas un mot sur Juliette, dit-il avec fermeté, je ne veux rien entendre sur elle. Tu entends? je ne veux pas. Restons-en là.

— Mais, malheureux enfant...

— Tout ce que tu me pourrais dire, je ne le croirais pas ; je connais ma femme et suis seul ici à la connaître. D'ailleurs, je te le répète, je ne veux rien entendre.

Et il se dirigea vers la porte pour la rouvrir.

Mais madame Daliphare se plaça devant lui.

— Ce que tu dis là, je l'avais prévu ; aussi je n'ai pas voulu parler sans t'apporter la preuve de ce que j'avance. Ta femme n'est pas chez sa mère.

Il secoua la tête et fit un pas de plus du côté de la porte.

— Je te répète qu'elle n'est pas chez sa mère ; à ce moment même — elle regarda la pendule — elle quitte le boulevard Malesherbes pour aller à Passy, avenue Raphaël, dans l'atelier du sculpteur Roelz, rejoindre... son amant.

Il resta un moment chancelant, comme s'il avait été frappé par la foudre ; puis tout à coup, levant les deux bras, il s'avança sur sa mère.

Elle ne bougea pas et elle resta les yeux fixés sur lui.

— Ma mère ! s'écria-t-il ; tu es ma mère !

Et, reculant, il alla tomber sur un fauteuil au bout du bureau.

Elle vint le rejoindre et se pencha sur lui ; mais, se cachant les yeux d'une main, de l'autre il la repoussa.

— Pas un mot de plus, s'écria-t-il ; je n'entendrai rien, rien, rien.

Et il se boucha les deux oreilles ; puis bientôt, relevant la tête et regardant sa mère :

— Ne sens-tu pas, s'écria-t-il, que tu étais la dernière personne qui devait parler comme tu l'as fait? Tu hais Juliette, et ta haine a cru les propos infâmes que la calomnie t'apportait. Et, sans pitié pour la terrible douleur que tu devais me causer, tu es venue me redire ces infamies, toi, toi, ma mère ! Es-tu satisfaite ?

Il lui montra son visage baigné de larmes et convulsé par la douleur.

Elle fut émue et attendrie : dans tout ce qu'elle avait prévu et arrangé, elle avait oublié ce désespoir de son fils. Mais il était trop tard pour revenir en arrière maintenant et même pour se taire. Elle devait parler et tout dire ; car, si Adolphe voulait en ce moment fermer les oreilles à la vérité, il en savait trop pour ne pas vouloir bientôt l'apprendre tout entière.

Elle parla donc et avec tous les détails qui donnaient la précision à son récit ; elle raconta comment, le mardi et le vendredi, Juliette, en sortant de chez sa mère, allait à Passy rejoindre celui qui l'attendait dans l'atelier du sculpteur.

— Mais qui ? s'écria Adolphe en ouvrant enfin l'esprit à ces paroles.

— Airoles.

— Oh ! non, non, c'est impossible !

— Moi aussi j'ai dit comme toi : C'est impossible, mais il a bien fallu me rendre à l'évidence : samedi j'ai pénétré dans cet atelier, et partout j'y ai trouvé les traces du passage de ta femme. Aujourd'hui, en ce moment, ils sont réunis de nouveau et ils vont rester ensemble jusqu'à cinq heures.

— Voilà donc pourquoi elle n'a pas voulu que tu l'accompagnes ?

— Et c'était pour être bien certaine qu'elle allait à Passy que j'ai demandé à l'accompagner.

— Oui, elle a refusé. C'est donc vrai ? Juliette, ma femme ! Ah ! mon Dieu !

Mais il ne s'abandonna pas à cette faiblesse, et, se levant brusquement :

— A Passy, dis-tu, avenue Raphaël ? Mais c'est l'atelier où je suis déjà allé pour voir le tableau de... Et c'est là ? C'est bien.

— Où vas-tu ? s'écria madame Daliphare se plaçant devant lui. Ce n'est pas de la fureur qu'il faut, c'est du calme ; ce n'est pas agir en enfant, mais en homme. Si je me suis décidée à cette horrible révélation, c'est parce que j'ai pensé que tu devais voir de tes propres yeux ce que ton esprit et ton cœur n'admettraient jamais. Mais il faut que tu voies en sachant ce que tu fais, maître de ta volonté et de ton honneur. Ta seule vengeance doit être de te placer entre eux, la loi fera justice du reste. Pense à ton enfant.

— Laisse-moi partir, dit-il en voulant l'écarter.

Mais elle recula sans lui livrer passage.

— Et où veux-tu aller? Enfonceras-tu la porte de cet atelier?

Elle lui tendit un billet de mille francs plié en quatre.

— Prends ce billet; tu le donneras au gardien que tu trouveras dans le pavillon d'entrée, et il t'ouvrira une porte qui te permettra d'arriver près d'eux. Tu n'auras pas un mot à dire, on t'obéira.

Il prit le billet.

Mais au moment de sortir il s'arrêta, et regardant sa mère :

— Ah! qu'as-tu fait? dit-il.

Sans se laisser troubler par l'accent déchirant de ce cri, madame Daliphare le retint encore un moment; puis, ayant ouvert les portes, elle demanda la voiture.

— Il pleut, dit-elle, un fiacre irait trop lentement.

Et pendant qu'on attelait, elle s'efforça de le calmer; mais il n'entendait rien ou tout au moins il ne répondait rien.

Au bout de quelques minutes on vint dire que la voiture était prête.

Elle descendit avec lui, portant elle-même sur son bras le pardessus de son fils : elle le mit dans la voiture, et après avoir fermé la portière elle dit au cocher d'aller grand train à Passy, au coin de l'avenue Raphaël et de l'avenue Ingres.

Le cocher allait toucher son cheval; elle l'arrêta d'un signe, et se penchant une dernière fois dans la voiture :

— Pense à Félix, dit-elle.

XXXVII

Juliette !

Pendant que la voiture courait vers Passy, Adolphe se répétait machinalement ce nom :

Juliette, sa femme ; un amant, Airoles.

Et tous ces mots tournoyaient dans sa cervelle affolée, sans qu'il lui fût possible de lier deux idées. C'était le bruit seul des paroles de sa mère qui lui revenait ; sa tête, comme un écho, les lui répétait, mais son esprit ne les comprenait pas.

En débouchant rue de Rivoli, il fut arrêté par des troupes qui défilaient et ramené ainsi à la réalité des choses matérielles, il lui sembla qu'il y avait plusieurs heures qu'il avait quitté la rue des Vieilles-Haudriettes.

Il fit effort pour ressaisir sa volonté et sa raison, et tâchant de se rappeler tout ce que sa mère venait de lui dire, il voulut l'examiner.

Il ne douta pas un instant de la vérité de ce récit ; sa mère croyait assurément tout ce qu'elle avait dit ; l'amour de Juliette pour Airoles, et les rendez-vous à Passy, dans l'atelier du sculpteur.

Mais quelles preuves avait-elle de cet amour? Elle ne lui en avait donné aucune.

Ils s'aimaient ! parce qu'ils se rencontraient dans cet atelier.

Que les indifférents et que les malveillants tirassent de ces rendez-vous une pareille conclusion, cela était possible : ils ne connaissaient pas Juliette. Mais lui

Il lui sembla que le poids qui l'écrasait se soulevait, il respira.

Non, mille fois non, Juliette n'était pas coupable. Dans son cœur, cinq années de tendresse plaidaient pour elle, et contre une accusation aussi vague, les souvenirs de cinq années ne pouvaient pas ainsi s'effacer en un instant; ils parlaient au contraire, ils protestaient.

Le coupable, c'était celui qui avait pu écouter cette accusation sans se révolter.

Pourquoi Juliette n'aurait-elle pas rencontré Airoles chez Roelz? Il s'agissait de quelque tableau sans doute, et, comme elle ne pouvait pas maintenant voir ouvertement Airoles, elle n'avait pas osé parler de ses visites à l'atelier du sculpteur. C'était bien simple : il n'y avait que la malignité qui dans tout cela avait pu chercher un amant et une faute.

Un amant! Juliette! Que d'autres pussent faire une pareille supposition, il n'y avait pas à s'inquiéter de ces sots propos, il savait à quoi s'en tenir.

Tout le mal venait de cette déplorable inimitié qui régnait entre sa femme et sa mère. Celle-ci, trouvant dans la conduite de Juliette quelque chose d'obscur et écoutant en même temps les calomnies, s'était laissé entraîner par sa haine.

Il ouvrit la glace du coupé pour dire à son cocher de retourner rue des Vieilles-Haudriettes.

Il n'irait pas à Passy.

Ce serait un crime envers Juliette, qu'il ne se pardonnerait jamais. Qu'avait-elle fait depuis cinq années qu'elle était sa femme pour mériter une si grossière offense?

Grande fut la surprise de sa mère en le voyant rentrer. Incapable de travailler, elle s'était enfermée dans son bureau, et elle allait de-ci de-là, à grands pas, en suivant l'heure sur la pendule. Quand elle entendit dans la cour le bruit bien connu de la voiture de son fils, elle regarda par la fenêtre. C'était bien lui, elle ne rêvait pas, il descendait du coupé.

Il entra dans le bureau.

Elle courut à lui :

— Eh bien! que se passe-t-il donc? Te voilà.

Il détourna la tête, évitant de rencontrer les yeux qu'elle attachait sur lui.

— Je ne vais pas à Passy. Cette accusation est absurde;

ce serait une infamie envers ma femme (il appuya sur ce mot) de l'écouter. Je ne suis déjà que trop coupable de lui avoir prêté l'oreille.

— Mais, malheureux enfant !

— Il y a des choses qu'un honnête homme n'admet pas, et il y en a aussi qu'il ne fait pas. Je ne vais pas à Passy.

— Perds-tu la tête ? s'écria madame Daliphare.

— Je l'ai perdue il y a quelques instants ; mais, Dieu merci ! je l'ai retrouvée.

— Oh ! cette femme !

— Cette femme est la mienne ; je l'aime, j'ai foi en elle, je ne veux pas qu'on l'accuse, je ne le veux pas.

Le ton des paroles avait rapidement monté, il était chez tous deux arrivé jusqu'à la colère.

— Tu me parles ainsi, s'écria madame Daliphare, toi !

— Je te réponds.

— Eh bien ! puisque l'un et l'autre nous nous trouvons partie dans cette affaire, il faut qu'elle aille jusqu'au bout. Je ne peux pas t'abandonner à ton aveuglement, car la question se trouve maintenant posée entre ta femme et moi. Elle ou moi devons sortir de cette maison. Si c'est faire injure à ta femme de la soupçonner, c'est me faire injure à moi de m'accuser d'avoir voulu te tromper.

— Je n'ai jamais cru que tu voulais me tromper, j'ai cru et je crois que tu as été entraînée par ton hostilité contre Juliette.

— J'ai été entraînée par l'évidence qui me crevait les yeux, comme elle les crevait à tous ceux qui nous entouraient, à M. Descloizeaux, à madame de la Branche. Avertie de tous les côtés, j'ai dû reconnaître la vérité. Alors j'ai voulu des preuves, car je savais bien que tu ne croirais que ce que tu verrais. Aujourd'hui ces preuves, je te les mets sous les yeux ; refuseras-tu de les regarder ?

— Ce ne sont pas pour moi des preuves, ce sont des

inductions ; en supposant que Juliette soit en ce moment à Passy et qu'elle s'y rencontre avec Airoles, rien n'est plus facile à expliquer.

— Vois d'abord, tu expliqueras ensuite. Va voir, et, quand tu auras vu, tu n'auras plus besoin de chercher ces explications. Tu n'auras qu'une chose à faire : demander ta séparation de corps, qui se prononcera sans bruit.

— Voilà donc ce que tu veux, et c'est pour cela que tu accuses Juliette ?

— Oui, c'est là ce que je veux pour ton bonheur et pour celui de ton fils. Tu souffriras, mais ne souffrirais-tu pas davantage en vivant auprès d'une femme qui te trompe ? Si tes yeux étaient fermés par ta tendresse et ton amour, mon devoir n'était-il pas de te les ouvrir ? M'était-il possible de supporter ton déshonneur, connu de tout le monde ? J'ai cru que je devais t'avertir ; je l'ai fait. Maintenant tu ne veux pas me croire ; à ta mère, qui affirme une chose dont elle a la preuve, tu préfères ta femme, qui ne se défend même pas? Eh bien ! tu n'as pas le droit d'agir ainsi; tu dois voir ; tu le dois pour toi-même, pour ton fils, pour moi. Si mon accusation est fausse, tu diras à ta femme comment tu as été forcé par moi de vérifier cette accusation que je portais contre elle, et alors je sortirai de cette maison ; si au contraire elle est vraie, ce sera à ta femme d'en sortir. La lutte est entre nous deux, tu n'as pas le droit de prendre parti pour elle ou pour moi ; tu dois voir. Tu n'as que trop tardé : le temps a marché, et déjà peut-être est-il bien tard. Pars donc et ouvre les yeux. Juliette te trompe, je te le jure.

Cela fut dit avec une véhémence extraordinaire qui troubla profondément Adolphe. Assurément c'était la sincérité qui parlait par la bouche de sa mère.

Il ne pouvait pas croire Juliette coupable.

— Mais, d'un autre côté, il ne pouvait pas non plus ne pas croire sa mère.

Il remonta en voiture dans une terrible perplexité.

Sa situation était affreuse, et jamais il n'avait éprouvé pareille angoisse.

Sa mère d'un côté, sa femme de l'autre, et le résultat de cette lutte serait une séparation avec celle-ci ou avec celle-là, sa vie brisée, son bonheur anéanti.

Le cocher avait reçu l'ordre de marcher aussi vite que possible; mais la pluie qui tombait fine et glaciale rendait le pavé glissant; dans certains passages, le cocher devait retenir son cheval et ralentir son allure.

Adolphe, qui tout d'abord, sous le coup des premières paroles de sa mère, avait étouffé, était glacé maintenant; il grelottait et ses dents claquaient. Il ferma les glaces et s'enveloppa dans son pardessus. Puisqu'il devait parler à un concierge, il ne voulait pas se montrer tremblant. On a de ces préoccupations matérielles dans les circonstances les plus graves. Honteux du rôle qu'on lui faisait jouer, il avait souci de ne pas appeler l'attention sur lui.

Quand il descendit de voiture sur la pelouse du Ranelagh, il lui sembla que ceux qu'il allait rencontrer liraient sur son visage le trouble de son âme. Cet homme qui marchait fiévreusement, c'était un mari jaloux qui allait se cacher pour espionner sa femme. Il remonta le collet de son pardessus et enfonça son chapeau sur ses yeux.

Il trouva le gardien dans son pavillon, occupé, comme à l'ordinaire, à lire le journal.

Il hésita un moment avant d'entrer, et si ce personnage majestueux n'avait pas levé la tête avec un sourire encourageant, il serait peut-être reparti sans oser parler.

Ce sourire l'enhardit, il entra :

— Une dame vous a parlé de moi, dit-il, les yeux baissés et la voix embarrassée.

— Une dame ? Peut-être bien. Je ne peux pas me rappeler. Si monsieur veut bien me dire son nom...

Adolphe recula de trois pas. Son nom à cet homme... Qu'avait donc dit sa mère

— Le nom de monsieur n'est pas indispensable, continua le gardien ; ce que j'en disais, c'était pour qu'il n'y eût pas erreur ; mais si monsieur veut me rappeler la chose en question, je pourrais sans doute le satisfaire.

Sans répondre, Adolphe tira le billet de mille francs que sa mère lui avait donné et il le jeta sur le journal.

— Ah! très bien! Si monsieur m'avait montré tout de suite ce signe de reconnaissance, j'aurais vu à qui j'avais affaire. Mais dans le doute, vous comprenez, il faut de la discrétion dans mes fonctions.

— Conduisez-moi.

— Tout de suite, monsieur ; le temps d'appeler mon domestique.

Il sonna, et, en attendant que le domestique vînt, il continua :

— La figure de monsieur, je ne dois pas le cacher, m'inquiète un peu. Je crois monsieur agité. Il ne faudrait pas de cela. Si monsieur ne devait pas être calme, il vaudrait mieux remettre l'affaire à un autre jour.

Adolphe fit un geste d'impatience.

— Mon Dieu! je sais bien, c'est exaspérant d'attendre, mais l'occasion d'aujourd'hui se représenterait. On a le sentiment de ces choses-là ; ils n'en sont pas à perdre une occasion de se voir, et vendredi serait aussi bon qu'aujourd'hui. D'ici là, monsieur pourrait se calmer ; car, si monsieur n'était pas calme, je ne pourrais pas me prêter à ce qu'il désire, rapport à l'honorabilité de la maison et aux susceptibilités du propriétaire. J'aimerais mieux rendre à monsieur ce que j'ai déjà reçu.

Il fit le geste de repousser le billet de mille francs ; mais, à ce moment, le domestique entrant, il mit ce billet dans sa poche et fit signe à Adolphe de le suivre.

On s'engagea dans une allée ombragée que les feuilles mortes commençaient à joncher.

— Ce que je recommande à monsieur, continua le gardien en parlant à voix basse, c'est de ne pas faire de bruit dans le cabinet où je vais l'introduire. Ce cabinet communique avec l'atelier de M. Roelz par une portière en tapisserie. Derrière cette portière, monsieur pourra entendre tout ce qui se dira dans l'atelier, et peut-être même pourra-t-il voir tout ce qui s'y passe. Seulement c'est à condition de prendre des précautions et de ne pas remuer; car, si monsieur faisait le moindre bruit, les personnes qui sont dans l'atelier s'apercevraient qu'il y a quelqu'un dans le cabinet, et, vous comprenez, je ne veux pas de ça.

— Il y a longtemps que ces personnes sont arrivées? demanda Adolphe d'une voix que l'émotion étranglait.

— Le monsieur, je ne sais pas, il entre par le boulevard; la dame, il y a une heure que je l'ai vue passer, son voile baissé.

Doucement le gardien ouvrit une petite porte de service, et, prenant Adolphe par la main, il le conduisit dans un cabinet; puis, posant un doigt sur ses lèvres et marchant sur la pointe des pieds, il sortit.

XXXVIII

Le cabinet dans lequel Adolphe avait été introduit était sombre; la porte refermée, l'obscurité se fit.

Adolphe resta immobile pour prendre jour, et peu à peu ses yeux distinguèrent confusément les objets qui l'entouraient : des tabourets, une table; un tapis en sparterie recouvrait le carreau; il put marcher sans faire de bruit et se diriger vers la portière en tapisserie qu'il apercevait devant lui.

Jamais il n'avait éprouvé une si poignante émotion, l'angoisse et la honte l'étouffaient.

Eh quoi! c'était lui qui se cachait ainsi pour espionner lâchement une femme, — sa femme, Juliette!

Cependant il continua d'avancer doucement, poussé, porté par les paroles de sa mère.

Il ne pouvait plus maintenant revenir en arrière, il devait aller jusqu'au bout. Malgré lui, d'ailleurs, certains souvenirs s'imposaient à son esprit pour ébranler sa foi, naguère si robuste. Le doute, comme ces oiseaux de proie qui décrivent au-dessus de leur victime des cercles concentriques de plus en plus resserrés, planait et pesait sur lui : il sentait qu'il ne pouvait plus lui échapper.

Il fallait donc voir et savoir.

Il touchait la portière ; il colla son oreille contre la tapisserie.

Un murmure de voix lui arriva, faible et confus.

Il écouta, mais les bouillonnements de son cœur l'empêchaient d'entendre.

Il fit un effort pour ne plus respirer.

Juliette ! C'était elle !

Il leva la main pour écarter la tapisserie et se précipiter dans l'atelier ; mais, à ce moment, le murmure des voix qui venait de l'autre bout de l'atelier lui arriva plus distinct, il entendit de manière à comprendre les paroles de Juliette.

— J'avoue, disait-elle, que j'aurais préféré une autre pose.

— En quoi celle-ci est-elle mauvaise ? répliqua la voix d'Airoles. Ce n'est pas un portrait ordinaire.

Un portrait ? Quel coup de joie pour lui !

Un portrait ! C'était pour faire faire son portrait par Airoles qu'elle était venue dans cet atelier. Ainsi s'expliquaient tout naturellement les visites à Passy et le mystère dont elle les entourait. Elle voulait que ce fût un secret, une surprise pour lui sans doute.

Et il avait pu la soupçonner, l'espionner !

Comment se ferait-il jamais pardonner ? Il lui confesserait tout ; elle verrait bien que c'était malgré lui qu'il avait, de guerre lasse, subi ces doutes.

Les voix reprirent :

— Ce que je veux dire, continua Juliette, c'est que ce portrait sera trop intime et par là il deviendra plus tard dangereux. On ne détruit pas une toile qui est signée « Francis Airoles ». Un jour, quand nous ne serons plus ni l'un ni l'autre, des yeux étrangers verront ce tableau ; on cherchera à savoir quelle femme il représente, les critiques et les commentateurs arriveront. Il ne sera pas bien difficile de trouver, et alors tout le monde saura que ce portrait est celui d'une femme qui a été aimée par Francis Airoles.

Depuis quelques instants, Adolphe écoutait avec une horrible angoisse ces paroles, qui de mot en mot devenaient si transparentes.

Était-il sous l'influence d'une épouvantable hallucination ?

Il poussa la tapisserie qui s'écarta sans bruit.

Devant lui, à l'extrémité de l'atelier, se tenait Juliette, debout devant un chevalet, et tournant le dos au cabinet ; elle était vêtue d'un long peignoir en cachemire blanc ; ses cheveux pendaient sur ses épaules. Derrière elle, à trois ou quatre pas, Airoles, accoudé sur le dossier d'un fauteuil, la regardait.

— La pose, dit-elle en continuant, ne précisera que trop les liens qui nous unissent.

— Et tu ne veux pas qu'on les connaisse, ces liens ; tu as peur même de la postérité.

« Tu ! » Adolphe fit un pas en avant.

— Ce n'est pas pour moi que j'ai peur, dit Juliette ; c'est pour mon fils, c'est pour mon mari.

Airoles quitta son fauteuil, et, s'approchant de Juliette :

— Je t'en supplie, dit-il, ne parle jamais de ton mari, ne prononce jamais son nom, écarte jusqu'à son souvenir. Ici, ton mari, c'est moi, c'est celui qui t'aime, celui qui te tient dans ses bras, chère Juliette, chère femme.

Il était venu jusque près d'elle et il ouvrait les bras, lorsqu'Adolphe s'élança dans l'atelier.

Au bruit de ses pas, tous deux en même temps se retournèrent.

Airoles fit un bond au-devant d'Adolphe ; mais celui-ci étendit la main, une explosion éclata, et, Airoles, arrêté brusquement, resta un moment chancelant, les bras ouverts; puis tout à coup il tomba en avant sur le tapis, tout d'une pièce, comme un arbre qui s'abat.

Adolphe était resté enveloppé dans un nuage de fumée, son revolver à la main, éperdu, fou.

Quand la fumée s'éclaircit, il vit sa femme qui s'était jetée sur Airoles.

Elle s'efforçait de le relever. Elle lui avait passé les deux bras autour du cou et elle soulevait sa tête ballante.

— Francis, Francis, réponds-moi, regarde-moi, Francis!
Penchée sur lui, elle l'avait à demi retourné.

— Francis, c'est moi; moi, Juliette; je t'aime, entends-moi.

Elle le serrait dans ses bras.

Mais ses efforts étaient vains; il restait inerte.

Dans un mouvement désespéré, elle le souleva entièrement, et, approchant son visage de cette tête décolorée, elle colla ses lèvres sur ses lèvres, comme pour lui souffler la vie.

Une seconde explosion ébranla les vitres de l'atelier, et Juliette, lâchant le cadavre d'Airoles, roula sur le tapis à côté de lui.

Elle avait été tomber à quelques pas d'Airoles. Sans se lever et en se traînant sur le tapis, elle franchit ce petit espace; puis, se laissant aller, elle posa sa tête contre celle d'Airoles et elle attacha ses yeux sur lui.

Adolphe était resté immobile, le bras tendu. Il jeta loin de lui son revolver et se précipita sur sa femme en l'appelant d'une voix affolée.

Mais, sans tourner les yeux de son côté, elle le repoussa faiblement, de sa main restée libre.

Et, d'une voix voilée, elle répéta à plusieurs reprises :

— Francis, Francis, mourir ensemble!

Penché sur elle, Adolphe voulait l'emporter.

Elle poussa un cri de douleur.

— Vous me faites mal!

— Mon Dieu! mon Dieu! répétait Adolphe en se tordant les mains.

Mais elle ne prêtait pas plus attention à lui que s'il

n'avait pas été là. D'une main elle tenait la main d'Airoles, et elle restait les yeux fixés sur lui. L'expression de son regard n'avait rien de douloureux ; il avait quelque chose d'extatique au contraire.

— Juliette, Juliette ! répétait Adolphe.
— Ah ! laissez-moi, dit-elle.
— Juliette, pardonne-moi.

Il se jeta à genoux.

— Oui, si vous le voulez.

Elle dit ces quelques mots machinalement, sans quitter Airoles des yeux.

Un grand bruit retentit dans le cabinet par lequel Adolphe avait passé, et le gardien, suivi d'un domestique, se précipita dans l'atelier.

Son premier mouvement fut de se jeter sur le revolver qu'il aperçut sur le tapis. Il le ramassa vivement, et le braquant sur Adolphe :

— Qu'avez-vous fait ? s'écria-t-il ; ne bougez pas ou je tire. Dans une maison paisible, quel crime !

— Un médecin, cria Adolphe désespérément ; un médecin, vite !

— Les sergents de ville, dit le gardien en se tournant vers son domestique, et après, le médecin ; moi, je veille sur l'assassin.

Et, se posant devant la porte, il resta le revolver braqué sur Adolphe.

Mais celui-ci ne voyait rien. Penché sur sa femme, il s'efforçait, avec le peignoir tamponné, d'arrêter le sang qui, chaud et bouillonnant, lui coulait entre les doigts : la blessure était au flanc droit.

Il eût voulu mettre un coussin sous la tête de sa femme, mais il n'osait retirer ses mains de dessus la plaie, qu'il comprimait.

— Donnez-moi un coussin, dit-il au gardien.
— Ne bougez pas, dit celui-ci, ou je vous fusille.

Les sergents de ville arrivèrent et se jetèrent sur Adolphe, qu'ils prirent chacun par un bras. Ils le forcèrent ainsi à se relever.

— Tenez-le bien ! cria le gardien : c'est un misérable ; il m'avait promis d'être calme, et il a assassiné ces malheureux. Quel crime, mon Dieu ! quel crime !

Pendant cette apostrophe, Adolphe avait pu tant bien que mal expliquer aux agents de police qu'il ne fallait pas laisser le sang s'écouler, et qu'il fallait au contraire fermer la blessure.

— Donnez-moi ce revolver, dit un des sergents de ville au gardien, et, au lieu de faire l'important, occupez-vous plutôt de tenir le peignoir sur cette blessure.

— Mes mains dans le sang d'une innocente, jamais !

A ce moment, un personnage cravaté de blanc entra dans l'atelier, c'était un médecin.

— Ah ! monsieur, s'écria Adolphe en tendant la tête vers lui, car il était tenu par les deux bras ; sauvez-la ! ma fortune est à vous.

Mais le médecin ne l'écoutait pas. Agenouillé déjà près des deux corps, il les examinait.

Ayant mis la main sur le cœur d'Airoles, il secoua la tête et se retourna vers Juliette.

— Il faudrait qu'on me laissât seul, dit-il.

Les sergents de ville voulurent entraîner Adolphe ; mais celui-ci, par un mouvement irrésistible, les amena avec lui près du médecin.

— Ah ! monsieur, s'écria-t-il, par grâce, dites-moi la vérité, cette blessure ?

Sans relever la tête, le médecin continua son examen.

— Je ne sais pas, dit-il enfin, la blessure est grave.

Jusque-là Juliette était restée immobile, les yeux fixés sur Airoles, les lèvres closes.

Elle leva faiblement la main pour appeler son mari.

— Quoi qu'il arrive, dit-elle, que mon fils ne me voie pas.

Sa voix était à peine perceptible.

— Qu'on sorte, dit le médecin ; qu'on m'envoie une femme, et qu'on veille à cette porte.

Les agents entraînèrent Adolphe, qui était incapable de

se soutenir: ils le portaient plutôt qu'ils ne le conduisaient.

Un rassemblement s'était formé à la porte, contenu à grand'peine par d'autres sergents de ville.

Quand on le vit paraître, couvert de sang, les mains rouges jusqu'aux poignets, un cri d'horreur s'échappa de toutes les poitrines, des bras menaçants se tendirent vers lui.

On le fit monter dans une voiture de place, et deux agents, se plaçant sur le siège vis-à-vis de lui, lui tinrent chacun un bras.

On le conduisit au bureau du commissaire de police, où déjà la rumeur publique avait annoncé son arrivée.

Le commissaire voulut l'interroger, mais il n'en put rien tirer: c'était une masse inerte qu'il avait devant lui; toutes les questions restèrent sans réponse.

Une seule fois il parut se ranimer et vivre, ce fut pour demander de l'eau.

En se lavant les mains, il éclata en sanglots; si on ne l'avait pas soutenu, il serait tombé à la renverse.

On le fit remonter en voiture et on le conduisit au dépôt.

XXXIX

Comment les nouvelles se propagent-elles, dans une grande ville comme Paris, avec une rapidité telle que ce qui se passe à Auteuil ou à Bercy est connu au boulevard Montmartre en moins d'une demi-heure?

Il y aurait là une intéressante étude à faire et qui mérite de fixer l'attention des esprits curieux.

Comme ce n'est pas le sujet de ce récit, il suffit de dire que le drame de l'avenue Raphaël, qui s'était accompli entre quatre heures quinze minutes et quatre heures vingt, était connu sur le boulevard à cinq heures.

A ce moment même, une rumeur parcourait « tout Paris », et l'on se répétait qu'à Passy un mari venait de tuer sa femme et l'amant de celle-ci.

Immédiatement deux voitures quittaient le boulevard Montmartre et couraient au grand trot dans la direction de la Madeleine ; l'une avait été prise devant le café de Madrid, et l'autre devant le café de Suède.

Elles allaient d'une même allure, comme si l'ordre avait été donné aux deux cochers de se suivre.

Après la Madeleine, la rue Royale, la place de la Concorde, le cours la Reine et le quai de Billy.

En passant devant la Manutention, la personne qui se trouvait dans la première voiture ouvrit la glace, et tirant son cocher par la manche :

— Vous ne tournerez pas vis-à-vis le pont d'Iéna, dit-elle, mais vous continuerez tout droit. Si la voiture qui est derrière nous nous suit encore, vous la laisserez passer devant, comme si votre cheval n'en pouvait plus, et vous ralentirez de manière à la perdre. Alors, vers la barrière, vous prendrez la première rue que vous trouverez à droite, et vous monterez rapidement dans Passy. Vous avez compris ? deux francs de pourboire, si cela est proprement fait.

La manœuvre s'exécuta telle qu'elle avait été commandée, et, tandis que la seconde voiture, devançant la première, dépassait au grand trot la barrière des Bons-Hommes, celle qui, depuis le boulevard Montmartre, avait tenu la tête, enfilait une petite rue et escaladait, à grands coups de fouet, la montée de Passy et s'arrêtait devant la lanterne du commissaire de police.

Un rassemblement compact encombrait la rue, et il n'y avait qu'à ouvrir les oreilles pour entendre les propos de la foule : l'assassin venait d'être transféré à la Conciergerie, et le commissaire de police s'était transporté à l'avenue Raphaël.

Sans s'arrêter, pour ainsi dire, la voiture continua sa course rapide vers le Ranelagh. Mais, en arrivant avenue

Raphaël, elle trouva, courant devant elle, la voiture qu'elle avait voulu perdre.

Elles s'arrêtèrent en même temps, et les deux personnes qui les occupaient, deux jeunes gens de vingt-cinq à vingt-huit ans, étant descendus, s'abordèrent en riant et se serrèrent la main.

— Bien fait ton tour de la barrière ! mais, tu sais, je n'en ai pas été dupe.

— Tu m'avais donc reconnu ?

— Non, je te sentais.

— Sais-tu quelque chose ?

— Rien, rien.

— Il faut voir alors.

— Veux-tu renvoyer ta voiture, je te ramènerai ?

— Non, renvoie la tienne.

— A l'ouvrage alors !

Des groupes s'étaient formés sur la chaussée et sur la pelouse, et, bien qu'il tombât une petite pluie glaciale, chacun discutait avec animation ; on levait les bras au ciel, et l'on poussait des cris d'horreur ou d'indignation.

Les deux jeunes gens voulurent pénétrer dans la maison, mais ils furent repoussés par les sergents de ville postés à la porte d'entrée. Explications, supplications : rien ne put ébranler les agents qui avaient une consigne.

Les jeunes gens revinrent alors vers les groupes.

Dans l'un de ces groupes, un homme à la tournure vulgaire et importante pérorait avec majesté ; on faisait cercle autour de lui. On dit aux jeunes gens que c'était le gardien de la maison, et alors ils s'approchèrent cérémonieusement en lui présentant leurs cartes.

Il daigna les prendre du bout des doigts, et, les ayant lues à la lumière d'un bec de gaz, il s'inclina gracieusement, et, écartant la foule, il fit signe aux jeunes gens de le suivre. Lorsqu'ils se furent éloignés de quelques pas, il se tourna vers eux.

— Messieurs, dit-il, je suis heureux de me mettre à votre disposition. Je sais quel sacerdoce remplit la presse, et je serai toujours fier, dans la faible mesure de mes moyens, d'aider à répandre la vérité. Des journalistes, des reporters qui s'adressent à moi, j'en suis flatté, d'autant plus même que je suis votre lecteur quotidien, faisant ma nourriture habituelle de vos feuilles, que je considère comme les meilleures. Mais vous vous êtes fait connaître à moi, vous désirez peut-être savoir réciproquement qui vous parle? Chabenet (Alexandre), quarante-sept ans, régisseur de ces maisons. Vous entendez, n'est-ce pas? Chabenet, pas Chabanais: *Chabenet*. Je sais par expérience combien les fautes typographiques sont désagréables dans les journaux, et, si vous jugez bon d'imprimer mon nom, je vous y autorise d'avance. Au reste, ayant joué un rôle important dans cette terrible affaire, je serai contraint de figurer aux débats.

— Quel rôle?

— J'ai désarmé l'assassin, et, le menaçant avec son propre revolver, dont je m'étais emparé, je l'ai contenu pendant que j'envoyais chercher la justice. On peut dire sans exagération que, par ma fermeté et ma présence d'esprit, j'ai empêché de grands malheurs.

— On le dira, soyez-en sûr.

— Oh! pas d'éloges, je vous prie; la simple vérité.

— Cette vérité, il faut la connaître.

— Je suis tout disposé à vous la raconter.

— Ne pourrions-nous pas entrer dans la maison?

— Mais sans doute; je vous demande pardon de ne pas vous l'avoir encore proposé.

Les agents de police voulurent s'opposer à l'entrée des reporters, mais Chabenet se tournant vers eux avec dignité:

— Des amis à moi, dit-il, les empêcherez-vous de pénétrer dans mon domicile?

Arrivé dans ce domicile, il les invita à s'asseoir devant sa table, et, les voyant prêts à prendre des notes, il se plaça à la porte pour que personne ne pût venir les déranger.

— Je connaissais M. Airoles depuis longtemps déjà, dit-il en commençant son récit.

— Qui ? Airoles le peintre ?

— Oui, messieurs, Airoles, notre peintre fameux. C'est lui qui, à cette heure, gît dans cette maison, victime de ses passions.

— Et comment se nomme la femme ?

— Ah ! voilà ! la vérité me force à confesser que je n'en sais rien : c'était une dame, — je veux dire c'est une dame, car, Dieu merci ! elle n'est pas encore morte, c'est une dame très belle, très distinguée — je l'aurais crue de race noble ; cependant son linge n'a point d'armoiries, il est marqué d'un J et d'un D. Ce n'est donc qu'une bourgeoise, mais de la haute bourgeoisie ; enfin, messieurs, une femme charmante, pour laquelle chacun de nous aurait donné sa vie.

Il continua son récit en remontant aux premières visites de Juliette ; puis il arriva à l'intervention d'une vieille dame, qu'il arrangea, sans parler du prix d'achat ; enfin il dit comment, quelques heures auparavant, « le mari de cette femme charmante, homme fort bien d'ailleurs », s'était présenté, et comment lui Chabenet l'avait exhorté au calme et à la modération avant de l'introduire dans un cabinet d'où « le malheureux avait dû tout voir ».

A ce moment, il se fit un mouvement à la porte d'entrée, et l'on vit paraître, marchant vite, un grand vieillard à cheveux blancs.

— Le chirurgien de Beaujon, qu'on a été chercher, dit Chabenet.

— Carbonneau ! s'écria un des reporters.

Et, ramassant ses papiers en un tour de main, il s'élança vers le chirurgien.

— Eh bien ! qu'a-t-il donc ? demanda Chabenet, il nous abandonne.

— Il a été carabin avant de faire du journalisme ; il connaît Carbonneau.

Et le second reporter frappa la table avec dépit. En effet, après avoir lutté à qui arriverait seul à Passy, ils s'étaient trouvés nez à nez et ils avaient recueilli ensemble les mêmes renseignements. Mais maintenant son rival allait prendre sur lui un avantage considérable; par le chirurgien, il aurait des détails particuliers, et il pourrait saler son récit de mots techniques qui feraient le plus grand effet sur le lecteur. Il était distancé.

Pour se rattraper, il interrogea minutieusement Chabenet, et se fit décrire par celui-ci l'ameublement de l'atelier.

Enfin le premier reporter revint.

— Eh bien ?

— Rien ; je ne sais rien de particulier, si ce n'est que Carbonneau espère la sauver.

— Ah ! merci, mon Dieu ! s'écria Chabenet.

Mais le second reporter fit un signe au gardien et s'approchant de lui :

— S'il nous dit qu'elle est sauvée, c'est qu'elle est perdue ; je connais cette ficelle.

Et tous deux se remirent à écrire. Mais, une fois encore, ils furent dérangés par le bruit de la rue. Plusieurs voitures venaient de s'arrêter. C'était la justice qui arrivait.

De l'une des voitures, descendirent un juge d'instruction et son greffier ; de l'autre, Adolphe, soutenu par les gens de police. Il était pâle à faire peur ; en marchant, ses jambes fléchissaient sous lui.

Lorsque ce cortège passa devant la loge du gardien, le second reporter courut vers le greffier. Son tour était venu. Lorsqu'il était clerc d'avoué, il avait connu ce greffier, et il espérait obtenir de lui quelques renseignements, au moins ceux qui peuvent se révéler : le nom du mari, son adresse, etc.

Mais le greffier vivait dans la crainte des journalistes ; il répondit à peine aux questions qui lui furent posées, et il tâcha de se débarrasser de son ancien ami. Cependant celui-ci parvint à l'accompagner jusqu'à la porte de l'atelier, et là il fut témoin d'une scène qui, bien dramatisée, produisit un grand effet dans son récit.

— Ah ! monsieur, dit Adolphe s'adressant au juge d'instruction, ne me forcez pas à entrer.

— Il le faut, monsieur.

— Eh bien! je vous en supplie, qu'on aille avant demander comment elle est... si elle vit encore. Par grâce!

Un homme de police entra dans l'atelier et, bientôt ressortant, il parla bas au juge d'instruction.

— Elle est vivante, monsieur, et le docteur Carbonneau est près d'elle.

— Ah! mon Dieu! s'écria Adolphe, entrons, entrons.

Le cortège entra dans l'atelier et la porte fut refermée; cependant le reporter resta là, et son attente ne fut pas perdue.

Tout à coup on entendit un grand cri et la chute d'un corps.

Bientôt la porte se rouvrit, et les agents parurent, portant Adolphe sur leurs bras : il s'était évanoui.

Au bout d'une heure, le juge d'instruction revint à sa voiture, et les agents remontèrent Adolphe dans le fiacre qui l'avait amené.

Puis bientôt après, Carbonneau sortit à son tour, et l'on apprit que l'état de la blessée était si grave qu'on ne pouvait pas la transporter. Un médecin restait près d'elle pour la veiller.

Les reporters n'avaient plus rien à apprendre avenue Raphaël, et l'heure les pressait de rentrer à Paris pour donner leur article le soir même.

Cependant, prêts à monter en voiture, ils s'arrêtèrent.

— Tout cela est fort dramatique, dit l'un d'eux; mais, c'est égal, nous n'avons pas de mot de la fin.

— Inventons-en un et mettons le même tous les deux, ça lui donnera l'apparence de la vérité.

— Oui, mais lequel?

— Ah! voilà.

Ils restèrent un moment à réfléchir.

— Ah! j'y suis : « Un détail saisissant: en lavant ses mains rouges de sang, M. Daliphare s'écria, comme lady Macbeth : Toute l'eau de la mer n'effacerait pas ce sang. »

— Ah! mauvais, mon cher; bon dans un journal littéraire. Chez nous ça ne vaut pas un radis.

XL

La catastrophe de l'avenue Raphaël renfermait en elle assez d'éléments romanesques et tragiques pour devenir une affaire à sensation.

Un adultère, un mari tuant sa femme et l'amant de celle-ci ; cette femme, jeune, belle, artiste, parée de toutes les séductions ; l'amant, peintre célèbre et connu de tout le monde ; le mari, chef d'une maison de commerce dont la réputation était européenne : il y avait là plus qu'il n'en fallait pour passionner la curiosité publique.

En vint-quatre heures, « l'affaire Daliphare » — ce fut ainsi que les journaux l'appelèrent, abandonnant le titre de drame de l'avenue Raphaël, qui manquait de précision et de scandale, — « l'affaire Daliphare » passionna l'attention publique d'un bout à l'autre de la France.

Dans les salons, dans les cercles, dans les dîners, même dans l'intimité, au coin du foyer, on ne s'occupa, on ne parla que de « l'affaire Daliphare ».

Et comme toujours, l'opinion se partagea. Tandis que les uns plaignaient la femme et l'amant « assassinés pour si peu de chose », les autres, au contraire, les condamnaient et donnaient leurs sympathies au mari.

— Un homme doit se venger, disaient des maris qui, étant secrètement jaloux de leurs femmes, profitaient de cette occasion pour affirmer leurs sentiments théoriques et donner ainsi à l'avance à qui de droit une sorte de leçon. N'osant pas dire ouvertement : « Voilà comment je ferais en pareille circonstance », ils prenaient M. Daliphare pour modèle, « un brave, un homme de cœur et de volonté ».

Quelques femmes souriaient finement en écoutant ces menaces formidables, tandis que d'autres, au contraire, appuyaient leurs maris.

— Une femme se mettre dans une situation pareille, quelle horreur ! Un peignoir en cachemire blanc, les cheveux déroulés ; elle ne méritait aucun intérêt : c'était une malheureuse, une malade.

Il y avait aussi les bonnes âmes, sincèrement affligées, qui déploraient cette aventure en se plaçant au point de vue religieux.

Enfin, d'un autre côté, il y avait les gens d'humeur égrillarde, qui trouvaient là un prétexte pour raconter des histoires « vraies » ou pour placer quelques citations de Molière ou de La Fontaine sur le « cocuage ».

Prouvons que c'est un bien : la chose est fort facile.

Mais par-dessus tout il y avait la classe innombrable et tapageuse des jeunes hommes et des jeunes femmes, qui causaient de l'affaire pour le plaisir de parler de choses d'amour, oubliant ce mot d'un Père de l'Eglise, que l'adultère est par lui-même si dangereux, que le nom seul en est mauvais à prononcer.

Cependant « l'affaire Daliphare » serait peu à peu, comme toutes les choses de ce monde, tombée dans l'oubli, si les circonstances au milieu desquelles elle s'était produite n'avaient point été exceptionnellement favorables au bruit et au scandale.

Par hasard, en ce moment même, la politique chômait, et l'agence Havas, ainsi que l'agence Reuter, n'avaient absolument rien à confier à leurs fils télégraphiques ; l'Europe était dans le marasme, l'Amérique dormait, l'Asie fumait l'opium. Chaque matin, dans les journaux politiques, les rédacteurs du bulletin lisaient avec désespoir les feuilles vertes ou roses des correspondances, ne trouvant rien à offrir à leurs lecteurs, et, dans les journaux à informations, on en était réduit à faire faire des gammes aux premiers sujets, sans pouvoir leur donner un air à chanter. On mettait des variétés de six colonnes à la troisième page. L'administrateur faisait remarquer chaque jour que la vente au numéro baissait et que les frais de rédaction augmentaient.

Les deux coups de revolver de l'avenue Raphaël, éclatant dans ce silence, avaient été une véritable bonne fortune, et l'on s'était jeté sur « l'affaire Daliphare » avec l'avidité d'un radeau de naufragés affamés.

Chacun avait eu sa part dans cette manne qui tombait du ciel, les reporters en cherchant des nouvelles et des détails caractéristiques, les rédacteurs des tribunaux en donnant des informations judiciaires, les premiers sujets eux-mêmes en démanchant sur la corde de la morale et de la loi.

Les journaux sérieux avaient suivi cette impulsion irrésistible; mais, obligés de se renfermer dans une réserve que leur honorabilité leur imposait, ils avaient été délaissés du public, qui leur avait préféré les feuilles « à informations. »

Un journal religieux avait publié un article foudroyant sur ce sujet, et la révolution avait porté le poids de cette catastrophe : « L'attention publique se vautre fortement depuis quelques jours sur une tragédie domestique assez vulgaire et ignoble, jouée entre gens de bonne compagnie, mais en train de descendre et déjà sur la lisière. Le mari a tué sa femme et le complice de celle-ci, un peu par colère, un peu par convenance de rang et par préjugé. C'est une loi du monde qu'il faut tuer sa femme dans l'occasion. L'affaire, autant qu'on peut la juger en ce moment, n'est belle d'aucun côté : rien à mettre en marbre. » Et ainsi pendant deux cents lignes, pour démontrer que la haute bourgeoisie était perdue si elle ne se tournait pas vers Rome, repentante et convertie.

Partout on avait créé, entre deux filets, suivant le terme typographique, une rubrique spéciale à « l'affaire Daliphare », et chaque jour il fallait remplir les deux ou trois colonnes qui lui étaient réservées.

Ce fut ainsi que la France apprit que le convoi du peintre Airoles n'avait été suivi que par une vieille paysanne, sa mère, accablée sous la douleur. Les ordres les plus sévères avaient été donnés pour cacher cet enterrement, et l'on était parvenu à dépister tous les reporters, un seul excepté, qui, en prévision de ces ordres, n'avait pas quitté la loge du gardien du cimetière pendant deux nuits et un jour.

Puis ensuite vinrent les nouvelles de Juliette, et pendant vingt-quatre heures il n'y eut plus qu'une seule question qu'on se posa : « Est-elle morte? » Il n'y avait même pas besoin de nommer la malheureuse femme, le prénom suffisait pour la désigner clairement ; il n'y avait plus qu'une femme en France : Juliette Nélis, madame Daliphare.

Ces nouvelles naturellement étaient contradictoires : d'après un journal, elle était perdue sans ressources ; d'après un autre, il y avait de grandes espérances de la sauver. On discutait là-dessus, et au *betting* on engageait même des paris sur sa vie et sur sa mort ; la cote était 5 contre 2 pour la mort.

Les parieurs *pour* gagnèrent. Elle mourut en effet le deuxième jour, sans avoir repris connaissance ; son dernier mot fut celui qu'elle avait dit à son mari : « Quoi qu'il arrive, que mon fils ne me voie pas ! »

On voulut cacher son enterrement, comme on avait caché celui d'Airoles ; mais les reporters, trompés une première fois, veillaient. Ce cadavre leur appartenait, il appartenait à la curiosité publique. Ils parvinrent à savoir par madame Nélis, dont la douleur était expansive, le lieu et l'heure de l'enterrement, et quand, au petit jour, au moment de l'ouverture des portes du Père-Lachaise, on apporta son cadavre pour le descendre dans le caveau de famille, il se trouva cinq ou six cents personnes qui attendaient sur le boulevard. La malheureuse femme, qui avait tant redouté le scandale, reçut là son dernier châtiment.

Les deux victimes disparues, la curiosité ne fut pas encore satisfaite : on l'entretint et on la nourrit avec des détails rétrospectifs.

Les critiques d'art n'avaient point donné, ce fut leur tour : les articles esthétiques ou biographiques se succédèrent sans interruption.

Puis, quand le peintre commença à être usé, on passa à la famille Daliphare et à la maison de la rue des Vieilles-Haudriettes.

Ce fut alors que le caissier Lutzius devint un personnage important ; on sut que tous les soirs il mangeait sa saucisse aux choux à la brasserie Gambrinus, et il eut son cercle d'auditeurs qui l'écouta et le questionna. Malgré ses prétentions à la discrétion et à la prudence, il ne perdait pas une occasion de bavarder et de prendre de l'importance. Par lui on apprit tout ce qu'on voulut, et l'on put ainsi raconter comment madame Daliphare mère, prise d'inquiétude, le jour de la catastrophe, en ne voyant pas revenir son fils, avait été à Passy, avait appris le crime, avait couru chez le commissaire trop tard pour trouver son fils, et n'était arrivée à la Conciergerie que pour voir celui-ci entrer au dépôt.

Félix lui-même avait eu une place dans ces indiscrétions, et l'on avait rapporté que pour lui expliquer l'absence de son père et de sa mère, on lui avait dit qu'ils étaient en voyage, de sorte qu'il attendait leur retour.

Pendant ce temps, l'affaire s'instruisait et Adolphe avait été transféré à Mazas dans un état d'accablement et de prostration qui rendait les interrogatoires assez difficiles : l'émotion lui coupait à chaque instant la parole, il perdait le souvenir et la volonté, et il fallait toute la patience du juge d'instruction pour obtenir de lui des réponses à peu près précises.

— Je suis un misérable, disait-il ; je n'ai voulu les tuer ni l'un ni l'autre. Mais je les ai tués, faites de moi ce que vous voudrez.

Mais son affaire n'était pas si simple qu'il se l'imaginait ; il s'agissait, en effet, de savoir s'il avait voulu ou n'avait pas voulu les tuer l'un et l'autre, ou seulement l'un et pas l'autre, de manière à établir ainsi la préméditation ; ce qui était le point capital.

Après quelques jours de détention, madame Daliphare obtint la promesse d'une mise en liberté sous caution ; mais Adolphe ne voulut pas profiter de cette faveur.

— Jusqu'au jugement, dit-il, je dois rester en prison.

Il refusa même de voir sa mère, il refusa aussi le docteur Clos, qu'on lui envoya ; la seule personne qu'il demanda près de lui fut le notaire de la Branche.

Celui-ci se hâta d'accourir.

— Vous l'aimiez, vous l'estimiez, dit Adolphe ; parlez-moi d'elle, dites-moi tout, dites-moi bien tout. Quand vous reviendrez, vous m'apporterez son portrait : pas le grand, qui est dans le salon, le petit, qui est dans notre chambre, celui qui nous a vus ensemble.

Sa mère, qui lui écrivait tous les matins, revenait dans chaque lettre sur le choix d'un avocat ; mais il ne voulut aucun de ceux qu'elle lui proposait, et ce fut avec M. de la Branche qu'il arrêta ce choix.

— Le talent ou la célébrité n'est pas ce que j'exige, dit-il ; ce que je veux, c'est la probité et la délicatesse ; il faut un homme qui me comprenne, qui ne se fasse pas avec mon affaire un piédestal, et qui pour me sauver n'accuse pas celle que j'ai été assez lâche pour frapper, ni même celui qu'elle aimait.

— Alors je vais aller voir Gontaud et lui demander s'il veut vous défendre. C'est l'homme de haute probité morale et de grande délicatesse que vous demandez. Il ne se prodigue pas et ne plaide que dans quelques grandes affaires aux assises, dans les séparations de corps, dans les testaments, dans les drames de famille. Tous ses amis ne sont pas ses clients, mais tous ses clients sont ses amis. Il y a encore une qualité qui doit nous faire désirer son appui. Tandis que tant d'avocats affamés de notoriété et de publicité communiquent leurs dossiers aux journalistes, il n'a jamais commis une indiscrétion. Il a horreur du tapage et de la réclame ; pour lui, l'avocat qui dit un seul mot de l'affaire de son client commet un acte de mauvaise foi.

— Voyez-le alors, mon ami, et, quoi qu'il demande, accordez-le-lui.

— Sur ce point aussi sa délicatesse m'est connue.

Le notaire, en sortant de Mazas, alla chez Gontaud, et

celui-ci consentit à se charger de la défense d'Adolphe dans les termes qu'il exigeait.

— Le malheureux ! il aime toujours sa femme.

— Plus que jamais.

— L'audience de la cour d'assises sera pour lui épouvantable.

— C'est à vous de la lui adoucir.

— Ce n'est pas moi qui dirige les débats, vous le savez ; c'est le président.

— Et qui sera président ?

— Durand de Loriferne ou la Martellière ; il faut attendre l'arrêt de la chambre des mises en accusation pour savoir lequel des deux.

XLI

Pendant que « l'affaire Daliphare » était devant la chambre des mises en accusation, il se jouait au greffe une petite comédie qui montrera l'intérêt que cette affaire provoquait non seulement dans le public, mais encore dans la magistrature.

Entre les deux conseillers qui devaient présider les assises de janvier, celui de la première quinzaine, M. de la Martellière, et celui de la seconde quinzaine, M. Durand de Loriferne, il y avait rivalité sur la question de savoir lequel des deux aurait dans son rôle « l'affaire Daliphare ». Bien entendu cette rivalité ne s'étalait pas au grand jour, et la lutte qu'elle faisait naître se tenait renfermée dans les limites étroites de la modération et de la discrétion ; le greffier était seul à la connaître. Mais, par les politesses dont il était l'objet de la part des deux conseillers ordinairement froids et roides, par leurs paroles à double sens, par mille petits faits insignifiants lorsqu'ils étaient isolés, éloquents lorsqu'ils étaient mis bout à bout, il voyait combien était vif chez chacun d'eux le désir de présider cette affaire, qui serait une cause célèbre.

Cependant ce désir n'était point égal chez les deux conseillers : ardent chez l'un, il était beaucoup plus calme chez l'autre. L'âge explique cette différence ; car, tandis que M. la Martellière, bientôt à la fin de sa carrière, était sous le coup de la mise à la retraite pour limite d'âge, M. Durand de Loriferne commençait la sienne et l'avenir s'ouvrait devant lui.

Comme son rival, qui, arrivant un jour en retard dans une soirée, avait dit à la maîtresse de la maison ce mot bien connu au palais : — « Vous voyez devant vous, chère madame, un homme qui vient d'obtenir ses trois condamnations à mort », — il n'avait pas à faire valoir près de la chancellerie de grands services rendus à la société. Jusqu'à ce jour il n'avait pas eu le bonheur de présider les assises de la Seine, et à Melun, à Versailles, à Chartres, il n'avait jamais eu que des affaires de peu d'importance qui n'avaient pas pu jeter d'éclat sur son nom ni mettre en lumière son caractère et ses talents. « L'affaire Daliphare » pouvait lui donner cette occasion si impatiemment attendue de se révéler, en montrant ce qu'il était et ce qu'il pouvait. Jeune encore, membre de la Société philotechnique, auteur d'un gros livre sur le *Droit de punir depuis la Bible jusqu'au code Napoléon*, répandu dans le monde de la magistrature et de la finance, ami de quelques artistes en vue, il avait hâte de conquérir une position qu'il méritait d'ailleurs à plus d'un titre ; il avait hâte surtout de faire sien par le talent ce nom de Loriferne qu'il avait pris plus ou moins légitimement, pour cacher celui de Durand.

Heureusement, dans ces circonstances, la fortune lui fut favorable, et « l'affaire Daliphare » fut fixée à la seconde quinzaine de janvier.

Ceux qui ont un peu l'habitude de la cour d'assises savent combien il est important pour un président de bien dresser son rôle, c'est-à-dire de répartir jour par jour les différentes affaires qu'il aura à juger. De la fixation de ce jour dépend en effet bien souvent la condamnation ou l'acquittement d'un accusé. Pendant les premiers jours, un président ne connaît pas son jury, c'est donc aux premiers jours qu'on fixe les affaires sans importance. Pendant les derniers, au contraire, c'est le jury qui connaît son président et qui quelquefois se tient en garde contre lui, surtout s'il y a eu des condamnations sévères.; aussi n'est-il pas rare de voir pendant ces derniers jours une série d'acquittements qui ne peuvent s'expliquer que par une sorte de réaction et par l'effroi de la responsabilité encourue pour plusieurs condamnations.

« L'affaire Daliphare » fut fixée au 22 janvier, les premiers jours ayant été réservés à un faux de cent vingt-cinq francs, à des coups et blessures, à des vols. Les coups et blessures devaient permettre de tâter le jury.

Pendant que les choses se préparaient au palais de justice pour la prochaine comparution d'Adolphe devant les assises, arrêt de renvoi de la chambre des mises en accusation, fixation du rôle, transfert de l'accusé à la Conciergerie, interrogatoire du président, conférences de l'avocat avec son client dans la prison, madame Daliphare, de son côté, s'employait activement, avec toutes ses forces, toute son énergie, toute son intelligence, pour organiser la défense de son fils et réunir dans ses mains les moyens qui pouvaient le faire acquitter de cette accusation qu'elle regardait comme monstrueuse. C'était ainsi que les unes après les autres elle visitait les jurés inscrits sur la liste, sans savoir précisément ceux qui jugeraient son fils, et qu'elle mettait en jeu auprès d'eux toutes les influences qu'elle pouvait, soit par elle, soit par ses amis, soit par ses relations, faire utilement manœuvrer.

L'attention publique, un moment engourdie par les lenteurs de l'instruction, s'était réveillée plus impatiente et plus curieuse que jamais. Dans les journaux, la rubrique « affaire Daliphare » avait repris un nouvel intérêt, et, à mesure que le 22 janvier approchait, les informations se faisaient plus nombreuses et plus précises.

Les reporters s'étaient remis en course, et on les voyait

rôder autour du greffe ou même simplement aux environs de la Conciergerie, rien que pour apercevoir le président Durand de Loriferne quand il irait interroger l'accusé.

On avait engagé de nouveaux reporters spéciaux, et de jeunes avocats avaient été faire des offres de services aux journaux.

Cependant, si vivement surexcitée que fût l'attention publique et si bien disposés que fussent les journaux à la satisfaire, il y avait bien des points de cette affaire « dramatique et lamentable » qui restaient dans l'obscurité. Des ordres rigoureux avaient été donnés pour prévenir les indiscrétions, au greffe et dans la prison, et, du côté de Gontaud, on ne pouvait rien apprendre ; car, suivant son habitude lorsqu'il avait une grande affaire, l'avocat avait été s'enfermer à la campagne, à dix lieues de Paris, pour se préparer dans le recueillement.

A défaut de l'avocat, on se rabattait sur son secrétaire ; mais, malgré tout son désir d'être agréable à ses amis du journalisme, celui-ci ne pouvait rien dire, par cette excellente raison qu'il ne savait rien. On l'accablait de lettres, on le poursuivait, et, dans la salle des pas perdus, on entendait vingt fois par heure : « Avez-vous vu Des Vallières ? Des Vallières est-il ici ? » Assurément il était ici, et il courait d'un groupe à l'autre, souriant, empressé, affairé ; mais, par malheur, il était obligé de se renfermer dans une discrétion forcée. Au reste, il jouait ce rôle à merveille, et il parvenait à renvoyer chacun, sans mécontenter personne. — Il verrait... plus tard... Vous pouvez compter sur nous. — Ce « nous » surtout était admirable. Et il allait ainsi de chambre en chambre le doigt de la discrétion sur les lèvres. Son attitude, dans ces circonstances, lui fit plus d'honneur que les douze ou quinze procès qu'il avait déjà plaidés.

Si le secrétaire de Mᵉ Gontaud, l'aimable Des Vallières, était entouré et pressé, le président Durand de Loriferne l'était bien autrement encore.

Bien entendu, ce n'était pas pour le même motif ; car,

si vive que fût la curiosité, elle n'allait pas jusqu'à oser provoquer les indiscrétions du président. D'ailleurs M. Durand de Loriferne était un homme qui posait des questions, mais qui n'en permettait pas.

Si l'on ne lui demandait pas des détails sur cette affaire, on lui demandait au moins des places pour assister à ses débats. Il était accablé de sollicitations et de lettres. Quelle différence avec les assises de Chartres ou de Melun! Chacun faisait valoir ses droits, et ces lettres étaient signées des noms les plus connus.

— Je suis écrasé, disait-il à ses amis; jusqu'à des ambassadeurs qui me sollicitent. Les femmes les plus distinguées m'écrivent elles-mêmes, sans compter les comédiennes à la mode qui remuent ciel et terre pour être placées. Si la salle était assez grande, nous aurions un public comme on n'en voit pas aux premières représentations des Français; mais je suis débordé, je ne sais où donner de la tête.

Cependant il répondait à presque toutes ces lettres, et il le faisait avec une hauteur qui donnait un grand prix aux faveurs qu'il octroyait.

Il ne pouvait pas rentrer chez lui sans trouver des solliciteurs sur son escalier; un photographe parvint à forcer sa porte, à pénétrer dans son cabinet pour lui demander la faveur de faire son portrait. Le matin de l'audience, au moment où il sortait, il fut arrêté par un Anglais de belle mine qui lui tendit sa carte comme on braque un pistolet: J. Butler, correspondant du *Daily Telegraph*, *the largest circulation of any paper in the world*. Peut-on refuser une place à un journaliste qui arrive de Londres et qui dispose de la plus grande publicité dans le monde ? M. Durand de Loriferne se fâcha contre les journaux qui avaient donné à cette affaire une importance déplorable; mais, après ce tribut payé à la sévérité de la justice, il accorda la place.

Dès neuf heures du matin on remarquait aux abords du palais de justice une animation extraordinaire. Devant les costumiers, des gens à moustaches endossaient des robes d'avocat et se coiffaient de la toque. Leur intention n'était pas de se faire prendre pour des avocats, ce qui n'eût pas réussi dans le banc réservé à ces messieurs, mais seulement de tromper les gardes municipaux et de pénétrer dans l'enceinte du public debout.

Des voitures s'arrêtaient devant le grand perron, et des femmes en toilette de jour montaient les marches en s'appuyant sur le bras de jeunes gens élégants, — des complices peut-être.

Avant dix heures, la salle des assises était complètement remplie.

Au premier rang, on se montrait trois comédiennes à la mode, et l'on s'accordait à trouver que la lumière du jour ne leur était pas aussi favorable que celle de la rampe : les femmes du monde triomphaient, et, sous leurs lorgnettes braquées, elles riaient et chuchotaient.

— Eh quoi ! c'est pour ces femmes que vous vous ruinez ? Regardez-nous donc, et comparez.

Derrière les sièges du président et de ses deux assesseurs, les places se garnissaient vivement, et, les uns après les autres, arrivaient les membres de la cour et du tribunal.

A leur banc, les journalistes étaient déjà au travail et ils commençaient leur compte rendu par un tableau de l'assistance ; on énumérait en les nommant toutes les célébrités à un titre quelconque qui se trouvaient dans la salle, et plus d'une femme suivait avec inquiétude ces mains qui couraient sur le papier. Serait-elle nommée, et le lendemain tout Paris saurait-il qu'elle avait assisté à « l'affaire Daliphare » ?

Au milieu du prétoire, un jeune avocat allait et venait : c'était Des Vallières. Il souriait à celle-ci, il saluait celle-là de la main ; il sortait, il rentrait. On ne voyait que lui.

Cependant, s'il souriait des yeux et des lèvres, il était au fond du cœur plein d'anxiété. Gontaud n'était pas revenu de la campagne ; s'il allait ne pas arriver ? la cour voudrait peut-être passer outre. Alors pourquoi ne serait-il pas chargé de la défense de M. Daliphare ? Il avait déjà plusieurs fois remplacé son patron. Quelle occasion !

et comme il débiterait son morceau sur les passions !

L'huissier apporta un paquet cacheté qu'il alla placer sur la table des pièces à conviction ; puis, à côté de ce paquet mystérieux, il déposa un revolver.

Comme dix heures et demie sonnaient, une petite porte s'ouvrit dans la muraille et un municipal entra ; puis derrière lui, suivi d'autres municipaux, parut Adolphe Daliphare.

L'accusé ! Il se fit un grand mouvement. Tout le monde se leva, et les lorgnettes se braquèrent sur lui.

Il était en grand deuil, ganté de gants de laine ; il était affreusement pâle et ses lèvres tremblantes étaient décolorées.

XLII

Lorsque Adolphe se fut assis sur le banc où les assassins, les empoisonneurs, les incendiaires, les voleurs, qui y avaient passé avant lui, avaient usé et poli par place le bois de chêne dont il était formé, les lorgnettes purent l'étudier à loisir.

Les commentaires commencèrent alors, et un sourd murmure de voix chuchotantes emplit la salle des assisés.

L'effet général fut la surprise. Sur la foi des récits plus ou moins dramatisés des journaux, on s'attendait à voir un Othello : on fut fâché de se trouver en face d'un homme comme tous les autres et qui n'avait en lui rien d'extraordinaire ni de fatal. Aussi le premier mouvement lui fut-il hostile : il avait trompé les espérances. Quand on tue sa femme, on n'a pas le droit d'être un simple bourgeois. Cependant quelques profonds physionomistes déclarèrent que, sous cette apparence douce et calme, se cachait une énergie féroce et des instincts sanguinaires ; cela se lisait particulièrement dans la forme busquée de son nez. Quelques femmes âgées s'étonnèrent qu'étant si beau garçon il eût été trompé; d'autres, plus jeunes, sourirent de cette réflexion qui voulait être naïve.

Mais on annonça la cour; peu à peu le silence s'établit, et l'on vit entrer le président Durand de Lornifere avec ses assesseurs. Le ministère public était l'avocat-général Beaumesnil.

A ce moment même Gontaud parut; il écarta vivement ses confrères, qui obstruaient le passage, et alla se placer devant l'accusé : mais, avant de s'asseoir, il se tourna vers son client et lui serra chaudement la main. Quelques personnes dans le public s'étonnèrent de ce témoignage de sympathie, car enfin cet accusé était un assassin. On fut surpris aussi de la pâleur de l'avocat, qui paraissait presque aussi ému que son client.

Le président se tourna vers l'accusé, et alors un garde municipal posa la main sur l'épaule d'Adolphe, qui tressaillit. C'était pour l'avertir de se lever.

Après lui avoir demandé son nom et son âge, le président l'invita à être attentif à la lecture qui allait lui être donnée par le greffier de l'arrêt qui le renvoyait devant la cour d'assises et de l'acte d'accusation qui avait été dressé contre lui.

Cet acte d'accusation commençait ainsi :

« Il y a environ cinq années, Adolphe Daliphare épousait Juliette Nélis. Ils appartenaient tous deux à des familles honorables : Adolphe Daliphare était l'associé de la maison Daliphare, si connue dans le commerce parisien, et Juliette Nélis commençait à se faire un nom distingué dans l'art de la peinture. D'un caractère exalté, ardent, romanesque, une artiste pour tout dire, la jeune femme, qui n'avait accepté ce mariage qu'après une longue résistance, aurait eu besoin d'une main prudente et ferme pour la diriger dans la voie du mariage; malheureusement elle ne trouva dans celui qu'elle avait épousé qu'une nature indécise, un peu vulgaire, incapable de prendre sur elle l'autorité due au mari et au père de famille. »

Puis il continuait en relevant tous les mauvais côtés de

la nature d'Adolphe, mais sans parler des bons. S'appuyant sur un incident de sa vie de collégien, il le représentait comme un caractère violent et brutal, mais en même temps dissimulé, capable de cacher sa colère et de longuement préparer sa vengeance.

Après avoir raconté l'introduction d'Airoles dans la maison et son expulsion, il arrivait à la représentation du Châtelet, et cette représentation devenait un fait considérable sur lequel l'accusation s'appuyait pour démontrer la préméditation. C'était en vue de se préparer une excuse qu'Adolphe avait été à cette représentation, et il n'avait emporté son revolver que pour l'avoir tout prêt le lendemain dans la poche de son pardessus, et tuer ainsi sa femme et le peintre, qu'il était certain de surprendre à Passy.

Le récit de la tragédie de l'avenue Raphaël était long, précis, plein de détails qui provoquèrent plus d'un mouvement d'horreur dans l'auditoire : les mains de l'assassin rouges du sang de la victime, « de cette malheureuse femme morte à vingt-huit ans, dans tout l'éclat de la beauté », produisirent surtout une longue émotion.

« En conséquence, termina le greffier, Adolphe Daliphare est accusé : 1° d'avoir, le 19 octobre, commis un homicide sur la personne de Juliette Nélis, sa femme, ledit homicide volontaire ayant été commis avec préméditation, crime prévu par l'article 302 du code pénal ; 2° d'avoir, le même jour et dans les mêmes circonstances, commis un homicide volontaire et prémédité sur la personne de Francis Airoles. »

L'appel des témoins suivit la lecture de cet acte d'accusation ; au nom de madame Daliphare mère, un grand mouvement de curiosité se produisit dans l'auditoire ; plusieurs personnes se levèrent.

Le président commença l'interrogatoire : sa voix forte et grave avait un accent de bienveillance et de douceur.

Il glissa rapidement sur les premières questions, et se contenta des réponses qu'Adolphe lui faisait d'une voix faible qui ne dépassait pas le banc des jurés ; mais bientôt il l'engagea à parler plus haut.

— Nous arrivons, dit-il, à un fait qui, suivant l'accusation, donne la clef de votre caractère. Ainsi, au collège, vous aviez un ami inséparable avec lequel vous aviez vécu pendant plusieurs années dans une étroite intimité. Un jour, sans raison autre qu'une jalousie enfantine, vous vous êtes jeté sur lui, et, bien qu'il fût plus fort que vous, vous avez failli le tuer ; il a fallu venir à son secours et le tirer de vos mains déjà cruelles. Est-ce vrai ?

— J'avais perdu la raison.

— C'est-à-dire que vous obéissiez à vos instincts sanguinaires ; d'ailleurs je vous ferai observer que perdre la raison n'est pas une excuse. La bête féroce obéit à ses instincts, l'homme obéit à sa raison ; s'il la perd, il cesse d'être un homme. Cette brutalité, cette férocité précoce doit appeler d'autant plus fortement votre attention, messieurs les jurés, que l'accusé, depuis son enfance jusqu'à ce jour, n'a eu sous les yeux que les exemples les plus édifiants. Son père, qu'il a perdu il y a environ six ans, était l'homme bon par excellence. De sa mère je n'ai rien à vous dire ; car vous la connaissez tous, au moins de réputation, et cette réputation, je tiens à le déclarer ici, est de plus belles, des plus honorables.

Alors se tournant vers Adolphe :

— Il reste acquis, dit-il d'un ton sévère, que vous n'avez point profité de ces exemples, et que vous vous êtes au contraire abandonné à vos instincts, qui, se développant chaque jour, ont fini par vous amener sur ce banc. Voilà pour votre caractère ; maintenant passons à votre mariage. Parmi les jeunes filles qui fréquentaient la maison de madame votre mère, il s'en trouvait une d'une beauté remarquable, et qui était douée de toutes les séductions ; elle vous a plu, vous avez voulu l'épouser. Elle a résisté à vos désirs, elle ne vous aimait point. Votre mère aussi s'est opposée à ce projet de mariage. Néanmoins vous êtes parvenu à violenter le consentement de cette malheureuse jeune fille et à violenter aussi celui de votre mère ; toutes deux, de guerre lasse, vous ont cédé. Ce mariage s'est accompli. Est-ce ainsi que les choses se sont passées ?

— Puis-je m'expliquer ? demanda Adolphe d'une voix frémissante.

— Sans doute ; toute liberté vous est accordée, et, si je vous pose ces questions, c'est uniquement pour vous venir en aide.

— Ce ne sont pas, il me semble, des questions ; c'est un récit.

— Vous voyez, accusé, combien vous êtes prompt à vous emporter ; mais nous comprenons toutes les difficultés de votre situation, et nous voulons y avoir égard, sans retenir ce qu'il y avait d'inconvenant dans votre observation. Faites donc votre récit à votre manière, messieurs les jurés apprécieront.

Adolphe commença alors son récit, et il voulut le faire exact et précis, disant sincèrement tout ce qui s'était passé avec Juliette d'une part, et d'autre part avec sa mère. Mais bientôt le président l'interrompit.

— Ce sont là des détails, dit-il, qui peuvent fatiguer l'attention de messieurs les jurés ; ce sont les faits qui sont nécessaires, et non les réflexions. Vous devez comprendre que la conviction de messieurs les jurés ne peut pas se former sur vos réflexions.

— Mais, monsieur le président...

— Parlez, vous avez toute liberté ; seulement renfermez-vous dans l'exposé des faits.

— Aux premiers mots vous m'interrompez.

— Toujours de la violence. Dans votre intérêt, nous vous exhortons à la modération.

Des gouttes de sueur coulaient sur le visage d'Adolphe ; il s'assit avec un geste de désespoir. Mais Gontaud s'étant tourné vers lui et lui ayant dit à voix basse quelques mots, il se releva, et, tant bien que mal, il acheva son récit.

— Si messieurs les jurés ont pu vous suivre dans ce long récit, dit le président, il me semble qu'ils auront retenu la seule conclusion qui s'en dégage, à savoir : que ce mariage s'est fait malgré celle que vous épousiez et malgré votre mère. Quand je vous ai posé cette question, vous auriez donc pu me répondre par oui ou non, vous auriez épargné le temps de messieurs les jurés et vous auriez ménagé vos forces. Ce débat sera long, pénible pour vous ; vous aurez besoin de toutes vos forces.

Le président passa à l'examen des premières années de ce mariage ; puis à l'introduction d'Airoles dans la maison, puis à son expulsion, « expulsion accomplie par madame Daliphare mère, qui, craignant la violence de son fils, avait voulu s'en charger seule » ; enfin on arriva aux rendez-vous de l'avenue Raphaël, et à ce que l'accusation appelait la préméditation de la vengeance.

Il y avait près de deux heures que l'interrogatoire était commencé et Adolphe était à bout de forces ; il ne savait plus ce qu'il disait et il ne voyait qu'un brouillard devant lui. Il demanda à se reposer.

— Il ne faudrait pas que cet interrogatoire fût scindé, dit le président. Sans doute, si vous ne pouvez pas répondre, je suspendrai l'audience ; mais si, en faisant appel à votre énergie, qui, nous le savons, est grande, vous pouvez persévérer, je vous engage à le faire.

— Je répondrai, monsieur le président, si vous voulez m'interroger.

— Vous voyez vous-même ce que les récits ont de mauvais ; je vous interrogerai donc.

Et l'interrogatoire continua sur la question de savoir comment le revolver, « ce revolver, arme terrible que MM. les jurés voyaient sur la table des pièces à conviction », comment ce revolver s'était trouvé dans la poche du pardessus, et comment ce pardessus s'était lui-même trouvé dans le coupé qui emportait Adolphe à Passy.

Sur tous ces points, les réponses de l'accusé furent déplorables : il rejeta tout sur le hasard, et en justice le hasard est la plus mauvaise des explications.

On passa ensuite au flagrant délit.

— Ainsi, dit le président, vous êtes introduit par Chabenet dans un cabinet. Alors que voyez-vous ?

A cette question il y eut un vif mouvement de curiosité dans l'auditoire, et quelques femmes tirèrent leur mouchoir ; mais l'accusé trompa l'attente générale.

— Je refuse de répondre, dit-il.

— Permettez, insista le président ; si cruelle que soit la question, vous devez y répondre. Nous sommes tous ici pour accomplir un devoir, et si douloureux qu'il puisse être pour messieurs les jurés, pour monsieur l'avocat-général et pour moi-même, nous l'accomplissons ; à vous d'accomplir aussi le vôtre.

— Je respecterai la mémoire de celle que j'ai tant aimée, dit-il ; je refuse de parler.

— Encore une fois, accusé, et dans votre intérêt, nous vous engageons à ne pas persévérer dans ce silence, qui deviendrait contre vous la plus terrible des accusations.

On eût entendu une mouche voler dans la salle. Adolphe ne parla pas.

Après avoir attendu plusieurs minutes, le président continua :

— Voulez-vous dire au moins à messieurs les jurés comment vous avez accompli le crime dont vous charge l'accusation ?

— J'étais dans ce cabinet. A un certain moment je me suis élancé dans l'atelier où... ils se trouvaient. Dans ce mouvement rapide, ma main droite a frappé contre ma poche, dans laquelle se trouvait mon revolver.

— Alors vous l'avez atteint ?

— Comment cette idée m'est-elle venue, je n'en sais rien non plus. Ce qu'il y a de certain, c'est que j'ai été assez misérable pour tirer.

— Ce n'est pas là répondre.

— C'est tout ce que je puis dire, puisque je n'en sais pas davantage.

— Un certain laps de temps s'est écoulé entre la première détonation et la seconde ; comment pendant ce temps n'êtes-vous pas revenu à vous-même ? Comment, après avoir tué ce malheureux tombé à vos pieds, avez-vous pu tirer sur votre femme, sur celle que vous aimiez tant, dites-vous ?

— Je ne sais pas : j'avais perdu la tête, j'étais fou.

— C'est là votre système. Vous n'avez pas autre chose à dire ? Messieurs les jurés apprécieront. L'audience est suspendue pour vingt minutes.

XLIII

Le président n'avait pas encore quitté son siège que Gontaud se pencha vers son secrétaire.

— Pendant la suspension, dit-il à voix basse, vous allez manœuvrer de manière à vous approcher de la table des pièces à conviction, et vous ferez adroitement disparaître sous le paquet ce revolver dont le président parle si souvent et qu'il tient à mettre sous les yeux des jurés. Ce qui serait parfait, ce serait de le placer de telle sorte que le président le vît bien, tandis que les jurés, au contraire, ne pourraient pas le voir. Faites cela légèrement, habilement.

Des Vallières exécuta cette commission avec une charmante facilité ; puis, le revolver caché, il vint dans l'auditoire saluer les dames qu'il connaissait et tâter en même temps le sentiment du public.

L'audience suspendue, chacun s'était levé ; mais personne n'avait quitté sa place de peur de ne pas la retrouver.

Comme on était arrivé de bonne heure au palais de justice et que les prévisions étaient qu'on en partirait tard, on avait pris ses précautions : les poches avaient été ouvertes, et l'on en avait tiré des nourritures de toutes sortes, des gâteaux, des pâtés, même des viandes froides. C'était en mangeant, et la bouche pleine, qu'on commentait ce qui venait de se passer.

— Le président a beau faire, jamais je ne croirai que cet homme-là est un traître ténébreux.

— Un mouton enragé, tout au plus.

— Il a eu un beau mouvement quand il a refusé de répondre.

— Peut-être; mais, pour moi, j'aurais mieux aimé qu'il nous dît ce qu'il avait vu et entendu dans son cabinet. Hé, hé ! c'était peut-être drôle. Vous savez, il est bon de s'instruire ; les artistes sont originaux.

Et l'on interrogeait Des Vallières pour qu'il racontât ce qu'Adolphe avait vu. Mais le secrétaire, plus discret que jamais, refusait de répondre.

— Vous savez, chère madame, le secret professionnel. Ne m'en veuillez pas.

Quelques-unes des curieuses se fâchaient, mais d'autres se disaient tout bas que ce petit Des Vallières était vraiment discret et que l'on pouvait se fier à lui.

L'audience reprise, on procéda à l'audition des témoins.

Le premier appelé fut le docteur Vérigny, l'expert, dont la parole abondante et facile avait arraché tant de condamnations aux jurés hésitants ; mais il était absent et l'on passa sans l'attendre au commissaire de police de Passy, qui raconta tous les incidents du drame.

Aux premiers mots de son récit, le président regarda attentivement la table des pièces à conviction ; n'y voyant pas sans doute ce qu'il cherchait, il appela du geste un des huissiers audienciers et lui parla à l'oreille. L'huissier vint à la table, et, ayant pris le revolver sous le paquet, il le mit en belle place du côté des jurés.

Le récit du commissaire de police fut long et circonstancié, cependant le président le développa encore en insistant sur les points qui pouvaient émouvoir les jurés et provoquer la pitié ; les mains rouges de sang produisirent l'effet attendu ; il y eut dans l'auditoire une vive sensation quand le commissaire dit comment il avait fallu plusieurs fois renouveler l'eau de la cuvette.

— Accusé, demanda le président, voulez-vous expliquer à messieurs les jurés comment vous vous étiez ainsi baigné dans le sang de cette malheureuse ?

Après un moment de silence, Adolphe se leva et, d'une voix tremblante, répondit :

— Voyant le sang jaillir de la blessure, j'ai voulu l'arrêter, et c'est en pressant ses vêtements sur cette blessure que mes mains se sont rougies.

Il retomba sur son banc, accablé.

— Nous comprenons votre émotion, dit le président, et nous sentons combien ce souvenir doit être terrible pour vous ; remettez-vous.

Puis, après quelques minutes, le président reprit :

— Puisque nous sommes sur ce point, ce serait le moment de nous dire comment a été faite cette blessure. Tout à l'heure vous avez refusé de répondre. Mais j'espère que le repos vous aura mieux inspiré. Dans votre intérêt, nous vous adjurons de dire la vérité.

— Je n'ai rien à dire.

— Accusé, prenez garde ! votre système est dangereux. Il ne faut pas croire que parce que vous êtes le seul témoin vivant de ce drame, il est impossible d'arriver à la connaissance de la vérité. Ainsi, l'accusation soutient que c'est au moment où cette malheureuse femme se traînait à vos pieds pour vous demander grâce que vous l'avez frappée.

Gontaud, jusque-là silencieux et calme, se leva d'un bond, et d'une voix éclatante :

— C'est là une explication contre laquelle je proteste de toutes mes forces, elle ne s'appuie sur rien.

L'avocat général posa gravement sa toque devant lui et, étendant le bras vers le défenseur, il dit d'un ton lent et mesuré :

— Elle s'appuie sur des preuves.

— Où sont-elles, ces preuves ?

— Nous vous les donnerons.

La perspective de cette lutte fouetta la curiosité ; c'était un élément d'intérêt qu'on introduisait dans le débat.

De nouveau le président insista, mais ce fut sans rien

obtenir. Adolphe se renferma dans son silence ; il fallut passer à un autre témoin.

Chabenet (Alexandre). En entendant ce nom, les figures s'épanouirent. Les journaux avaient tant parlé du gardien de l'avenue Raphaël, qu'ils lui avaient fait une célébrité grotesque.

Il arriva en costume de cérémonie, grave et majestueux, ganté de gants de peau noire qui depuis vingt ans avaient dû assister à bien des mariages et à bien des enterrements.

Quand on lui demanda son nom, il se tourna vers le banc des journalistes, où il retrouvait des figures de connaissance, et ce fut en détachant les syllabes qu'il répondit :

— Cha be net.

— Parlez à messieurs les jurés, dit le président, et cessez ces façons.

Chabenet avait préparé sa déposition, il avait même travaillé le ton dans lequel elle devait produire le plus d'effet ; mais, aux premiers mots, le président l'arrêta :

— Ne récitez pas une leçon, dites simplement ce que vous savez.

Mais Chabenet avait trop bien étudié sa leçon pour pouvoir l'oublier ainsi ; il la récita donc, seulement il changea de ton. Ce fut ainsi qu'il raconta tout ce qu'il savait depuis le passage de Juliette voilée devant « son appartement » jusqu'à l'arrivée d'Adolphe, « tellement surexcité que lui, un homme, il avait peur. »

— Messieurs les jurés, veuillez retenir ce point, dit le président ; en arrivant avenue Raphaël, le crime se lisait sur la figure de l'accusé, et, si ce concierge n'avait pas été si faible, ou plutôt s'il n'avait pas voulu gagner son argent, ce double meurtre ne se fût pas accompli. Témoin, votre conduite a été bien coupable, et vous voyez jusqu'où l'appât de l'argent peut entraîner les consciences cupides. Moralement, vous avez la mort de ces deux infortunés à vous reprocher. Continuez votre déposition.

Tant bien que mal, Chabenet, troublé par cette remontrance acheva son récit.

— Ainsi, suivant vous, reprit le président, il s'est écoulé plusieurs minutes entre la première détonation et la seconde. Combien de minutes ? cinq, huit ?

— Je ne saurais préciser.

— Ceci est très important, messieurs les jurés. Voyons, témoin, tâchez de répondre : est-ce cinq, est-ce huit ?

— Une ou deux, je crois.

— Vous dites que vous ne pouvez préciser, et maintenant vous parlez d'une ou de deux minutes. Mettez-vous d'accord avec vous-même, et surtout n'altérez pas la vérité.

Chabenet balbutia, essaya de calculer, s'embrouilla ; mais cependant il persista dans ses deux minutes.

— Enfin un laps de temps que vous ne sauriez préciser, conclut le président ; on entendra d'autres témoins. Allez vous asseoir.

Chabenet ne bougea pas.

— J'ai encore un mot à dire.

— Parlez.

— C'est pour me plaindre des journaux ; ils m'ont calomnié dans ma vie privée, ils m'ont appelé Chabanais dans l'intention de me nuire, pour me rendre ridicule, moi qui ai été si complaisant pour les journalistes.

— Sans avoir égard à cette observation ridicule, dit le président, il faut reconnaître que le rôle joué par la presse dans toute cette affaire a été bien peu digne ; elle a manqué à toutes les convenances, et, par ses indiscrétions, on peut dire qu'elle a égaré plus d'une fois l'opinion publique. Messieurs les journalistes assis sur ce banc peuvent faire leur profit de cette observation. Appelez un autre témoin.

Il en défila ainsi une quinzaine : Max Profit entre autres, qui fut secoué d'importance par l'avocat général et par le président, qui se le renvoyèrent comme une balle. L'*Agence des familles* sortit de l'audience terriblement éprouvée, mais avec une belle réclame comme résultat final.

Tous ces témoignages n'apprirent rien de nouveau. On ne put même pas arriver à préciser le temps qui s'était écoulé entre la première et la seconde détonation ; cinq minutes, conclut l'accusation ; une minute à peine, conclut la défense, et à ce propos on échangea quelques paroles aigres.

Enfin on appela M. de la Branche, notaire à Paris. Mêlé à toutes les affaires d'Adolphe, instrument de leur mariage, il eût pu faire une longue déposition, qui eût clairement montré aux jurés quel avait été l'intérieur de ce ménage. Mais lorsque après avoir raconté l'incident du camarade de collège qu'il tenait de la bouche d'Adolphe, il voulut compléter sa déposition, le président l'arrêta :

— Vous voulez maintenant parler de la moralité de l'accusé. Cela n'a pas d'importance ; la moralité, nous vous l'accordons.

— Parfaitement, dit l'avocat général.

— Et même, à ce propos, continua le président, nous ferons observer à la défense que si elle a des témoins à décharge pour prouver cette moralité, elle pourrait renoncer à leur audition. Il ne faut pas fatiguer l'attention de messieurs les jurés. Cette preuve de la moralité est faite d'avance. D'ailleurs ce n'est pas de la moralité de M. Daliphare qu'il s'agit ; c'est de son caractère, c'est du double crime qui l'amène sur ce banc. Si vous n'avez pas autre chose à ajouter, vous pouvez vous asseoir.

Mais le témoin avait autre chose à ajouter : il avait à parler de l'amour d'Adolphe pour sa femme ; il avait à parler de sa bonté et de sa douceur, qui allaient jusqu'à la faiblesse. Il le fit éloquemment, sans se laisser couper la parole, et il démontra jusqu'à l'évidence qu'Adolphe n'était pas l'homme que l'accusation croyait.

— La liste des témoins à charge est épuisée, dit le président.

À ce mot, Des Vallières se pencha vers Gontaud.

— Il ne fait pas entendre le docteur Vérigny, nous sommes sauvés.

— Pas encore, et je redoute là-dessous quelque coup terrible.

— Faites-vous entendre des témoins à décharge? demanda le président.

— Oui, monsieur le président, et tout d'abord madame Daliphare mère.

— Nous regrettons que la défense tienne à faire entendre la mère de l'accusé; il nous semble que cela est contraire aux convenances.

— Au-dessus des convenances, il y a la vérité, s'écria Gontaud.

Sans répondre, le président se tourna vers l'accusé.

— C'est pour vous, accusé, que nous aurions désiré ne pas entendre votre mère; vous n'aurez donc pas pitié de sa douleur? C'est là une nouvelle preuve de cette dureté que vous reproche l'accusation. Enfin vous êtes libre de vous défendre comme vous l'entendez. Huissier, introduisez madame Daliphare.

Au milieu d'un profond silence et sous le feu de tous les regards, madame Daliphare vint d'un pas ferme au milieu du prétoire; sur un signe du président, l'huissier lui apporta une chaise, mais de la main elle la refusa.

Pendant quelques secondes elle resta les yeux fixés sur son fils; puis, se tournant vers les jurés, elle commença sa déposition.

Pendant vingt-cinq minutes, les bras collés contre le corps, ne quittant par les jurés des yeux, et allant de l'un à l'autre, suivant qu'elle les voyait plus ou moins touchés, elle parla d'une voix nette et ferme.

Elle prit son récit à l'arrivée de Juliette enfant dans sa maison, et le termina au moment où, pour la seconde fois, elle mettait son fils en voiture et l'envoyait à Passy chercher une preuve qu'il se refusait à admettre.

— S'il y a un coupable, dit-elle en terminant, c'est moi et non lui. Ce n'est pas le fils que vous pourriez condamner, messieurs les jurés, c'est la mère. Mais la mère a sa conscience pour elle.

Quand madame Daliphare se fut retirée au milieu de l'émotion générale, Gontaud se leva :

— Je renonce à l'audition des autres témoins, dit-il.

XLIV

L'avocat général se leva, mais en même temps quelques protestations confuses partirent des bancs des jurés.

— Que voulez-vous, messieurs les jurés? demanda le président.

— Nous désirons quelques minutes de suspension.

— Est-ce vraiment indispensable? Nous sommes pressés par l'heure; il faut absolument que nous finissions aujourd'hui.

— Le président ne veut pas qu'on reste sous l'impression de la déposition de madame Daliphare, dit Des Vallières en se penchant vers Gontaud.

— Il aura beau faire, l'effet est produit, la parole de l'avocat général ne l'effacera pas.

Les jurés ayant insisté, il fallut bien que le président leur cédât et suspendît l'audience, mais il ne leur accorda que dix minutes.

A la reprise, l'avocat général se leva et, ayant posé ses deux mains sur sa toque placée devant lui, la tête légèrement tournée du côté des jurés, sans remuer les bras, sans faire un geste, il commença son réquisitoire :

« Mon premier mot, messieurs les jurés, sera, si vous le permettez, un conseil : isolez-vous, pour juger cette affaire qui vous a été soumise, des impressions du dehors. Le monde, toujours mobile lorsqu'il s'agit des passions humaines, s'est laissé entraîner dans les exagérations les plus fâcheuses; mais, en prenant place sur ces bancs, vous devenez des juges, et le juge, messieurs les jurés, doit se recueillir dans le calme de la raison et l'impartialité de la conscience. Examinons donc avec notre raison et notre impartialité, les faits qui vous sont soumis. Que voyons-nous tout d'abord? C'est qu'ils sont constants; on ne songe pas à les nier, on est contraint par l'évidence de les avouer. C'est bien de la main de l'accusé que Francis Airoles, ce peintre de grand talent que les arts pleurent et pleureront longtemps, c'est de la main de l'accusé qu'il a reçu la mort, et c'est par le bras de l'accusé que madame Daliphare a été frappée.

» La situation dans laquelle ils ont trouvé la mort prouve qu'ils venaient de commettre un délit; mais d'un délit on ne se venge pas par un crime.

» Tout à l'heure la parole éloquente qui répondra à la mienne vous peindra la souffrance de ce mari atteint dans son honneur et frappé dans ses affections, et peut-être vous dira-t-elle qu'il est excusable parce qu'il a frappé dans le cas du flagrant délit.

» A l'avance je proteste contre ce système. »

Et alors il expliqua la théorie du Code pénal sur l'excuse admise en faveur du mari qui surprend sa femme dans son domicile. Puis il examina les faits qui s'étaient passés avenue Raphaël, et il essaya de démontrer comment Adolphe était arrivé avec l'intention de tuer sa femme. Sa mère l'envoyait pour obtenir une séparation que la justice eût sûrement prononcée; mais lui ne voulait pas de séparation : il voulait se faire justice lui-même, se venger, tuer sa femme et son complice. Les preuves de cette intention homicide et de cette préméditation, il les trouvait d'abord dans ce revolver promené ostensiblement au théâtre du Châtelet, où il n'avait que faire, et apporté ensuite avenue Raphaël, où il devait servir à perpétrer ce double crime. Enfin il les trouvait encore dans le caractère sombre et cruel de l'accusé.

Après avoir examiné longuement ces divers faits et discuté les dépositions des témoins sur le temps qui s'était écoulé entre la première et la deuxième détonation, il arrivait à cette conclusion, que c'était au moment où

Juliette se traînait aux genoux de son mari, en implorant sa grâce, qu'elle avait été frappée.

« Un pareil crime pouvait-il rester impuni? Ce serait douter des lumières de messieurs les jurés que de le supposer. A une époque troublée comme la nôtre, où il fallait fortifier les bases de la famille et de la société, la répression ne devait pas faiblir. L'indulgence était possible, mais il fallait un châtiment. »

A la parole lente, calme et tempérée du ministère public succéda la parole ardente, chaleureuse, passionnée de l'avocat; lui ne s'adressait pas à des juges, mais à des hommes; il ne faisait pas appel à leur raison, mais à leurs sentiments; il ne frappait pas à la tête, mais au cœur.

Pendant trois heures il raconta l'histoire de ce mariage et de ce ménage telle qu'elle a été faite dans ce récit, et il montra comment cette femme charmante, entraînée par la fatalité de la passion, avait été jetée dans un amour coupable.

Mais, en arrivant aux faits de l'avenue Raphaël, il s'arrêta où Adolphe s'était lui-même arrêté.

— Mon client, dit-il, m'a donné une leçon de discrétion et de délicatesse que je dois suivre, et c'est ici que ma position devient difficile : j'ai à défendre un homme de cœur; j'ai à défendre son honneur, et cependant je ne puis tout révéler. Assez de pénibles secrets ont été dévoilés au sujet de la malheureuse Juliette Nélis. Je ne dois rien dire. Cette femme, que la fureur d'Adolphe Daliphare a frappée, cette femme, il l'a aimée; cette femme, il l'aime : vous comprenez ma réserve. Ne m'interrogez pas; tout ce que je sais, je ne puis vous le dire ; non, je ne le puis. »

A ce moment, il se produisit une vive sensation dans l'auditoire, et tous les yeux émus se fixèrent sur l'avocat mais il était penché sur son banc, et l'on ne vit que le jeune Des Vallières, qui, des yeux, des lèvres, des épaules, de toute sa personne, les mains exceptées, applaudissait avec enthousiasme.

Après avoir prouvé à sa manière qu'entre la première détonation et la seconde il ne s'était pas écoulé un temps qui permît la réflexion, l'avocat termina en montrant qu'Adolphe était une victime de l'adultère ; mais il n'était pas la seule, d'autres l'étaient comme lui, sa mère d'abord et enfin son enfant.

« Ce procès, messieurs, ne ressemble à aucun autre. Quand vous rendez un verdict d'acquittement, l'accusé sort heureux et triomphant. Lui, acquitté, sortira libre, mais malheureux. Qui lui rendra la femme qu'il a aimée, qu'il aime toujours ? Ne voyez-vous pas qu'en la frappant, c'est lui-même que sa main a frappé, et que les plus horribles tortures lui sont à jamais réservées ? »

Le long murmure d'approbation qui avait succédé à cette plaidoirie était à peine calmé que le président, d'une voix forte qui domina le tumulte, commanda à l'huissier d'introduire le docteur Vérigny.

— Voilà le coup que je redoutais, dit Gontaud.

Et aussitôt l'expert, qui n'était pas loin, fit son entrée dans le prétoire.

Après avoir prêté serment, il commença sa déposition en se tournant vers les jurés.

— J'ai été chargé de faire l'autopsie de madame Daliphare. Cette femme était très belle, et tout en elle indiquait une excellente constitution. Son corps portait la trace d'une blessure : une balle, après l'avoir frappée au flanc droit, avait perforé l'intestin ; cette blessure était mortelle. D'après la direction du coup, il est probable pour nous qu'elle a été frappée alors qu'elle se traînait aux genoux de son mari.

— Je proteste, s'écria Gontaud.

Mais, sans se troubler, l'expert ouvrit le paquet placé sur la table des pièces à conviction et en tira une chemise rouge de sang. Alors, la prenant par les deux manches, il la présenta aux jurés.

Un long mouvement d'horreur parcourut l'auditoire et l'on entendit des cris étouffés.

— Si messieurs les jurés veulent bien regarder ce trou

fait par la balle dans la toile, ils remarqueront que le coup a dû être tiré, comme je l'indique, de haut en bas.

— Pardon, dit l'un des jurés ; mais, quand même le coup aurait été tiré de haut en bas, cela ne prouve pas que la femme se traînait aux genoux de son mari, elle peut avoir été frappée étant couchée.

— Monsieur le juré, interrompit sévèrement le président, parlez à la cour ; si vous avez des éclaircissements à demander au témoin, adressez-moi vos questions, je les transmettrai ; mais je dois vous faire remarquer que la solution de questions de ce genre doit être laissée aux gens techniques.

— Précisément, je suis armurier, dit le juré.

— L'incident est clos, conclut le président. Monsieur le docteur, vous pouvez vous retirer.

L'expert ayant étalé la chemise sur la table, salua la cour et se retira.

— Je proteste de toutes mes forces contre l'audition de ce témoin ! s'écria Gontaud. Le dernier mot doit être à la défense ; par cette déposition tardive, il est à l'accusation.

— Vous oubliez le résumé, dit le président. Les débats sont clos.

Mais Gontaud ne s'était pas assis.

— Je demande formellement qu'on enlève cette chemise sanglante ; mon client ne peut pas supporter cette nouvelle torture.

En effet, Adolphe était défaillant.

— Enlevez ces linges, dit le président ; je n'y vois pas d'inconvénient.

Et il se prépara à commencer son résumé ; mais, à ce moment même, il se fit un mouvement dans les premiers rangs du public ; il était six heures et demie, et les comédiennes étaient forcées de quitter l'audience pour aller à leur théâtre.

— Que toutes les personnes qui veulent partir sortent immédiatement, dit le président d'un ton roide, et ensuite qu'on ferme les portes.

Quand le silence se fut rétabli, il se tourna vers les jurés, et, d'une voix lente et sonore qui portait jusqu'au fond de la salle, il dit :

— La loi me fait un devoir, messieurs les jurés, de vous présenter les arguments qui, dans un sens comme dans l'autre, viennent de vous être exposés avec une grande éloquence.

Peu flatté de la comparaison, Des Vallières fit une grimace significative : son patron comparé à l'avocat général ? allons donc !

Cependant le président s'engageait dans son résumé. Après avoir longuement développé les arguments du ministère public, il indiquait ceux de la défense.

— Il s'est étendu sur le réquisitoire pendant une heure douze minutes, dit Des Vallières, et il expédie votre admirable plaidoirie en vingt-trois minutes, c'est trop fort !

— Sortez ou tenez-vous en repos, répliqua l'avocat impatienté.

A ce moment d'ailleurs il avait besoin de toute son attention, car le président, « en vertu de son pouvoir discrétionnaire », lisait une lettre par laquelle une ancienne maîtresse d'Adolphe le remerciait du secours qu'il avait bien voulu lui envoyer, et la conclusion que le président tirait de cette lettre était que ce mari, qu'on avait représenté comme aimant si passionnément sa femme, n'avait pas rompu toutes les relations de sa vie de jeune homme.

— Mais il n'a pas été question de cette lettre au début, s'écria Des Vallières indigné ; ce n'est pas là un résumé, c'est une accusation nouvelle.

— Encore une fois, taisez-vous, répondit Gontaut ; il faut subir ces choses-là. Si je protestais, le président m'interdirait la parole, et mes confrères eux-mêmes ne me soutiendraient pas.

Le président continuait :

— L'honorable avocat vous a parlé du remords comme le châtiment suffisant d'un pareil crime. Nous vous adjurons de vous tenir en garde contre de pareilles théories. Dans l'époque d'anarchie morale où nous vivons, il appartient à la justice de rappeler à la société qu'elle s'égare trop souvent de la ligne qui lui a été indiquée par Dieu. Que dans le roman, que sur le théâtre, on puisse trouver de l'indulgence pour un crime du genre de celui que vous avez à apprécier, ceci, messieurs, ne doit pas vous troubler, et ces leçons expirent au seuil de la justice. A ces criminels, on a été jusqu'à donner, dit-on, la palme du martyre dans je ne sais quels livres malsains. Mais, à côté de ces livres, il en est d'autres qui rappellent les véritables principes religieux et sociaux, et à ce sujet je vous demande la permission de vous lire un extrait d'un ouvrage qui, s'il n'a pas la popularité pernicieuse de ces romans corrupteurs, a au moins le mérite d'avoir été puisé aux sources de la loi.

Ayant atteint une feuille de papier, il se mit à lire cet extrait.

— Il lit son livre sur le droit de punir, s'écria Des Vallières ; quelle réclame !

Sa lecture achevée, le président reprit :

— Ce n'est pas la loi seule qui vous demande une condamnation ; c'est la science elle-même qui, descendant dans ce prétoire, a formulé l'arrêt que vous venez d'entendre. Tels sont, messieurs les jurés, les charges et les moyens de défense qui vous ont été présentés successivement. Je n'insiste pas davantage. Vous avez déjà démontré, dans cette magistrature temporaire, que vous étiez dignes des fonctions dont la loi vous a investis ; démontrez-le de nouveau. Le ministère public, toujours compatissant, vous a concédé les circonstances atténuantes : ce sera à vous de voir, messieurs, si votre conscience vous permet de les accorder.

Il était temps que le président suspendît l'audience, car l'aimable Des Vallières ne pouvait plus se contenir.

— Quel résumé ! s'écria-t-il avant que les magistrats fussent sortis de la salle.

Mais Gontaud n'entendit pas l'exclamation indignée de son jeune secrétaire ; il était en ce moment même entouré par un grand nombre de ses confrères qui lui serraient la main et le félicitaient. C'était son plus beau succès. L'affaire était certaine. Puis l'on tombait sur l'avocat général, qui avait été insuffisant. — Décidément il est meilleur dans les affaires civiles. Au civil, on trouve qu'il serait meilleur au criminel. C'est un triomphe pour le barreau.

Cependant Des Vallières faisait son tour dans les premiers rangs de l'auditoire et il recueillait avec béatitude les éloges qu'il entendait sur le compte de son patron. Dans le public, l'affaire était généralement gagnée. Cependant il y avait des gens qui soutenaient qu'Adolphe ayant tué, devait être tué à son tour : c'était logique. Puis il y avait aussi ceux qui avaient été pour la condamnation après le réquisitoire de l'avocat général, pour l'acquittement après la plaidoirie de Gontaud, et qui maintenant, après le résumé, étaient de nouveau convaincus de la nécessité de la condamnation.

Et alors Des Vallières, entendant cela, s'écriait de plus belle :

— Quel résumé ! ce n'est pas permis.

— Vous croyez ça ? dit un vieil avocat auquel il adressait cette exclamation. Eh bien ! vous vous trompez. La cour de Cassation permet au président d'intercaler dans le résumé ce qui n'a pas été dit dans les débats. Le président est maître de son résumé, et, quand il s'efforce d'empêcher le jury de tomber dans ce que les magistrats appellent « les entraînements de la défense », il croit accomplir un devoir. Dans vingt ans, vous serez peut-être président d'assises et vous ferez comme les autres.

— Jamais.

— Il n'en est pas moins vrai, dit un autre avocat, qu'en Belgique il n'y a point de résumé, et la justice ne s'en trouve pas plus mal ; jamais vous ne verrez dans la loi que résumer veut dire développer.

— Le plus sûr encore pour les présidents est de ne pas forcer la note.

— La lettre de l'ancienne maîtresse était de trop.

— Et la chemise sanglante ?

— C'est un effet de province ; Durand de Loriferne s'est cru à Chartres.

— L'armurier l'a collé.

Cependant le sort d'Adolphe se décidait dans la chambre des délibérations.

L'anxiété ne dura pas longtemps ; au bout de douze minutes on entendit retentir la sonnette du jury.

Quel était le verdict ? Un silence profond s'établit dans l'auditoire.

— Douze minutes de délibération, s'écria Des Vallières : l'affaire est enlevée, nous avons notre acquittement. Quelle tête le président va faire ! Aussitôt que la cour va rentrer, je vais aller tout de suite demander l'ordre de sortie à l'avocat général, ça le fera enrager.

Les jurés rentrèrent lentement dans la salle ; tous les regards étaient ramassés sur le chef du jury, qui portait à la main une grande feuille de papier.

La cour se fit attendre une ou deux minutes ; enfin elle arriva, et le président s'assit sur son siège.

— Monsieur le chef du jury, veuillez donner lecture à la cour du verdict du jury.

Le chef du jury se leva et l'on remarqua que la main qui tenait la feuille de papier ne tremblait pas :

— Sur mon honneur et sur ma conscience, la réponse du jury est, sur toutes les questions : Non.

Un long murmure s'éleva de la foule et quelques applaudissements éclatèrent çà et là.

Le président étendit le bras ; le silence se rétablit.

Alors il prit des mains de l'huissier la feuille de papier que le chef du jury venait de lui faire passer, et, pour la première fois, mettant lentement son lorgnon sur son nez, il lut attentivement à voix basse les réponses et il les fit lire à ses deux assesseurs.

Alors, regardant l'auditoire et parlant d'un ton sec :

— Quelle que soit la décision du jury, il faut s'incliner devant elle ; toute marque d'improbation ou d'approbation, si l'on s'en permettait, serait immédiatement réprimée : huissiers, veillez. Qu'on introduise l'accusé.

XLV

Cinq minutes après, Adolphe se trouvait dans sa voiture avec sa mère. Celle-ci, délivrée enfin des regards curieux qui la poursuivaient, voulut prendre son fils dans ses bras.

Mais elle sentit en lui un mouvement de résistance qui la stupéfia.

Son fils la repoussait... Son fils !

Jusqu'à la rue des Vieilles-Haudriettes, la route se fit en silence.

Adolphe se tenait morne dans un coin du coupé ; madame Daliphare, suffoquée par l'indignation et la douleur, dans l'autre.

— Félix ? demanda Adolphe en descendant de voiture.

Ce fut son premier mot.

— Il ne doit pas être couché ; son oncle Ferdinand l'amuse pour qu'il ne s'endorme pas. Depuis deux mois, il a été très bon pour lui, ton oncle Ferdinand ; je ne le croyais propre à rien, mais il sait amuser les enfants.

Adolphe montait rapidement l'escalier.

En arrivant dans l'entrée, il entendit des éclats d'une voix enfantine qui riait et criait.

Il fut obligé de s'arrêter ; étouffé par l'émotion, il s'assit sur une chaise. Sa mère, qui l'avait suivi, voulut lui prendre la main. Il se leva vivement et entra dans le salon.

Au bruit que fit la porte, l'enfant, qui était à cheval sur le dos de son oncle marchant à quatre pattes, dégringola à terre et vint se jeter dans les bras de son père.

Mais, après l'avoir embrassé, il se dégagea de son étreinte.

— Maman ? dit-il.

Adolphe chancela ; si son oncle ne l'avait pour soutenu, il serait tombé.

— Ah ! ce coup ! murmura-t-il ; quelle condamnation !

— Où est maman ? répéta l'enfant ; tu ne la ramènes donc pas avec toi ?

On lui avait dit que son père et sa mère étaient en voyage ; il ne comprenait pas que l'un revînt sans l'autre. Ne les avait-il pas toujours vus ensemble près de lui ?

— Maman ! je veux maman !

Adolphe fit un effort pour ne pas se laisser abattre par l'angoisse qui l'étreignait, mais les larmes l'étranglaient.

— Tu ne verras plus ta maman, dit-il enfin d'une voix que les sanglots rendaient à peine perceptible.

L'enfant recula et le regarda avec ces yeux profonds qui vont si loin.

— Il faut que tu saches la vérité, malheureux enfant : ta maman est morte.

L'enfant resta un moment comme s'il ne comprenait pas ; puis tout à coup, poussant un cri et fondant en larmes, il se jeta contre son père.

Celui-ci le prit dans ses bras, et, le promenant à travers le salon comme s'il avait porté un enfant au maillot :

— Oui, pleure, dit-il, pleure ; nous la pleurerons ensemble.

Et leurs larmes se mêlèrent.

Madame Daliphare était restée debout près de la porte ; elle sortit sans bruit, et l'oncle Ferdinand alla se mettre dans un coin, où il pleura lui-même silencieusement en regardant ce père infortuné qui serrait dans ses bras cette pauvre petite victime.

Pendant longtemps Adolphe marcha ainsi. L'enfant sur ses bras ne faisait pas un mouvement ; on entendait seulement, de temps en temps, ses sanglots ; puis, peu à peu, les sanglots furent remplacés par des soupirs, puis enfin la respiration se rétablit, calme et régulière. Il s'était endormi. La cruelle impression qui venait de l'atteindre avait passé sur son cœur comme un nuage passe sur le soleil.

— Il dort, dit l'oncle Ferdinand en s'approchant doucement ; veux-tu que je sonne pour qu'on vienne le coucher ?

— Non, je voudrais le coucher moi-même.

— Eh bien! viens dans ta chambre. J'ai fait mettre son petit lit à côté du tien; car je t'attendais, moi.

— Vous êtes bon, mon oncle.

— Viens.

Mais tout était sujet d'émotion pour Adolphe, dans cette maison; cette chambre où son oncle le conduisait, c'était celle où pendant cinq années il avait vécu avec elle ; ce parfum qui le saisit au cœur, c'était le sien. Tout était plein d'elle, et cependant quel vide! Ces murs, ces meubles parlaient, mais on n'entendrait plus sa voix.

Ils déshabillèrent l'enfant assez maladroitement ; malgré leurs précautions, le froid des draps le réveilla. Il ouvrit les yeux, regarda longuement son père., puis d'une voix dolente :

— Tiens-moi la main, dit-il.

Et il se rendormit.

Alors, au bout de quelques instants, Adolphe, sans lui abandonner la main, fit signe à son oncle de s'approcher, et parlant à voix basse :

— Mon oncle, dit-il, je quitte cette maison, je quitte la France pour aller me cacher en Suisse, dans un chalet où j'ai été heureux avec elle. Voulez-vous venir avec moi? Vous l'avez aimée, elle vous aimait ; nous parlerons d'elle ensemble. Et puis vous m'aiderez à élever mon fils ; il a de la tendresse pour vous ; vous savez bien des choses que j'ignore, vous les lui enseignerez. A nous deux nous tâcherons d'en faire un homme.

— Je suis à toi.

— Nous partirons demain matin par le premier train de Genève.

Madame Daliphare était entrée sur ces derniers mots.

— Tu veux partir? dit-elle.

— Je vais en Suisse, aux Avents.

— Pour longtemps?

— Pour toujours.

— Et Félix ?

— Je l'emmène avec moi.

— Tu m'abandonnes, tu m'enlèves mon petit-fils ! Perds-tu la raison ?

— Par malheur, je ne l'ai pas perdue ; mais si là-bas je peux perdre le souvenir, je reviendrai.

— Tu ne sais pas ce que tu fais, tu es sous l'empire de la fièvre.

— Depuis deux mois ma résolution est prise, et chaque soir, dans ma prison, je me suis dit que si j'étais acquitté je fuirais cette maison, je quitterais la France. Si tu as quelque pitié pour mes souffrances, je t'en prie, séparons-nous sans reproches, et n'ajoutons pas un mot à ce qui vient d'être dit : l'un et l'autre nous serions entraînés trop loin. Tu es ma mère.

— Et toi, malheureux ! tu n'es plus mon fils.

Elle sortit.

Le lendemain Adolphe partit par le train du matin avec son fils et son oncle.

Quand les commis arrivèrent rue des Vieilles-Haudriettes, à l'heure de l'ouverture des bureaux, ils trouvèrent madame Daliphare debout sous l'horloge, comme au beau temps où seule elle dirigeait sa maison.

Plusieurs étaient en retard, car on s'était arrêté dans la rue pour discuter l'acquittement de la veille ; chacun marchait en lisant le journal, et l'on s'abordait en poussant des exclamations ; car si la majorité des commis avaient tenu pour l'acquittement, quelques-uns avaient cru à une condamnation, Flavien entre autres.

— C'est une indignité, disait-il ; ce jury est idiot. Combien faut-il assassiner de personnes pour être condamné maintenant ?

— Vous auriez condamné ?

— A mort. Aussi je ne reste pas dans cette maison, je quitterai à la fin du mois. Je ne pourrais pas voir M. Adolphe.

Lutzius arriva le dernier.

— Vous êtes en retard de quatorze minutes, dit madame Daliphare d'une voix sèche. Il faut tâcher de prendre d'autres habitudes, je vous préviens que j'y veillerai.

16.

Et elle passa dans son cabinet.

On sut bientôt dans les bureaux qu'Adolphe était parti le matin pour l'étranger, emmenant son fils.

— Il s'est fait justice lui-même, dit Flavien.

Vers dix heures, Pommeau fut obligé d'entrer dans le cabinet de madame Daliphare ; il en ressortit aussitôt la figure bouleversée.

— Que se passe-t-il donc ? demandèrent les commis.

— La patronne qui pleure ; elle est tellement accablée qu'elle ne m'a ni vu ni entendu.

— Enfin ! dit Flavien, pour la première fois de sa vie.

— Elle est debout, continua Pommeau, et ses larmes tombent goutte à goutte sur le grand-livre.

— Elle pleure sur le grand-livre ! s'écria Lutzius ; ça va faire des pâtés.

FIN D'UNE BELLE-MÈRE

NOTICE SUR LE « MARIAGE DE JULIETTE »

ET SUR

« UNE BELLE-MÈRE »

A l'occasion de ce roman, F. Sarcey écrivait dans le XIXᵉ Siècle, le 9 février 1874, un article qui commençait ainsi :

« Il y a bien de cela sept ou huit mois, une personne que
» j'avais eu l'honneur de rencontrer dans le monde, me pria,
» par une lettre, de passer chez elle pour une affaire impor-
» tante ; j'y allai tout de suite.
» — Vous connaissez beaucoup Hector Malot ? me dit-elle
» Quel homme est-ce ?
» — Sans doute ; c'est un homme de grand talent, répon-
» dis-je.
» — Non, ce n'est pas cela que je demande, me dit-elle d'un
» ton impatienté. Je veux dire : Est-ce un galant homme ? Est-
» il capable d'une action peu délicate ?
» Je lui assurai qu'Hector Malot, non plus que nombre de
» journalistes et de romanciers, ne ressemblait au portrait
» que la bourgeoisie se fait trop souvent des gens qui tiennent
» une plume. C'était un gentleman, dans toute la force du
» terme, qui vivait fort retiré, dans une villa qu'il avait fait
» bâtir lui-même aux environs de Paris, entre sa femme et

» son enfant, travaillant nuit et jour, et ne venant guère à
» Paris que pour les nécessités de sa position.

» — Vous me faites plaisir de me parler ainsi, me dit-
» elle.

» Elle m'expliqua alors qu'il paraissait, juste en ce moment,
» dans le *Siècle*, un roman-feuilleton d'Hector Malot, où l'une
» de ses amies avait cru reconnaître des types copiés sur na-
» ture et pris dans sa famille.

» — Jusqu'à présent, ajouta-t-elle, il n'y a rien de fort
» grave. Mais tout le quartier a malignement mis les noms
» sur les visages. Nous ne savons pas du tout ce que deviendra
» ce roman. L'auteur est maître de ses personnages ; il peut
» les traîner dans telle situation qui serait insupportable à
» l'entourage de mon amie. Voulez-vous bien vous charger de
» cette négociation ? Il peut se faire qu'il n'y ait là qu'une ren-
» contre bizarre : car M. Hector Malot nous est à tous parfai-
» tement inconnu. Mais si en effet il a été mis au courant de
» certains types par des conversations de tiers, et qu'il ait cru
» pouvoir se les approprier, nous souhaiterions qu'il n'abusât
» pas de cette ressemblance, et qu'il évitât pour l'avenir tout
» ce qui pourrait froisser les susceptibilités respectables.

» — Ecoutez, répondis-je, je connais Malot ; c'est le plus
» honnête homme et le plus charmant garçon du monde.
» Allez tout simplement lui exposer vos scrupules, qui sont les
» plus honorables et les plus sérieux. Soyez sûre qu'il s'y ren-
» dra tout de suite. Si le roman est terminé, il consentira toutes
» les modifications que vous lui demanderez ; s'il est écrit au
» jour le jour, rien ne lui sera plus aisé que de changer quel-
» ques détails trop caractéristiques.

» — Croyez-vous ?

» — Je ne le crois pas ; j'en suis certain. »

Le lendemain même de cette visite, au matin, je vis entrer dans mon cabinet un jeune homme légèrement effaré et encore plus gourmé, qui prit un certain temps avant de m'expliquer ce qui l'amenait chez moi. A la fin, il se décida et me raconta l'entretien de sa mère avec Sarcey et le conseil que celui-ci leur avait donné.

— Alors Madame votre mère est bien vivante ?

— Monsieur !

— Et Monsieur votre père n'a jamais passé aux assises comme accusé d'homicide volontaire commis avec préméditation sur la personne de sa femme ?

— Monsieur !

— Si mes questions vous blessent, elles vous prouvent au moins que je n'ai eu en vue ni les personnes ni les histoires de votre famille, puisqu'elles vous disent le fond même de ce roman.

Et je lui racontai mon roman du commencement jusqu'à la fin ; à mesure que je parlais, son visage se rassérénait et, quand je fus arrivé au bout, il respira avec une satisfaction qui me montra combien avaient été vives les craintes de sa famille.

— Croyez bien que nous n'avons jamais douté de ce que M. Sarcey nous disait.

J'avoue que je ne crus pas cela du tout, et que le soulagement que je voyais me donna à supposer que les histoires dont on redoutait si fort la divulgation pouvaient bien être plus intéressantes que les miennes : on n'est pas si prompt à prendre la mouche quand on n'a rien à craindre.

A quelque temps de là je rencontrai un ami de province qui voulut m'adresser ses compliments pour mon roman qu'il lisait au jour le jour dans le *Siècle*.

— Vous savez que chez nous tout le monde l'a reconnue ?

— Qui ça reconnue ?

— Madame Daliphare, parbleu ; ce n'est pas un portrait, c'est une photographie. On se demande ce que vous allez en faire.

Reconnue à Paris par elle-même et sa famille, reconnue en province par tout le monde, cela me fit espérer que je n'avais pas trop mal étudié et rendu le type que je voulais peindre.

Au reste, c'est la destinée de madame Daliphare d'être ainsi reconnue, non seulement dans la réalité, mais encore dans la fiction, car voici ce que Séverine écrivait dans le *Jour* (20 novembre 1890) :

« J'ai entendu des gens s'exclamer devant le type de madame
» Desvarennes, la boulangère de *Serge Panine*. Pour toute ré-
» ponse, j'ai pris sur un rayon de la bibliothèque l'admirable ro-
» man de Malot : le « *Mariage de Juliette* » et leur ai fait lire
» le portrait de madame Daliphare. C'était concluant. »

H. M.

ÉMILE COLIN — IMPRIMERIE DE LAGNY

www.ingramcontent.com/pod-product-compliance
Lightning Source LLC
Chambersburg PA
CBHW050628170426
43200CB00008B/928